Arbeitsmigration aus der Türkei und die Gewerkschaften in Österreich

Europäische Hochschulschriften
Publications Universitaires Européennes
European University Studies

Reihe XXXI
Politikwissenschaft

Série XXXI Series XXXI
Sciences politiques
Political Science

Bd./Vol. 619

PETER LANG
Frankfurt am Main · Berlin · Bern · Bruxelles · New York · Oxford · Wien

Mehmet Soytürk

Arbeitsmigration aus der Türkei und die Gewerkschaften in Österreich

Eine Studie über die Haltung der Gewerkschaften in Österreich während der Arbeitskräftemigration aus der Türkei

PETER LANG
Internationaler Verlag der Wissenschaften

Bibliografische Information der Deutschen Nationalbibliothek
Die Deutsche Nationalbibliothek verzeichnet diese Publikation in der Deutschen Nationalbibliografie; detaillierte bibliografische Daten sind im Internet über http://dnb.d-nb.de abrufbar.

ISSN 0721-3654
ISBN 978-3-631-63725-8

www.peterlang.de

Meinen Eltern

Danksagung

Für meine Doktorarbeit bin ich vielen Menschen herzlichen Dank schuldig, ohne ihren Zuspruch und Unterstützung wäre es nicht möglich gewesen, diese Hürde zu bewältigen. In erster Linie bedanke ich mich bei meinem Betreuer, Prof. Otmar Höll, für seine kritische Haltung und die Bereitschaft, mich nach langer Zeit weiterhin zu betreuen. Ein herzliches Dankeschön gebührt ebenso Doz. Dr. Gernot Stimmer für seine Betreuung, Unterstützung und die Bereitschaft, stets wertvollen Input beizusteuern. Frau Dr. Brigitte Pellar danke ich für die langen Diskussionsrunden, ihre Tipps und für die kollegiale Unterstützung. Danke auch den Teilnehmerinnen und Teilnehmern des 60. Lehrgangs der Sozialakademie für ihr Verständnis für manche Abstinenz während der gemeinsamen Abendstunden. Ein besonderes Dankeschön spreche ich meiner Frau, Tuğce, für ihr Verständnis, die Unterstützung und die täglichen Motivationseinheiten aus. Ein Entschuldigung und gleichzeitig Dank meinem sozialen Umfeld sowie allen Freundinnen und Freunden für mein Fernbleiben von jeglichen gemeinsamen Aktivitäten im letzten Jahr.

Inhaltsverzeichnis

Einleitung

Der Ausgangspunkt für diese Dissertation war meine persönliche Arbeit in der ArbeitnehmerInnenbewegung. Ich habe vor einigen Jahren auf Projektbasis in der Gewerkschaft der Privatangestellten Druck Journalismus Papier angefangen zu arbeiten. Mein Arbeitsbereich war der Handel und die MigrantInnen in dieser Branche. Die Aufgabe dabei war die ArbeitnehmerInnen mit Migrationshintergrund in dieser Branche zu organisieren.

Diese Aufgabe war eine sehr große Herausforderung, denn es war bis dahin in diesem Bereich nichts unternommen worden. Es waren keine Erfahrungen oder Kontakte vorhanden auf die ich zurückgreifen konnte. Also war ich sehr gefordert um diese Aufgabe zu bewältigen. Da ich selber als Kind mit meinen Eltern nach Wien gezogen bin und mich in den Kreisen der Türkeistämmigen Bevölkerung in Österreich sehr gut auskenne, konnte ich die notwendigen Kontakte sehr leicht aufbauen.

Meine ersten Erfahrungen, die ich mit direkten Kontakten in den Betrieben gemacht habe, waren aus gewerkschaftlicher Sicht sehr negativ. Die MitarbeiterInnen mit Migrationshintergrund hatten bis dahin überhaupt keine oder sehr wenig Erfahrung mit der Gewerkschaft. Somit war das eine nochmalige Herausforderung, um den türkeistämmigen ArbeitnehmerInnen die Gewerkschaft nahe zu bringen.

Im weiteren Verlauf meiner Tätigkeit, im Rahmen des Projektes, musste ich bei Null anfangen. Also waren eigene Broschüren über die Gewerkschaft, auf Türkisch, in denen die Gewerkschaft erklärt wurde, notwendig. Außerdem organisierte ich Informationsabende, in denen die Gewerkschaft und der Kollektivvertrag näher erläutert wurden und auf persönliche arbeitsrechtliche Fragen wir eingehen konnten.

Für die Informationsabende konnte ich auf die allgemeinen Erfahrungen meiner KollegInnen zurückgreifen, ihre Unterstützung in arbeitsrechtlichen Angelegenheiten war ein sehr entgegenkommendes Angebot für die ArbeitnehmerInnen und mich.

Das Wissen über die Gewerkschaft ist bei der ersten Generation der MigrantInnen sehr wenig, es kann sogar behauptet werden, dass sie fast nichts über die Gewerkschaft und die ArbeitnehmerInnenbewegung wissen. Bei der zweiten und dritten Generation der MigrantInnen, die im Arbeitsleben stehen, ist das Wissen nicht viel anders als bei anderen Bevölkerungsgruppen. Meine Erfahrungen, die ich im Rahmen meiner persönlichen Gespräche und Kontakte in den Betrieben sammeln konnte, gaben mir die Möglichkeit diese Erkenntnisse zu verschärfen.

Meine Erkenntnisse über den Wissensstand der eingewanderten ArbeitnehmerInnen, und ArbeitnehmerInnen mit Migrationshintergrund über die Gewerkschaftsbewegungen, brachten mich auf die Idee diesen Zustand näher zu analysieren.

Im Laufe meiner Tätigkeit in der GPA-djp, wollte ich die Geschichte der ArbeitnehmerInnen in Österreich, von den Anfängen bis jetzt, unter die Lupe nehmen. Da es aber den Rahmen meiner Arbeit als Arbeitnehmervertreter sprengen würde, ist die Idee entstanden, im Rahmen einer Dissertation diese Analyse durchzuführen.

Die Dissertation soll nicht nur ein historischer Rückblick auf die Migrationsgeschichte nach Österreich sein, sie soll auch den gesellschafts-, wirtschaftspolitischen und auch den gewerkschaftspolitischen Aspekt der Arbeitsmigration speziell aus der Türkei wiedergeben.

Die Auswahl oder die Begrenzung auf die Türkeistämmigen ArbeitnehmerInnen, war vorgesehen aus dem Grund, weil diese Gruppe in den letzten Jahren immer mehr in der Öffentlichkeit vertreten war, auch wenn es ihrerseits gar nicht so gewollt war und auch ist. Außerdem ist die Gruppe der Türkeistämmigen nach wie vor einer der größten Gruppen von ausländischen ArbeitnehmerInnen in Österreich. Natürlich spielt für die öffentliche Präsenz der türkeistämmigen Bevölkerung, die politischen Diskussionen über den EU- Beitritt der Türkei eine sehr große Rolle, dies ist aber nicht mein Thema und würde sich als ein eigenständiges Dissertations-Thema eignen. Meine persönliche Abstammung aus der Türkei hat auch seinen Beitrag dazu geleistet, mich auf diese Gruppe zu spezialisieren.

Im Laufe der Dissertation war es nicht immer sehr leicht möglich, die Gruppen der ArbeitsmigrantInnen auseinander zu halten oder es nur auf eine Gruppe zu beziehen.

Im ersten Teil der Dissertation geht es um die Definition des Wortes „Migration" und um seinen Ursprung. Es ist sehr wichtig zu wissen, woher das Wort abgeleitet und in welchem Rahmen es benutzt wird. Im Laufe der Arbeit habe ich versucht zu gendern. Ich habe mich für die gängigste Version „MigrantInnen" entschieden. Damit sind beide Geschlechter gemeint, sowohl Männer als auch Frauen. Auf diese Art und Weise ist auch bei anderen Wörtern wie „ArbeitnehmerInnen" gegendert worden. Ich habe mich für diese Version entschieden, weil es beim Schreiben und auch Lesen umgänglicher ist.

In diesem Teil sind die Migrationstheorien die ich versucht habe anzuwenden, näher definiert. Bei der Auswahl der Theorien ist meine vorrangige Absicht gewesen die Geschichte der Arbeitsmigration in Österreich, auch kritisch zu betrachten. Aus diesem Grund ist es mir ein Anliegen, die Weltsystemtheorie von Emmanuel Wallerstein hier auch anzuwenden.

Für Wallerstein sind die Entwicklungen niemals als Einzelfall zu verstehen. Um die Entwicklungen verstehen zu können, muss man das Ganze verstehen können. Aus dem Ganzen kommt das Verständnis für die einzelnen Fälle. Emmanuel Wallerstein ist der Meinung das Historisierung nicht das Gegenteil von Systematisierung ist, weil man nicht systematisieren kann ohne die historischen Parameter des Ganzen, somit auch die Analyse vom untersuchten Gegenstand, erfassen zu können. Für ihn ist alles ein Teil von einem großen systematischen Ganzen.[1]

Im weiteren gehe ich im Rahmen des theoretischen Ansatzes auf die Neoklassische Migrationstheorie ein und versuche mit dieser Theorie die Arbeitsmigration zu analysieren. Wie versucht die neoklassische Migrationstheorie die Arbeitsmigration zu erklären? Wie ist es auf der Makroökonomischen Ebene und wie ist es auf der mikroökonomischen Ebene mit dieser Theorie zu erklären?

Der „Push- u. Pullfaktor" nimmt seinen Ursprung eigentlich in der Physik und gelangte in die Politikwissenschaft. Der erste Erklärungsversuch geht auf freiwillige und unfreiwillige Faktoren zurück. Es gibt Faktoren die von den Migrationswilligen freiwillig übernommen werden und Faktoren wiederum die auf unfreiwilliger Basis sind. Ein weiterer Versuch zur Erklärung von Migration seitens dieser Theorie war die geographische Nähe und die Migrationshäufigkeit. Demnach wanderten die Menschen eher in näher liegende Auswanderungsgebiete, die zurückgelegten Strecken waren eher kurz als lang. Dieser Erklärungsversuch mag vielleicht auf das entstandene Jahrhundert, nämlich das 19. Jahrhundert, vielleicht stimmen, ist aber sicher im 21. Jahrhundert nicht mehr anzuwenden. Die Fortbewegungsmöglichkeiten von damals sind mit heute zu vergleichen. Im 21. Jahrhundert ist die Fortbewegungsmöglichkeit viel schneller als im 19. Jahrhundert und man kann viel schneller viel längere Strecken zurücklegen.

Die Geschichte der modernen Türkei ist in diesem Thema auch sehr angebracht um die Hintergründe im Ursprungsland der in Österreich lebenden ArbeitnehmerInnen zu erfahren. Was waren die Gründe für das starke Auswandern nach Europa und im speziellen nach Österreich?

Die Türkei ist aus dem Erbe des Osmanischen Reiches entstanden und hat seine eigene Dynamik entwickelt. Ein Vielvölkerreich das jahrhundertelang eine sehr aktive Politik auf der politischen Ebene gespielt hat, war nun, im Vergleich, ein kleiner Nationalstaat geworden. Die ersten Jahrzehnte des neuen Nationalstaates war die Außenpolitik eher von Zurückhal-

1 vgl.: Emmanuel Wallerstein in: Lutz Zürndorf, Zur Aktualität von Immanuel Wallerstein, VS Verlag für Sozialwissenschaften, Wiesbaden 2010, S. 26

tung und Abwarten geprägt. Das Motto dabei war „Friede im Land; Friede in der Welt", eigentlich gar nicht mit dem Osmanischen Reich vergleichbar.

Die ersten Jahrzehnte waren vom Staatsgründer, Mustafa Kemal Atatürk, der auch der erste Bundespräsident des Landes war, sowohl in der Innen- als auch in der Außenpolitik geprägt. Seine Vorstellungen für das Land wurden zur neuen Ideologie des Nationalstaates. Um diese Ideologie näher zu erklären und deren Einfluss im gesellschaftlichen Leben näher verstehen zu können, ist hier ein eigener Kapitel gewidmet.

Im Kapitel über die Türkei geht es weiters um die Außenpolitik des Landes, im speziellen zu den Beziehungen zur EWR und zur EU. Um nicht zu sehr in den Details zu versickern ist dieser Kapitel in groben Zügen wieder gegeben.

Es ist erwähnenswert, dass die Beziehungen zwischen der Habsburgermonarchie und der Osmanischen Dynastie, nicht nur auf kriegerischer Ebene waren. Sicherlich sind die zwei Belagerungen Wiens durch die Osmanischen Truppen, vor allem die zweite Belagerung von 1683, dass sich in das kollektive Unterbewusstsein der österreichischen Bevölkerung, vielleicht sogar in ganz Europa, geprägt hat, zu erwähnen. Darum geht es in dieser Dissertation aber nicht. Das Thema der Dissertation ist die Arbeitskräftemigration aus der Türkei nach Österreich und die Haltung des Österreichischen Gewerkschaftsbundes mit seinen Teilgewerkschaften dazu. Aus diesem Grund sind Themen wie die Beziehungen der Osmanen zur Habsburgermonarchie, sowie die Beziehung Türkei und Österreich, eher sekundär für diese Arbeit. Ein kurzer Überblick ist deshalb erwähnt worden, um den historischen Verlauf beobachten zu können.

Wie oben auch schon erwähnt, waren die Beziehungen zwischen dem Osmanischen Reich und Österreich- Ungarn, nicht nur auf kriegerischer Ebene. Es wurden vor den Belagerungen Wiens Handelsbeziehungen aufgebaut. Einwanderungen aus dem Gebiet der jetzigen Türkei nach Wien, hat es schon damals gegeben. Die jüdische Bevölkerung Spaniens, musste im 15. Jahrhundert das Land verlassen. Die Vertriebenen haben sich großteils im Osmanischen Reich niedergelassen. Eine Gruppe von ihnen ist nach Wien weiter gewandert, wo sie über Jahrhunderte hindurch als „türkisch- israelische" Gemeinde bezeichnet wurden. Wie viele andere Juden Wiens sind auch sie, beginnend mit der Reichkristallnacht von den Nazis deportiert worden.[2]

---

2 vgl.: Jacob Allerhand: Die sephardişche Diaspora im Osmanischen Reich und die sephardişch-türkische Gemeinde in Wien, in: Auf den Spuren der Osmanen in der österreichischen Geschichte, Inanc Feigl, Valeria Heuberger, Manfred Pittioni, Kerstin Tomenendal (Hrsg.), Wiener Osteuropa Studien, Peter Lang Verlag, Frankfurt/Main 2002, S. 21 ff.

Die Türkei hatte zu den Gründungszeiten schon ein sehr hohes Bevölkerungswachstum. Wenn das Bevölkerungswachstum in der Türkei nicht so hoch gewesen wäre, wären nicht so viele Menschen im Land Arbeitslos und bereit für die Auswanderung als Arbeitskräfte in die Industriestaaten. Als weiterer Gründe sind sicherlich auch der langsame Industrialisierungsprozess, damit verbunden die hohe Arbeitslosigkeit und die politischen Krisen zu erwähnen.

Auch wenn es zur Osmanischen Zeit schon Arbeitnehmerbewegungen gegeben hat, gehen die ersten Gewerkschaftsgründungen in der neuen Republik nicht allzu weit zurück. Mit den Kapiteln über die komplizierte Geschichte der Gewerkschaftskonföderationen, soll im Rahmen dieser Dissertation einen Überblick darüber verschaffen. Arbeitnehmerbewegungen und Arbeitskräftemigration aus der Türkei in Richtung Europa und wie die Haltung der Gewerkschaftskonföderationen dazu war, ist ein sehr wichtiger Teil, das auch eine sehr notwendige Ergänzung zum Thema ist.

Auswanderung aus einem Staat in ein anderes, kann nicht zustande kommen, ohne das die jeweiligen Regierungen und der Staat darüber bescheid wissen. Die Haltung der türkischen Regierung bzw. des Staates ist eine für sich sehr pragmatische. Es ist nicht so, dass durch Abwanderung von arbeitslosen Arbeitskräften, die Arbeitslosigkeit im Land gesenkt wurde, nicht einmal gehemmt werden konnte. Falls die Geburtenrate nicht so hoch und die Industrialisierung gestört durch die politischen Krisen, so niedrig wäre, wäre der Verlauf anders gewesen. Was waren sonst die Erwatungen der türkischen Regierungen von der Arbeitskräftemigration in die europäischen Staaten? Darüber mehr im eigenen Kapitel.

Der Teil über die „Migrationsgeschichte Österreichs" ist speziell Österreich mit seiner Migrationsgeschichte gewidmet. Der historische Teil fängt an mit den eingewanderten „Ziegelböhmen" und mündet im wirtschaftlichen Aufschwung der Nachkriegszeit. Das Arbeitskräfteanwerbeabkommen mit der Türkei ist der eigentliche Beginn des historischen Teils der Migrationsgeschichte Österreichs. Die folgenden Kapitel behandeln die Entwicklungen in den kommenden Jahrzehnten danach.

Ein wesentlicher Punkt dabei sind vor allem die Ausländerbeschäftigungsgesetze und ihre Auswirkungen auf die ausländischen ArbeitnehmerInnen in Österreich. Die Anzahl der ausländischen ArbeitnehmerInnen in Österreich, wie ist ihre demographische Struktur, wie ist die Arbeitslosigkeit und wie war die Haltung der Gewerkschaften, während dieser Entwicklungen, sind in diesem Kapitel näher erläutert.

Die politische Wende mit der schwarz- blauen Regierung in Österreich von 1999, war ein großer Umbruch in der Geschichte Österreichs. Sie war die erste Regierung in der zweiten Republik von einer Konservativen Christlichen Partei und einer populistischen rechtsorientierten Partei. Inhaltlich betrachtet, wird sich während der Regierungszeit dieser Koalition, in Punkto Fremdenrechtspolitik doch einiges ändern.

Es ist auch Migrationspolitisch ein großer Umbruch passiert, zum Ersten Mal wurde währen der schwarz- blauen Regierungszeit, der Zuzug von Arbeitskräften großteils unterbunden und es durften nur noch „Fachkräfte" ins Land zum Arbeiten kommen. Die gewohnte Arbeitskräftemigration, so wie sie in den 1960er Jahren begonnen hatte, hat mit den neuen Fremdenrechtspaketen sein Ende gefunden.

Nach dem die Gesetzeslage bei der Einwanderung so drastisch verändert wurde und somit der Nachzug von ausländischen ArbeitnehmerInnen aus der Türkei und dem ehemaligen jugoslawischen Raum, die die größten Gruppen im Land aufstellen, unterbunden war, hat sich nicht allzu viel an deren Situation auf dem Arbeitsmarkt, sowie gesellschaftlich verändert. Diese Themen sind ebenfalls ein wichtiger Teil des historischen Teils, dieser Dissertation.

Der demographischen Struktur der ausländischen, speziell der türkeistämmigen ArbeitnehmerInnen ist ein eigener Kapitel gewidmet. In diesem Kapitel geht es um die Anzahl der eingewanderten ArbeitnehmerInnen näher zu analysieren. Es geht um die Einwohnerzahl mit Migrationshintergrund, ihre Alters- und Geschlechtsstruktur kennen zu lernen. Nicht zu vergessen ist ihre Beteilung am Erwerbsleben und die Gründe für die Einwanderung nach Österreich.

Eine kleine Exkursion nach Deutschland, soll uns vor Augen führen wie dort die Gewerkschaften auf die Entwicklungen der Arbeitskräftemigration aus dem Ausland reagierten. Hier geht es im speziellen auf die Beziehungen zwischen der Türkei und der Bundesrepublik Deutschland. Der Vergleich mit Deutschland ist deswegen angebracht, weil die Zuwanderung aus der Türkei, nur ein paar Jahre vorher anfangen hat und der Einfluss der Gewerkschaften ähnlich war, wie in Österreich. Ein Unterschied zu Österreich war doch vorhanden, zwar war die Anzahl der Türkeistämmigen in Deutschland um einiges mehr als in Österreich. Außerdem stellt die Türkeistämmige Gruppe in Deutschland die größte Gruppe der ausländischen ArbeitnehmerInnen dar. Im Gegensatz war die ArbeitnehmerInnen aus Jugoslawien die größte Gruppe in Österreich, die Türkeistämmigen wurden ab den 1970er Jahren die zweitgrößte Gruppe unter den ausländischen ArbeitnehmerInnen.

An der Tatsache, das ab den 1960er Jahren ausländische ArbeitnehmerInnen sowohl nach Österreich und auch nach Deutschland, in großen Zahlen einwanderten, weil sie in beiden Ländern gebraucht wurden, ändert am Rang der Herkunftsländern wenig bis gar nichts. In diesem Teil geht es mir darum aufzuzeigen, wie der DGB und die Teilgewerkschaften auf das Einwandern von Arbeitskräften aus der Türkei reagiert hatten. Dieser Kapitel ist bewusst kurz gehalten, um den Vergleich in der Anfangsphase der Migration und die Haltung der Gewerkschaften dazu aufstellen zu können. Die Entwicklungen haben in Deutschland andere Auszüge bekommen, als es in Österreich der Fall war. Der DGB und seine Teilgewerkschaften haben gleich zu Beginn eine andere Reaktion gezeigt. Die Reaktionen waren sowohl institutionell als auch öffentlich, als der ÖGB und seine Teilgewerkschaften. Das Ausmaß war in den Jahrzehnten nach dem Beginn der Arbeitsmigration in beiden Länder jeweils verschieden.

Im letzten Kapitel geht es darum die Reaktion des Österreichischen Gewerkschaftsbundes mit seinen Teilgewerkschaften zu analysieren. Der ÖGB hat am Anfang der Arbeitskräftemigration nach Österreich seine Rolle auf die Paritätische Kommission und somit auf den Einfluss der jährlichen Einwanderungsquote beschränkt. Die Teilgewerkschaften zeigten, soweit ersichtlich, keine Reaktion in den ersten Jahrzehnten, bis zum Anfang der 1990er Jahre des letzten Jahrhunderts.

Es ist ein Anliegen dieser Dissertation eine fundierte Analyse über den ÖGB und seine Teilgewerkschaften zu tätigen. Die Teilgewerkschaften sind nicht alle im Rahmen der Dissertation durchleuchtet, da die MigrantInnen in bestimmten Branchen angesiedelt waren und nach wie vor sind. Es hat sich seit dem Beginn der Arbeitskräftemigration in Österreich bis jetzt, in der Branchenverteilung nicht besonders viel geändert. Die Kumulation ist immer noch in einigen Branchen gefestigt und scheint sich auch nicht ändern zu wollen. In diesem Bereich sind die Ausnahmen insbesondere der Handel und der Tourismus, die im Laufe der Jahre einen Anlauf von ArbeitnehmerInnen mit Migrationshintergrund, bekommen hat. Wie im Laufe der Arbeit zu sehen sein wird, ist im Raum Wien, ein Großteil der ArbeitnehmerInnen, in Handelsbetrieben, mit MigrantInnen besetzt.

Die demographischen Entwicklungen besonders in Wien, an denen man deutlich sehen kann wie hoch der Anteil der Eingewanderten ist, wäre ein Anlass seitens der Gewerkschaften in diesem Bereich aktiver aufzutreten. Die Veränderungen im Zugang zu den ArbeitnehmerInnen mit Migrationshintergrund, liegt nicht allzu lang zurück. Einige Teilgewerkschaften, wie die VIDA ehemals HGPD, die GPA-djp und die Gewerkschaft für Bau- Holz haben einen besonders hohen Anteil an ArbeitnehmerInnen mit Migrationshintergrund in ihren Branchen.

Bei einem nähren Fokus auf diese Teilgewerkschaften, werden wir sehen, wie sie auf die ArbeitnehmerInnen mit Migrationshintergrund zugehen, sie ansprechen, wie es in diesem Bereich ist und wie es in den letzten Jahrzehnten war. Ein wesentlicher Punkt hierbei ist das passive Wahlrecht. Vom aktiven Wahlrecht konnten auch die ausländischen ArbeitnehmerInnen gebrauch machen. Wie und wann kam wurde das aktive Wahlrecht zu gestanden? Die Anwerbeabkommen mit der Türkei und Jugoslawien wurden in der ersten Hälfte der 1960er Jahren unterschrieben. Wie war das Wahlrecht bei den Betriebsratswahlen damals und wie ist sie heute, was hat sich seit damals verändert?

Im Kapitel Politische Bildungs- und Informationsarbeit im ÖGB, geht es darum die Institutionen des Österreichischen Gewerkschaftsbundes näher zu betrachten. Nach einer Analyse dieser Institutionen ist es sehr interessant zu sehen, ob und was für die MigrantInnen angeboten wurde. Der ÖGB hat eine Reihe von Ausbildungsmöglichkeiten für seine Mitglieder, speziell für Betriebsratsmitglieder. Die Länge dieser Ausbildungen ist sehr verschieden. Die Betriebsräteakademie, dauert 3 Monaten, wobei die Sozialakademie eine Ausbildungsmöglichkeit von intensiven 10 Monaten anbietet. In diesen Eliteausbildungsstätten des Österreichischen Gewerkschaftsbundes, die mit den Arbeiterkammern zusammen organisiert werden, werden Hauptamtliche und Funktionäre für die Gewerkschaften ausgebildet. Es ist interessant zu beobachten, wie in diesen Ausbildungsstätten mit dem Thema Arbeitskräftemigration umgegangen wird, wird dieses Thema überhaupt behandelt und in welcher Form.

Die Meinung der betroffenen ArbeitnehmerInnen mit Migratiosnhintergrund über die Gewerkschaften, macht einen intensiven Blick in die Gedanken der ArbeitnehmerInnen über die Gewerkschaften. Auch wenn die Befragung aus den 1980er Jahren stammt, sagt sie einiges über ihr Gedankengut aus. Eine Vergleichbare Befragung ist nur ein Jahr alt. Mit dieser Befragung die im Vergleich in einem kleineren Rahmen und unter Betriebsräten mit Migrationshintergrund durchgeführt wurde, kommen die gewerkschaftlich Aktiveren unter ihnen zu Wort.

1. Migration

Das uns in den letzten Jahrzehnten sehr geläufig gewordene Wort „Migration" stammt ursprünglich aus dem lateinischen Wort „migrare" bzw. „migratio" und bedeutet Wanderung, wandern, wegziehen. Die weltweit benutzte englische Version „migration", der auch seinen Einklang ins deutsche und auch in türkisch akademische Forschungen gefunden hat, stammt also Ursprünglich aus dem lateinischen. Da diese Version in der hiesigen sozialwissenschaftlichen Literatur verwendet wird, werde ich im Laufe meiner Arbeit diese Version benutzen.[3]

1.1. Definition

„Migration ist der auf Dauer angelegte bzw. dauerhaft werdende Wechsel in eine andere Gesellschaft bzw. in eine andere Region von einzelnen oder mehreren Menschen."[4]

1.2. Arbeitsmigration

Die Form der Arbeitsmigration ist der Hauptkern dieser Dissertation. Wie im allgemeinen Bewusstsein auch es verankert ist, geht es mir darum die Arbeitsmigration nach dem Ende des zweiten Weltkrieges aus der Türkei nach Österreich darzustellen. Während dieser Analyse geht es auch darum die Zustände im Entsendeland, in diesem Fall die Türkei, und dem Aufnahmeland, Österreich zu analysieren.

Die Wirtschaftlichen Entwicklungen in einer bestimmten Region, bestimmen den Bedarf an Arbeitskräfte in dieser Region. Wenn die Entwicklungen so weit Fortgeschritten ist das die Arbeitskräfte in dieser Region den Bedürfnisse der Wirtschaft der Region nicht mehr Nachkommen können, so wird diesen Bedarf, in erster Linie aus den Umliegenden Regionen, versucht nach zu kommen. Wenn dies nicht Möglich ist, kommen Faktoren in die Bewertung des neuen Gebietes aus dem der Bedarf getilgt werden soll. Diese Faktoren können geographische Entfernung, die Ausbildung der potenziellen Arbeitskräfte, Anzahl der potenziellen Arbeitskräfte sein. In den letzten Jahren ist immer mehr auch die Mentalität und die Kultur in Diskussion gekommen. Auf der anderen Seite ist es natürlich sehr von Relevanz wie hoch der Bedarf der Wirtschaft bzw. wie weit ist die Öffnung der Wirtschaft ist, ein wesentlicher Faktor. Die Strukturellen Bedingungen der Wirtschaft, so wie die Arbeitsmarktpolitik sind hier weitere Faktoren die in die Entscheidung über die Nachfrage nach Arbeitskräften eine sehr wichtige Rolle spielen.[5]

---

3 vgl.: Petrus Hahn: Soziologie der Migration, Lucius & Lucius Verlag, Stuttgart 2010, S. 5-6
4 vgl.: Annete Treibel: Migration in Modernen Gesellschaften, Juventa Verlag, München 2010, S. 21
5 vgl.: Petrus Hahn: Soziologie der Migration, Lucius & Lucius Verlag, Stuttgart 2010, S. 74

1.2.1. Familienzusammenführung

Familienzusammenführung oder die Migration von Familienangehörigen, diese Migrationsform steht im engeren Zusammenhang mit der Arbeitsmigration. Im Rahmen dieser Arbeit werde ich noch viel näher in diese Thematik eingehen und mit Beispielen anhand der Familienzusammenführungen in Österreich und teilweise auch im Rahmen der Exkursion nach Deutschland beobachten können.

Die Migration von Familienangehörigen ist der Nachzug von Ehegatten und minderjährigen Kindern von bereits immigrierten, in unserem Fall von ArbeitsmigrantInnen.[6]

Im Migrationskontext ist der Begriff der Familienzusammenführung kein einheitlicher Begriff. Die Definition ist abhängig von dem Land wo es zustande kommt. Im Allgemeinen können zwei verschiedene Typen unterschieden werden; zum einem der Prozess der Zusammenführung der direkten Familienangehörigen, wie Ehegatten, minderjährige Kinder und Eltern. Zum anderen der Prozess der Familienbildung und Heiratsmigration. Hier sind wiederum zwei weitere Subarten zu unterscheiden. In erster Linie ist der Prozess, wie in unserem Fall auch in Österreich, in dem die Kinder der zweiten und dritten Generation der MigrantInnen Ehepartner aus dem Ursprungsland der Eltern heiraten. Diese Form der Familienzusammenführung ist im Falle der türkeistämmigen MigrantInnen in Österreich und auch in Deutschland ein sehr oft vorkommender Prozess von Migration aus dem Ursprungsland der Eltern. Die zweite Subart von Familienzusammenführung ist die Art und Weise von Familien gemeint, in dem die MigrantInnen und Einheimische ihre Ehepartner, die sie entweder im Urlaub oder während eines Urlaubes kennen gelernt haben, die sie dann einreisen lassen. Dieser Art vom Prozess der Familienzusammenführung ist für diese Dissertationsarbeit eher unbedeutend. Der erste Subprozess von Familienzusammenführung wird uns im Laufe der Dissertation noch weiter begleiten.[7]

1.2.2. Flüchtlinge

„Flüchtlinge sind Menschen, die aufgrund unterschiedlich verursachter und begründeter Bedrohung für Leib und Leben ihren ursprünglichen Wohnsitz vorübergehend oder dauerhaft verlassen und anderswo Zuflucht suchen.“[8] Nach dieser Definition ist zu verstehen dass der Flüchtling in seinem Ursprungsland keine menschenwürdiges Dasein mehr genießen kann und Bedrohungen ausgesetzt ist. Aus diesem Grund ist er gezwungen seinen Lebensunterhalt in einem anderen Land zu suchen um auch den Bedrohungen, die eventuell auch seine Leben

6 vgl.: Petrus Hahn: Soziologie der Migration, Lucius & Lucius Verlag, Stuttgart 2010, S. 85
7 vgl.: Petrus Hahn: Soziologie der Migration, Lucius & Lucius Verlag, Stuttgart 2010, S. 85
8 zitiert nach Petrus Hahn: Soziologie der Migration, Lucius & Lucius Verlag, Stuttgart 2010, S. 93

betreffen können, entgehen zu können. Die Flüchtlinge sind somit auf der Suche nach einem Staat der sie aufnimmt und sie auch Menschenwürdig behandelt. Diese Art von Migration ist nicht ein Teil dieser Arbeit und aus diesem Grund wird diese Art von Migration nicht vorkommen.

Trotzdem ist es angebracht die Zahl der Weltweiten Flüchtlinge auch zu erwähnen. Die Zahl der weltweiten Flüchtlinge ist in den letzten Jahrzehnten sehr gestiegen und Trend ist weiterhin im Steigen. Die Gründe dafür liegen in Kriegen, autoritären und totalitären Regime die dem Volk des Landes ein Menschenwürdiges Leben nicht möglich machen. Weitere Gründe dafür liegen natürlich bei Naturkatastrophen, wie z.B. Überschwemmungen, Erdbeben usw.

Die Zahl der weltweiten Flüchtlinge lag laut dem UNHCR (United Nations High Commisioners for Refugees) am Anfang der 1970er Jahre bei rund 2,5 Mio. Menschen. Die Zahl der zur Flucht gezwungenen Menschen ist in den Jahrzehnten danach kontinuierlich gestiegen und lag im Jahr 2008 bei rund 42 Mio. Menschen.[9]

1.2.3. Studenten

Die Migration von StudentInnen hat in den letzten Jahrzehnten ebenso eine wichtige Steigerung gezeigt wie die anderen Arten von Migration. Der gestiegene Wohlstand in den Industriestaaten sowie die Globalisierung kann hier als Gründe angeführt werden. Zum anderen sind die Herausforderungen bzw. Erwartungen der Wirtschaft von den jungen AbsolventInnen, sind weiterer Grund für die Zunahme der Steigerung der StudentInnen die ins Ausland gehen um zu Studieren.

1.2.4. Illegale Migration

Die Illegale Migration spielt ebenfalls eine steigende Rolle in den internationalen Migrationsbewegungen. Als Gründe dafür sind die Unterschiede in wirtschaftlicher und auch in politischer Hinsicht anzugeben. Es sind nicht nur die herrschenden schlechten wirtschaftlichen Bedingungen in den Ursprungsländern, sondern auch die politischen Bedingungen spielen eine sehr wichtige Rolle.

Wie die politische Situation gestaltet ist spielt, für die Menschen eine sehr wichtige Rolle. Denn davon hängt es auch ab, wie sich das Individum fühlt. Je nach dem ist die individuelle Entscheidung über eine illegale Migration als letzten Ausweg aus der wirtschaftlichen oder politischen Misere in der sich der Mensch befindet. Ein weiterer sehr wichtiger Grund für die

9 vgl.: Petrus Hahn: Soziologie der Migration, Lucius & Lucius Verlag, Stuttgart 2010, S. 93

illegale Migration liegt sicherlich an der wachsenden restriktiven Migrationspolitik der potenziellen Einwanderungsländer.[10]

Die Einwanderungsbedingungen in den Staaten der Europäischen Union hat sich in den letzten Jahren sehr erschwert, parallel dazu ist auch die Anzahl der illegalen MigrantInnen in den Ländern der EU gestiegen. Wenn zu den restriktiven Bedingungen in den potenziellen Einwanderungsländern die Bedingungen wie ungleiche politische-, wirtschaftliche und soziale Entwicklungen in den Ursprungsländern dazu kommen ist das Potenzial für eine Illegale Migration umso höher. Petrus Hahn meint dazu:

„Dabei ist die illegale Migration logische Konsequenz des wachsenden Drucks, der im Zuge der sich restriktiv verschärfenden Migrationspolitik aller potenziellen Einwanderungsländer in der Illegalität ein Ventil sucht. Das global wachsende Migrationspotenzial übersteigt heute bei weitem die vorhandene Kapazität der Aufnahmeländer. Dies löst eine Entwicklung aus, in der die Migrationspolitik sowohl der traditionellen Einwanderungs- als auch der Industrieländer umso restriktiver gehandhabt wird, je mehr der Migrationsdruck steigt. Damit tritt ein circulus viciosus ein, in dem die zunehmende Begrenzung und verschärfte Kontrolle der Migration umgekehrt die illegale Migration verstärkt und die zunehmende illegale Migration wiederum eine noch restriktivere Migrationspolitik der *potentiellen Aufnahmeländer zur Folge hat.“*[11]

1.3. Migrationstheorien

1.3.1. Weltsystemtheorie nach Wallerstein

Die Grundthese der Weltsystemtheorie von Immanuel Wallerstein ist: *„Während der europäische Kapitalismus sich im Untersuchungszeitraum zu einem universellen ökonomischen Raum entwickelte, zerfiel die Welt gleichzeitig in nationale Staaten und Identitäten. In diesem Weltsystem verschärften sich Verteilungskonflikte und führten zu einem immer größeren Wohlstandsgefälle.“*[12]

Immanuel Wallerstein ist der Gründer der Weltsystemtheorie und auch der herausragenster Vertreter davon. Wallerstein ist der Auffassung dass die Analyse der Austauschbeziehungen zwischen den Staaten nicht alleine auf eine beschränkte Anzahl von Staaten zu beschränken sei. Die Analyse sollte auch Rücksicht auf geographisch breiteren und zeitlich auch längerfristigen Fokus entwickeln. Seine Grundaussage dabei beruht darauf, dass der Wandel einzelner

10 vgl.: Petrus Hahn: Soziologie der Migration, Lucius & Lucius Verlag, Stuttgart 2010, S. 116
11 zitiert nach Petrus Hahn: Soziologie der Migration, Lucius & Lucius Verlag, Stuttgart 2010, S. 116
12 zitiert nach Michael Thöndl in Schlüsselwerke der Politikwissenschaft, Steffen Kailitz (Hrsg.), Verlag für Sozialwissenschaften, Wiesbaden 2007, S. 477

Länder nicht ohne Weltweiten Blick darauf zu werfen, nicht zu verstehen sein kann. Die Anfänge liegen für ihn in der Expansionspolitik der Europäer seit dem 16. Jahrhundert. Damit legt er die Latte für die Ursachen der Migration aus den Ländern rund um Europa herum nach Europa, zeitlich viel länger zurück. Die Ursache ist für ihn nicht in der heutigen Globalisierung zu suchen und zu finden, sondern wie erwähnt, liegt viel weiter zurück. Schon damals hat sich *„ein die ganze Welt umspannendes wirtschaftlich einheitliches, aber politisch nicht integriertes System herauszubilden begonnen.“*[13]

In seinem Werk greift Immanuel Wallerstein auf drei Quellen, den Marxismus, die Anneles-Schule um Ferdinand Braudel und die Dependenztheorie, zurück. Die Gemeinsamkeit aller drei Richtungen ist, dass sie alle miteinander materialistisch Argumentieren. Von Karl Marx hat Wallerstein das Konzept des Kapitals übernommen und stellt den Ausgangspunkt seiner Überlegungen. Er stellt nicht die Lohnarbeit, wie bei Marx, und die damit verbundenen Klassenkampf in den Mittelpunkt sondern den Austausch. Seinen Fokus auf die Makrosysteme hat er vom französischen Historiker Ferdinand Braudel übernommen. Braudel hatte die weit gespannten Netzwerke in historischen Großreichen untersucht und den damit zusammenhängen Handelsketten mit ihrer Dynamik beschrieben. Als die dritte Quelle bei Wallerstein sind die Arbeiten von Dependenztheoretikern zu bezeichnen. Die Dependenztheoretiker sind der Meinung dass die Unterentwicklung in einigen Ländern und Gebieten, das Ergebnis vom ungleichen „Nehmen“ und „Geben“ ist. Sie sind der Auffassung dass der Ungleichaustausch zwischen den Zentren und der Peripherie, zur „Entwicklung“ in den Zentren und „Unterentwicklung“ in der Peripherie führt. Wallerstein macht aber den Unterschied dass der Staat für ihn im Zentrum steht und nicht wie bei den Dependenztheoretikern die ökonomische Einheit. Durch die Übernahme der Kosten und das Managen der aufgetretenen Kosten, stabilisiert der Staat bei ihm den Kapitalismus.[14]

Die Weltsystemtheorie von Immanuel Wallerstein ist zu aller erst eine ökonomische und keine politische Einheit. Nach seiner Auffassung werden wirtschaftliche Entscheidungen in Bezug auf die ganze Welt genommen und die politischen Entscheidungen sind eher auf kleinere Rahmen bezogen. Eine Arbeitsteilung ist nach dieser Theorie nicht vorhanden. In gewissen Regionen ist die Produktion, Handel und Arbeit näher miteinander Verknüpft. Der Motor bzw. die Motivation des Systems ist das Prinzip der unbegrenzten Anhäufung von Ka-

---

13 zitiert nach Michael Thöndl in Schlüsselwerke der Politikwissenschaft, Steffen Kailitz (Hrsg.), Verlag für Sozialwissenschaften, Wiesbaden 2007, S. 477

14 vgl.: Michael Thöndl in Schlüsselwerke der Politikwissenschaft, Steffen Kailitz (Hrsg.), Verlag für Sozialwissenschaften, Wiesbaden 2007, S. 477

pital. Die räumliche Ausdehnung wird dabei ebenfalls mit in dieses System hinein genommen. Der Grund dafür ist dass dies im Sinne der Einbeziehung von nicht integrierten Wirtschaften passiert. Als Ergebnis dessen ist zu betrachten dass dadurch Konkurrenzkampf um Arbeitskräfte, Absatzmärkte und Rohstoffe entstehen kann und auch ist. Die Positionen von Staaten können sich immer wieder durch die entstandenen Krisen und durch die ungleich entwickelten Zonen verändern. Die Krisen entstehen durch die Konkurrent und aus denen entstandenen Ungleichheiten.[15]

Er teilt die von ihm skizzierte Weltwirtschaft in drei Zonen auf. Die erste Zone besteht aus den Ländern Franreich, England Niederlande usw. die zweite Zone von den Ländern Spanien und Portugal (semi-peripeherie) und die dritte Zone aus den Ländern wie z.B. die Osteuropäischen Staaten (Peripherieländer). Für Wallerstein sind diese Zonen von zentraler Bedeutung, weil die Position des Staates innerhalb einer Zone die entscheidende Determinante des internen politischen Geschehens intern darstellt. Die Unterscheidung in die Zonen geschieht nach den verfügbaren Einkommen, Modernität der Arbeitsverhältnisse, technisches Wissen, Handelsintensität, Lebensweise und politisch-militärischer Macht.[16]

1.3.2. Neoklassische Migrationstheorie

1.3.2.1. Makroökonomische Ansätze

Nach der neoklassischen Migrationstheorie ist die internationale Arbeitsmigration durch die Unterschiede in den Gehältern zwischen den Ländern entstanden und trugen wesentlich zur Migration bei. Wenn die Unterschiede in den Gehältern zwischen den Ländern behoben werden kann ist auch ein wesentlicher Schritt gegen die Arbeitsmigration getan. Der Ausgleich zwischen den Gehältern führt dazu dass die Menschen nicht mehr für die Differenz in ein anderes Land emigrieren. Die Bewegungen der Arbeitskräfte auf den Märkten sind im Wesentlichen von den Mechanismen auf dem Arbeitsmarkt abhängig. Einen Einfluss können die Staaten auf die Migrationsbewegungen ausüben oder kontrollieren in dem sie die Arbeitsmärkte in den entsendenden bzw. in den aufnehmenden Ländern beeinflussen und regulieren.

1.3.2.2. Mikroökonomische Ansätze

In der neoklassischen ökonomischen Mikrotheorie ist der Mensch, das Individuum die Analyseeinheit. Demnach ist nicht nur der Unterschied in den Gehältern der Grund für die Arbeitsmigration, sondern auch der Unterschied in den Beschäftigungsarten. Die Auffassung der In-

---

15 vgl.: Michael Thöndl in Schlüsselwerke der Politikwissenschaft, Steffen Kailitz (Hrsg.), Verlag für Sozialwissenschaften, Wiesbaden 2007, S. 479

16 vgl.: Michael Thöndl in Schlüsselwerke der Politikwissenschaft, Steffen Kailitz (Hrsg.), Verlag für Sozialwissenschaften, Wiesbaden 2007, S. 479

dividuen dass in einem anderen Land die Entlohnung und auch die Beschäftigungsart besser ist als die hiesigen, erhöht die Wahrscheinlichkeit zur Emigration in dieses Land. Außerdem kommen noch dazu Faktore wie Techniken oder soziale Rahmenbedingungen die Migrationskosten senken, die Wahrscheinlichkeit zur Emigration noch mal erhöhen, weil sie dabei auch den Nettogewinn der Migration erhöhen. Individuelle Entscheidung zur Migration obliegt der individueller Kosten- Nutzen Analyse. Staaten können, wie beim Makroökonomischen Ansatz durch die Regulierung der Märkte einen Einfluss auf die Arbeitsmigration ausüben. Dieses Eingreifen kann in Form beseitigen der Gehaltsdifferenzen in den Ländern ausgeübt werden.[17]

1.3.3. Push- u. Pullfaktor

Laut der Sozialforschung kann Migrationsforschung ein sehr komplexer Prozess, sehr multikausal und auch sehr multifaktoral sein und durch diese Faktoren bestimmt werden. Demnach ist sehr schwierig eine Trennungslinie zwischen der freiwilligen und der unfreiwilligen Migration zu Unterscheiden. Die Ursachen für die Migration bestehen in der Regel aus einer Mischung von objektiv zwingenden exogenen Faktoren und subjektiv unterschiedlich begründeten Entscheidungen. Ein Versuch für einen Erklärungsansatz der Migration basiert auf das Gravitationsmodell der die zwei Gruppen der „Push- u. Pullfaktoren" einteilt. Dieses Modell geht auf das von Ernest George Ravenstein entwickelte Gravitationsgesetz der Physik zurück. Ravenstein war der Meinung dass ein inverser Zusammenhang zwischen Migrationshäufigkeit und geographischer Entfernung besteht, d.h. dass die Zahl der Migrationsfälle mit zunehmender Entfernung abnimmt. Diese Kosten (Umzugskosten, Mobilitätskosten, Eingewöhnungskosten, soziale Kosten und die Kosten wegen der Umstellung im Aufnahmeland) würden mit der geographischen Entfernung auch zunehmen, womit die Bereitschaft zur Migration beeinflusst wäre. Außerdem nimmt auch das Wissen über das Aufnahmeland mit der Entfernung ab, womit die Bereitschaft zur Migration noch mal beeinflusst wäre.[18]

Diese Theorie wurde seitens Everett S. Lee ende der 1960er Jahre revidiert. Mit der Urform der Push- u. Pullfaktoren, wäre die Arbeitsmigration nach Österreich aus der Türkei, sicher nicht ganz zu erklären und auch nicht anwendbar. Nach dem Everett aber unter den „Push-Faktoren all jene Faktore, die MigrantInnen zum Auswandern zwingen, des Herkunftslandes der MigrantInnen zusammengefasst hat, ist diese Theorie auch in diesem Zusammenhang anwendbar. Diese Faktore können sowohl politisch, sozial, kriegerischer als auch wirtschaftlicher Natur sein. Die „Pull- Faktoren" sind alle Faktoren die denn ImmigrantInnen anreizen

17 vgl.: Petrus Hahn: Soziologie der Migration, Lucius & Lucius Verlag, Stuttgart 2010, S. 12
18 vgl.: Petrus Hahn: Soziologie der Migration, Lucius & Lucius Verlag, Stuttgart 2010, S. 116

und motivieren um in dieses bestimmte Land zu emigrieren. Diese Motivations- und Anreizgründe können ebenfalls wirtschaftlich, politisch und auch sozial sein. Die „Pull- Faktoren“ kommen im Aufnahmeland vor und sind Faktoren, wie z.B. politische Stabilität, wirtschaftliche Situation usw., die die Immigration in das Land forcieren.[19]

19 vgl.: Petrus Hahn: Soziologie der Migration, Lucius & Lucius Verlag, Stuttgart 2010, S. 13

2. Türkei

2.1. Die moderne türkische Republik

Mit einem Kurzen Rückblick auf die Geschichte der Türkei wollen wir dieses Kapitel anfangen. Deshalb nur kurz, da sehr genaue oder sehr ins Detail gehende Erläuterungen den Rahmen dieser Arbeit sprengen würde. Nach dem Ende des Ersten Weltkrieges lag das Osmanische Reich zerstört am Boden. Der Sultan war geneigt das Diktat der Siegermächte zu akzeptieren. Die Jungtürkische Ära vor dem Ersten Weltkrieg, hatte eine Gegenelite zum Sultan ins Leben gerufen. Diese Elite, die in der Geschichte des Osmanischen Reiches war einmalig. Sie war zu vielen anderen politischen Formierungen die es vorher gegeben hat, nationalistisch und pflegten das Türkentum. Sie waren bereit für ihr Anliegen auch zu kämpfen. Ihre patriotische Einstellung sollte sie Jahre später, nach dem ersten Weltkrieg, gegenüber den Belagerern der Restgebiete, dazu bewegen einen Befreiungskrieg zu starten.

Es gab im ganzen Land verteilt kleine lokale Verbände aber noch keine Nation im herkömmlichen Sinne. Ein genau definiertes Staatsgebiet hatte auch noch nicht existiert. Genau zu dieser Zeit landeten die Griechen am 14. Mai 1919 in Izmir und dies wurde zum Katalysator für einen breiten Widerstand.

Zu dieser Zeit wurde Mustafa Kemal damals noch ein Ranghoher Offizier mit britischer Zustimmung zum Inspektor der neunten Armee in Anatolien ernannt. Er sollte dort die intakten osmanischen Streitkräfte nach dem Waffenstillstand demobilisieren. Er lief mit einem Schiff in den Schwarzmeerhafen Samsun ein und statt seinen Auftrag, das demobilisieren bzw. das entwaffnen der neunten Armee, traf er sich dort mit den Militärkommandanten und verfasste in Amasya eine gemeinsame Wiederstandserklärung. Daraufhin wollte ihn der Sultan seines Amtes entheben. Mustafa Kemal war aber dem zuvor gekommen und hatte sein Amt niedergelegt. Um ihn versammelten sich nun weitere lokale Gruppierungen aus ganz Anatolien. In weiteren Städten, Erzurum und Sivas, wurden Kongresse abgehalten und wählten ihn zum Vorsitzenden. Im Dezember des gleichen Jahres reiste Mustafa Kemal nach Ankara machte die damals noch sehr kleine Provinzstadt zu seinem Hauptstützpunkt.[20]

Der Nationalpakt definierte die Grenzen des Landes nach den Friedensverträgen von 1913 die nach den Balkankriegen und den Waffenstillstandslinien vom Oktober 1919. Die Briten reagierten auf die nationalistische Provokation, in dem sie Istanbul besetzten. Daraufhin traf sich das osmanische Parlament 18. März 1920 zum letzten Mal zusammen und wurde nach seinem

20 vgl.: Ahmad Feroz: Geschichte der Türkei, Magnus Verlag, Essen 2005, S. 95 ff

Protest gegen die britische Invasion auf unbestimmte Zeit vertagt. Als der Sultan die Kammer am 11. April auflöste, war dieser Akt für die Nationalisten in Ankara die Bestärkung darin dass der Sultan nur noch eine „Marionette“ der Alliierten sei. Das Frühjahr von 1920 war der Anfang des Befreiungskrieges. Die Griechen hatten 1919 İzmir und Westanatolien besetzt, im Juni des gleichen Jahres waren sie auf dem Vormarsch ins innere des Landes. Im August besetzten größere Städte wie Bursa und Edirne. Der Sultan unterzeichnete ein Jahr später den Vertrag von Sevres und damit Abtrennungserklärungen anatolischer Gebiete an die künftigen griechischen, armenischen und kurdischen Staaten, aber auch an Syrien, das laut Völkerbund unter französischem Mandat fiel. İstanbul und die Dardanellen wurden einer internationalen Organisation gestellt, dass die Gebiete verwalten sollten. Den Kurden wurde in den kurdischen Gebieten Autonomie versprochen, der Südwesten Anatoliens war unter italienischer Verwaltung. Im Osten des Landes sollte Großarmenien entstehen, in Kilikien am Mittelmeer, also der Süden des Landes war französischen Interessen vorbehalten. Den Türken war ein Rumpfgebiet in Zentralanatolien vorgesehen, ohne Zugang zum Mittelmeer. [21]

Der Widerstand in Anatolien formierte sich bei diesen Gegebenheiten im Land umso schneller. Der Widerstand hatte aber nicht mit Mustafa Kemal begonnen, gleich nach dem die Griechen im Westen des Landes einmarschierten, hatten kleineren Gruppen angefangen sich dagegen zu formieren.

Die Widerstandsbewegung formierte sich aus aufgeklärten Offizieren, Bauern, Bürokraten aus Istanbul, kurdische Hirten und ihre Stammesoberhaupte (Ağa´s), Provinznotabeln, und Religionsgelehrte, Journalisten, Schriftsteller und Intellektuelle.[22]

Nachdem der Befreiungskrieg gewonnen war musste nun die Staatsform, die ja nach wie vor konstitutionell und der Sultan in Istanbul dessen Oberhaupt war. Die erste Nationalversammlung (23.04.1920) hatte schon vor den Kriegen in Ankara statt gefunden.

Die Phase zwischen der Ersten Nationalversammlung und Entwicklung einer neuen Verfassung, wurde die „Teskilat-i Esasiye Kanunu“ als vorläufiges Organisationsgesetzt am 20. Januar 1921 beschlossen.[23]

Jetzt als der Krieg vorbei war wollte Mustafa Kemal die Staatsform von der Monarchie in eine Republik ändern. Es fanden Wahlen statt, das neu gebildete Parlament wurde seitens von

21 vgl.: Günter Seufert/Christopher Kubaschek: Die Türkei, Politik-Geschichte-Kultur, C.H.Beck Verlag, Lizensausgabe für das Bundeszentrale für politische Bildung, Bonn 2006, S. 81

22 vgl.: Günter Seufert/Christopher Kubaschek: Die Türkei, Politik-Geschichte-Kultur, C.H.Beck Verlag, Lizensausgabe für das Bundeszentrale für politische Bildung, Bonn 2006, S. 85

23 vgl.: Klaus Kreiser: in Kleine Geschichte der Türkei, (K. Kleiser/K. Neuman), Lizenzausgabe für das Bundeszentrale für politische Bildung, Reclam Verlag, Bonn 2006, S. 385

Mustafa Kemal mit der neuen Aufgabe, die Staatsform zu ändern, konfrontiert. Einige seiner Weggefährten, hochrangige und sehr beliebte Offiziere, die auch ins Parlament gewählt wurden, hatte nach wie vor die Absicht die konstitutionelle Monarchie aufrechten zu halten. Schließlich konnte sich Mustafa Kemal durchsetzen und die Staatsform wurde in eine Republik, 29.10.1923, umgeändert. In der gleichen Versammlung ließ sich Mustafa Kemal einstimmig zu Staatspräsidenten der Republik Türkei wählen.

Die Republik Türkei hatte bei ihrer Gründung 13,6 Millionen Einwohner, davon lebten ca. 80% auf dem Land. Eine sehr große Aufgabe war noch zu meistern, denn die Analphabetenrate war bei 90%. Von der westlich gebildeten Elite war der Wunsch aus diesen Vorgaben eine Nation nach europäischem Muster zu Formen.[24]

Durch den Friedensvertrag von Lausanne am 24. Juli 1923 wurden die Grenzen des neuen Landes, Republik Türkei, auch international anerkannt. Durch den Abschluss dieses Vertrages verlor der Vertrag von Sevres[25], der mit dem Osmanischen Reich abgeschlossen war, an Bedeutung. Für Mustafa Kemal war das ein Erfolgserlebnis und steigerte seine Popularität in der Bevölkerung.

Die ersten Wahlen der Republik fanden 1923 statt, alle Bürger ab 18 Jahren hatten das Recht daran teilzunehmen. Noch vor den Wahlen gründete Mustafa Kemal die Cumhuriyet Halk Fırkası (Republikanische Volkspartei), nachher wurde sie in „Cumhuriyet Halk Partisi umbenannt.[26]

In den folgenden Jahren sollten dramatische kulturelle Umbrüche stattfinden. Mustafa Kemal war bis zu seinem Tod (1938) Staatspräsident des Landes. Unter seiner Präsidentschaft gab es verschiedene Regierungen aber de facto nur eine Partei, die im Parlament verträten waren. Es gab einige Versuche von Parteigründungen, die aber immer wieder verboten wurden, da sie immer zu einem Sammelbecken für Mustafa Kemals politische Gegner werden. Mustafa Kemal der an 1935 „Atatürk" (Vater aller Türken) hieß, wollte keine politischen Gegner.

Atatürk hatte sich gen Westen gerichtet, seine Absicht war eine westlich gesinnte Gesellschaft zu schaffen. Dazu waren ihm Gegner die sich nach der alten Staatsordnung sehnten oder für ihn dabei ein Hindernis sein könnten nur Störfaktor und wurden nicht geduldet. Eines seiner

24 vgl.: Günter Seufert/Christopher Kubaschek: Die Türkei, Politik-Geschichte-Kultur, C.H.Beck Verlag, Lizensausgabe für das Bundeszentrale für politische Bildung, Bonn 2006, S. 87

25 vgl.: Fahir Armaoğlu: 20. Yüzyil Siyasi Tarihi, Alkım Yayınevi, İstanbul 1998 S. 311 ff.

26 vgl.: Klaus Kreiser: in Kleine Geschichte der Türkei, (K. Kleiser/K. Neuman), Lizenzausgabe für das Bundeszentrale für politische Bildung, Reclam Verlag, Bonn 2006, S. 386

Schlüsselwörter war „muasir“ (zeitgenössisch), um das auch zu schaffen waren einige Reformen notwendig.

Bevor wir einige der Reformen hier wieder geben, schauen wir uns den Kemalismus näher an.

2.1.1. Kemalismus als Ideologie

„Eine Gesellschaft kann nur existieren, wenn sie sich bestimmte Vorstellungen von sich selbst macht und sich in dieser Selbstinterpretation einen Wert zu schreibt. Diese Vorstellung nennt man gewöhnlich Ideologie.“[27]

Die klassischen Ideologien aber gehen gewöhnlich darüber hinaus. Sie schreiben sich einen bestimmten gesellschaftlichen Zustand als Bildungsrahmen und die Funktion zu, diese Bedingungen im Sinne einer Idee oder eines Ideals zu gestalten, das auf einer Zukunftsprognose beruhen soll.

Oder aber *„es wird eine bestimmte Staatsräison konkreten politisch-historischem Anlass und im Rahmen bestimmter gesellschaftlicher und wirtschaftlicher Bedingungen zur Ideologie aufgewertet, um ihr die Funktion zu vermitteln, die Gestaltung bzw. Veränderung gespeisten Vorstellungen zu orientieren und voranzutreiben. Im Hinblick auf den Kemalismus könnte man hier auch von einer pragmatisch fundierten und orientierten Ideologie oder von einer Entwicklungsideologie sprechen, deren Funktion die Modernisierung ist.“*[28]

Dies Begründet wird etwa mit der Hervorhebung einzelner Menschen, Führer und Idole, in die Rolle des Allwissenden und Allmächtigen, ihre Vergötterung oder Vergötzung durch kultische Handlungen und Altäre, mit Fahnenkult und Riten irrationaler Art, deren Nichtbefolgung mit schweren sozialen strafrechtlichen Nachteilen verbunden ist. All dies mit Anspruch auf Ewigkeit.[29]

Damit trifft Hayes auch das Wesen des Kemalismus, wie er heute zwar abnehmend, dennoch weiter gepflegt wird, so wie in einer Religion das Individuum bzw. der Staatsbürger ständig zum Bekenntnis herausgefordert wird, sogar gezwungen wird, dass dann schnell zum Lippenbekenntnis entartet wenn der Glaube fehlt.

---

27 vgl.: Lacroix, Jean- bei Großer Alfred: Politik erklären, München 1973, S. 57
28 zitiert nach Ataay, Aytekin: Einführung in den Kemalismus, İstanbul 1982, S. 159
29 vgl.: J. H. Charlton Hayes: Nationlism. A Religion, Iz Yayincilik, İstanbul 1986, S.164

2.1.2. Grundsätze des Kemalismus

2.1.3. Modernismus versus Islam

Die als „Kemalismus“ bezeichnete Staatsauffassung des Begründers der modernen Türkei, Mustafa Kemal Atatürk, ist eine Idee, die den Versuch des Bruches mit den Traditionen des osmanischen Reiches voraussetzt und auf eine Synthese zwischen der Verinnerlichung der Werte und Ordnungen des europäisch- abendländischen Kulturkreises und den erst um die letzte Jahrhundertwende wieder neu entdeckten Türkentum ausgerichtet ist.“[30]

Das Ideal einer solchen Synthese ist allerdings bis heute nicht erreicht worden. *„Es hat sich gezeigt, dass sich das „Türkentum“- Verständnis von religiös bestimmten kulturellen Elementen nicht freihalten lässt, wodurch gewisse Verknüpfung mit dem Islam bestehen bleiben, die sogar bis in die Verfassung hineinreichen. Die religiösen Werte des Islam können daher nach wie vor weite Teile des sozialen Lebens der Mehrheit der türkischen Bevölkerung bestimmen und damit eine Verwirklichung abendländischer Werte verhindern.“*[31]

Der Kemalismus fand zum ersten Mal mit seinen wesentlichen Grundsätzen im Jahre 1937 Eingang in die Verfassung von 1924. Diese Grundsätze waren der Wegweiser für das vorrangige und wesentliche Ziel für den neuen türkischen Staat, das auch heute noch nicht als erreicht angesehen wird.

Die Schaffung eines türkischen Nationalstaats, der in der Lage ist, eine politisch und wirtschaftlich selbstsändige Position unter den Staaten der Welt einzunehmen um den eigenen Bürgern den Standart moderner Zivilisation zu vermitteln.

Die Grundsätze:

- Republikanismus
- Nationalismus
- Populismus (Volksverbundenheit)
- Etatismus (Interventionismus)
- Laizismus
- Revolutionärer Reformus

---

30 vgl.: Ibrahim Kafesoğlu: Prinzipien Atatürks und ihre historischen Grundlagen. S. 27, Türk Dünyası Araştırmaları Vakfı, İstanbul 1983, S.27

31 zitiert nach E. Özbudun: Soziale Wandlung und pol. Partizipation in der Türkei, Berlin 1976, S. 43

2.1.4. Die Türkische Verfassung

Der ideologische Charakter eines Rechtssatzes oder einer Ansammlung von Rechtssätzen ergibt sich nicht nur immer aus dem Wortlaut des Rechtssatzes selbst, sondern häufig auch aus der Art und Weise der Formulierung und des Einsatzes bestimmter Begriffe im Textzusammenhang. So drückt die Phrase von der unteilbaren Einheit von Staatsgebiet und Staatsvolk bei isolierter Betrachtung lediglich ein Element der Staatsraison aus, weist auf legitime Herrschaftssicherung hin.

Unverdächtig erscheint auch, wenn die Sprache des Staates türkisch sein soll oder von nationalen Interesse die Rede ist. Dem ideologischen Charakter erhalten solche nachher in einem ideologischen Begriff, wie der des Nationalismus zusammengefassten Elemente aber zum einem durch Institutionalisierung von Kultur in eine Verfassungsrechtlich eigens abgesicherte Institution, und zum anderen vor allem durch ideologisierende Elemente in der Präambel zu finden sind: Schmückende Begriffe mit den eben genannten Rechtsbegriffen ungeahnte Gewalt entfalten.

Die türkische Verfassung begnügt sich nicht mit einem Bekenntnis zur Demokratie und zum Rechts- und Sozialstaat. Die türkische Verfassung beruht seit 1937 auf ideologischen Grundlagen, die ein spezifisches Konzept von Staat und Nation beinhalten, das erheblich enger ist als das eines modernen Staates, der nach dem Muster eines westlichen Demokratie im bürgerlichen Rechtsstaat des späten 19. Jahrhunderts und in der Idee der liberalen Rechtsstaates verwurzelt ist. Diese ideologischen Grundlagen, die Staatsideologie der türkischen Verfassung wird im Kemalismus definiert.

Der ideologische Inhalt der türkischen Verfassung mag über die Zeit seit der Gründung der Republik wenig konstant gewesen sein. Nach der Aufnahme der „Sechs Pfeile“ im Jahre 1937 in die Verfassung von 1924 und damit der verfassungsrechtlichen Verfestigung der kemalistischen Staatsideologie, ist es mit der liberalistischen Verfassung von 1961 zunächst wieder zu einer Abschwächung gekommen, die vielleicht gerade dem dynamischen Element der Kemalismus Rechnung getragen und damit dem politischen Vermächtnis Atatürks am ehesten entsprochen hat. Eine Verstärkung ideologischer Züge, für die wir den Begriff „postkemalistisch“ erwähnt haben, lässt sich wieder in der Verfassung von 1982 erkennen.
Artikel 2 der türkischen Verfassung lautet:

„Die Republik Türkei ist ein im Geiste des Wohles der Gemeinschaft, der nationalen Solidarität und der Gerechtigkeit, die Menschenrechte achtender, dem Nationalismus Atatürks ver-

bundener und auf der in der Präambel erwähnten Grundprinzipien beruhender demokratischer, laizistischer und sozialer Rechtsstaat."[32]

Unmittelbar zum Ausdruck kommen hier als kemalistischer Prinzipien vor allem der Nationalismus und der Laizismus als normative Grundlagen der türkischen Verfassung.

Der ideologische Inhalt der türkischen Verfassung kommt vor allem im Nationalismusprinzip zum Ausdruck. Dieses Prinzip wird in eine an Glaubensbekenntnis erinnernde Weise formuliert. „*Die türkische Nation begeistert und beseelt vom türkischen Nationalismus, der alle einzelnen Schicksalsgenossen in Glanz und Elend zu einem unteilbaren Ganzen um das nationale Bewusstsein schart und das Ziel verfolgt, unsere Nation als gleichberechtigtes Mitglied der Völkerfamilie der Welt im Geiste nationaler Einheit ständig zu erhöhen.*"[33]

„*Der türkische Staat ist .... nationalistisch*"[34] Verantwortlich für eine in diesem Sinne enge Interpretation des Nationalismus an der türkischen Verfassung sind die Elemente bzw. Rechtprinzipien die den türkischen Nationalismus Gedanken in der von der Verfassung vorgenommenen Ausformung prägen, nämlich die unteilbare Einheit von Staatsgebiet und Staatsvolk und die nationale Kultur, letztere ausgestatte mit der extremen Sanktionsmöglichkeit des generellen Verbots einer anderen Sprache als die Türkische im behördlichen oder alltäglichen Gebrauch und als ethnisch-türkische Kultur gedacht.

Vor allem von diesen beiden Prinzipien geht auf Grund positiver Verfassungsrechts ein assimilatorischer Druck aus, die Begriffe wie die der „Naitonalität" oder „Minderheit" bis auf wenige Ausnahmen ausschließt.

Der Nationalismus der türkischen Verfassung beruht nicht nur auf einer Abgrenzung nach außen als Grundlage völkerrechtlicher Souveränität, sondern zielt auch auf die Einheit der Souveränitätsausübung nach innen ab, auf die Integration des Staatsvolkes in einer Staatsnation.

Integration bedeutet zugleich Assimilation bzw. Verschmelzung aller kulturellen Elemente zu einer nationalen Kultur. Im Extremfall führt dies zu der eben erwähnten Gleichstellung von nationaler Kultur und ethnisch-türkischen Kultur. In jedem Fall wird aber die Möglichkeit politischer Abgrenzung zwischen verschiedenen ethnischen Gruppen und das Postulat der Existenz von Minderheiten im Rechtssinne versagt, gegebenenfalls zu Lasten eines nationalen

32 Frei übersetzt aus http://www.tbmm.gov.tr/anayasa/anayasa_2011.pdf, am 24.03.2011
33 zitiert nach Hirsch, E.E.: Die Verfassung der türk. Republik (Staatsverfassungen der Welt, Band 7), Frankfurt 1966
34 vgl.: Hirsch, E.E.: Die Verfassung der türk. Republik (Staatsverfassungen der Welt, Band 7), Frankfurt 1966

Gleichheitsverständnisses und der Ausübung von Grundrechten, die die Zugehörigkeit zu einer Minderheit manifestieren könnte.

Der Nationalismus gerät damit zu einer Antipode nicht nur eines Regionalisierungs- oder Föderalismusgedanken, sondern auch des Demokratieprinzips schlechthin.

Nach diesem kleinen Exkurs in die türkischen Verfassung und den Kemalismus wollen wir uns ein wenig näher die Reformen anschauen die zu Zeiten des Mustafa Kemal gemacht wurden.

Eine der ersten Reformen auf dem Weg in ein westliches Zeitalter, war die Abschaffung des Kalifats am 3. März 1924. Zur gleichen Zeit wurden auch die Mitglieder der Osmanischen Dynastie ins Exil geschickt. Hier noch einige Beispiel an denen es ersichtlich ist, das hier grundlegende Veränderungen statt gefunden haben bzw. es noch einige Jahre gedauert hat bis alles sich auch richtig etablieren konnte.

- Gewährleistung gleicher Rechte für Frauen und Männer (1926)
- Hut- und Bekleidungsneuordnungen (1925)
- Schließung der Derwischklöster und -grabmäler (1925)
- Einführung des Familiennamen-Gesetzes (1934)
- Abschaffung von Beinamen und Titeln (1934)
- Annahme der internationalen Maß- und Messeinheiten für Uhren, Kalender, Metermasse (1925)
- Vereinigung des Bildungswesens (1924)
- Annahme der lateinischen Schriftzeichen (1928)

Wie es auch ersichtlich ist sind die Reformen auf den Staat, die Rechtsordnung und auf die Kultur gerichtet. Trotz der Reformen blieben aber die Entwicklungen des beruflichen Bildungswesens, die Industrialisierung oder die Bodenreform weit hinter den Erwartungen zurück.[35]

Mustafa Kemal Atatürk wurde noch dreimal in seinem Amt als Staatspräsident bestätigt (1927, 1931, 1935).[36] Er war einer von wenigen Staatsmännern seiner Zeit die sehr viel Macht an sich versammelten und aber daraus keine Diktatur errichtete. Zur dieser Zeit begann Hitler

35 vgl.: Günter Seufert/Christopher Kubaschek: Die Türkei, Politik-Geschichte-Kultur, C.H.Beck Verlag, Lizensausgabe für das Bundeszentrale für politische Bildung, Bonn 2006, S. 90

36 vgl.: Klaus Kreiser: in Kleine Geschichte der Türkei, (K. Kleiser/K. Neuman), Lizenzausgabe für das Bundeszentrale für politische Bildung, Reclam Verlag, Bonn 2006, S. 385

in Deutschland an Macht zu gewinnen und Benito Mussolini erreichtet in Italien sein faschistisches Regime. Seine Reformen prägten die Entwicklung des Landes in aller Hinsicht.

Mustafa Kemal Atatürk starb am 10. November 1938, sein langjähriger Weggefährte Ismet Inönü wurde zum Staatspräsidenten gewählt. Atatürk hatte vor seinem Tod noch einen wichtigen Erfolg zu verzeichnen. Die Grenzprovinz zu Syrien, Hatay, 1938 an die Türkei angeschlossen. Sein Nachfolger hatte Defensivverträge mit England und Frankreich abgeschlossen, womit es ihm gelang die Türkei aus dem zweiten Weltkrieg heraus zu halten. Mit Hitlerdeutschland hatte er durch einen klugen Schachzug kurz vor dem Angriff gegen die Sowjetunion ebenfalls einen Defensivvertrag abgeschlossen. Kurz vor dem Ende des Krieges erklärte aber die Türkei Hitlerdeutschland doch noch den Kriege, ohne das kriegerische Auseinandersetzungen stattgefunden haben, womit sie sich einen Platz bei der UNO sicher konnten.[37]

2.2. Die Außenpolitik der Republik Türkei

Der Vertrag von Lausanne vom 24.7.1923 kann als der Anfang der neuen Republik bezeichnet werden. Mit diesem neuen Vertrag wurde der Vertrag von Sevres 10.8.1919, den das Osmanische Reich als einer der Verlierer des ersten Weltkrieges unterzeichnen musste, ersetzt. Für Mustafa Kemal war das Unterzeichnen des Vertrages von Lausanne ein großer Erfolg. Damit hat er eine Revision der ursprünglichen Friedensbedingungen erreicht.[38]

Die neue außenpolitische Konzeption Mustafa Kemals basierte auf die Bewahrung der Unabhängigkeit, Souveränität und Gleichberechtigung des türkischen Nationalstaates.

Für die Jahre von der Gründung der Republik bis zum Tode von Mustafa Kemal im Jahr 1938, war die Außenpolitik für die Erhaltung der Status quo bemüht. Dies hatte er mit einigen abgeschlossenen Verträgen versucht abzusichern. Er verzichtete bewusst auf einseitige, risikoreiche Verpflichtungen, womit seine Außenpolitik und seines Nachfolgers Inönü, bis 1945 als neutralistisch bezeichnet werden kann. Er verwendete seine neutrale Haltung in der Außenpolitik als Instrument für die Innenpolitik. Mit dem Frieden den er außenpolitisch erreichte, sollten die Voraussetzungen für die Modernisierung aller Bereiche im gesellschaftlichen Leben geschaffen werden. Die Konzentration galt nur der Innenpolitik.[39]

Mit der Sowjetunion wurden am 13.10.1921 und 17.12.1925, um die Grenzen im Osten des Landes festzulegen und um einen Nichtangriffspakt zu beschließen, Verträge unterzeichnet.

---

37 vgl.: Günter Seufert/Christopher Kubaschek: Die Türkei, Politik-Geschichte-Kultur, C.H.Beck Verlag, Lizensausgabe für das Bundeszentrale für politische Bildung, Bonn 2006, S. 91

38 vgl.: İsmail Soysal: Türk Dış Politikasını İncelemek için Kılavuz, Eren Yayınevi, İstanbul 1993, S. 43

39 Steinbach Udo: Die Türkei im 20. Jahrhundert, S. 81

Die Sowjetunion war einer der wenigen Staaten die bereit waren im Unabhängigkeitskrieg der Türkei zu helfen. Weiters halfen sie der neuen Republik in den Verhandlungen von Lausanne, bei der Teilnahme am Kellogpakt 1928 und bei den Verhandlungen von Montreux 1936.[40]

Mit Frankreich und Großbritannien waren die Beziehungen eher konfliktreich. Dabei ging es um die Erbmasse des Osmanischen Reiches. Mit Großbritannien ging es um das damalige englische Mandat Mosul im Nordirak, worüber sich die Parteien während der Verhandlungen in Lausanne einigen konnten. Der Volkerbund sprach am 16.12.1925 Mosul dem Irak zu. Mit Franreich waren die Konflikte um die Enklave Hatay, das damals noch als französisches Mandat zusammen mit Syrien unter Kontrolle der Franzosen war. Schließlich wurde Hatay 1938 mit einer Volksabstimmung türkisch.[41]

Mit Großbritannien hatte die Türkei in den Jahren 1934-35 sehr enge Beziehungen. Um den Expandierungsbestrebungen Italien am Balkan vorzubeugen wurde ein starker Partner gebraucht, denn auch für sie war das Bestreben Italiens ein Dorn im Auge. Somit wollte man versuchen ein Gleichgewicht herzustellen. Die Beziehungen zu Sowjetunion waren durch den wachsenden Einfluss der Nationalsozialisten in Deutschland leicht zu rechtfertigen. Die Sowjets sahen Nazi Deutschland im Westen und Japan im Osten als Gefahr für sich.

Als am 24. August 1939 Deutschland und die Sowjetunion einen Nichtangriffspakt unterschrieben hatten, kam die Türkei mit seinen auf Gleichgewicht ausgerichtete Außenpolitik ein wenig aus dem Gleichgewicht. Die Türkei war weiterhin bestrebt gute Beziehungen sowohl zu Großbritannien als zu Sowjetunion aufrecht zu erhalten. Schließlich konnten aber die Briten mit einem Hilfsabkommen, 19.10.1939, die Türkei doch noch auf die eigene Seite zu ziehen. Dieses Abkommen kann als ein Meilenstein in der türkischen Außenpolitik gewertet werden, denn danach war die Türkei nur noch auf der Seite der westlichen Mächte zu sehen.[42]

Als Italien 1940 auf der Seite von Nazideutschland in den Krieg zog, verlangte Franreich und Großbritannien von der Türkei auf ihrer Seite in den Krieg einzuziehen. Die Türkei tat dies aber nicht und hatte ausreden wie, dass die versprochenen Waffen nicht geliefert wurden. Der wahre Grund war aber eher die Sowjetunion nicht reizen zu wollen.

---

40 vgl.: İsmail Soysal: Türk Dış Politikasını İncelemek için Kılavuz, Eren Yayınevi, İstanbul 1993, S. 42-44
41 vgl.: Fahir Armaoğlu: 20. Yüzyil Siyasi Tarihi, Alkım Yayınevi, İstanbul 1998, S. 361
42 vgl.: Fahir Armaoğlu: 20. Yüzyil Siyasi Tarihi, Alkım Yayınevi, İstanbul 1998, S. 361

Um zwischen den Balkanländer den Frieden zu sichern wurde am 9.2.1934 in Athen Verträge zwischen Albanien, Jugoslawien, Rumänien und Griechenland de erste Balkanpakt unterschrieben.[43]

Weiters wurde mit den Ländern Afghanistan Iran und dem Irak der Sadabad Pakt am 8.7.1937, mit der Absicht die Sicherheit zu fördern, unterzeichnet.[44]

Mustafa Kemal konnte persönlich einen Erfolg landen. Der Vertrag von Montreux, in dem die Kontrolle über die Meeresengen am Bosphorus und die Dardanellen, dessen Kontrolle mit dem Vertrag von Lausanne an einen Internationalen Kontrolle unterstellt war, übergab die Kontrolle wieder unter die türkische Souveränität.[45]

Die westlichen Verbündeten gingen davon aus dass die Türkei im Krieg gegen Nazideutschland eingreifen würde. Winston Churchill kam zu einem Besuch in die Türkei um İsmet Inönü davon zu überzeugen, was ihm aber nicht gelungen sollte. Kurz darauf kam Churchill in Teheran mit Roosevelt und Stalin zusammen wo er noch mal die Türkei aufforderte mit in den Krieg zu ziehen. Auch dieses mal sollte es den Alliierten nicht gelingen die Türkei auf den Kriegsschauplatz zu lotsen. Inönü konnte sich bis 1944 aus dem Kriegsgeschehen raushalten, obwohl Zeitweise auch ein Wirtschaftsembargo seitens Großbritannien und den USA gegen die Ausfuhr für türkische Produkte auferlegt wurde. Schließlich sollte die Türkei aber doch noch Nazideutschland den Kriegerklären. Am 23.2.1945 erklärte die Türkei Nazideutschland den Krieg. Das war ein kluger Schachzug der türkischen Republik, denn dadurch hatten sie sich auf die Seite der Siegermächte begeben und konnten Gründungsmitglied der UNO werden.[46]

Die Richtung der türkischen Außenpolitik war nach dem zweiten Weltkrieg zum Westen hin unverändert. In der türkischen Politik wurde die Sowjetunion mittlerweile als eine immer wachsende Bedrohung gesehen. Aus diesem Grund wollte sich Türkei an die westlichen Mächten nähern. Als einen weiteren Meilenstein in der Außenpolitik der Türkei kann man das Ansuchen um die Mitgliedschaft in den Transatlantischen Paktpakt, NATO, später die Aufnahmen, betrachten. Angesucht wurde schon unmittelbar nach dem zweiten Weltkrieg, die Aufnahme sollte noch aber einige Jahre auf sich warten lassen. Am Anfang waren die Benelux Staaten und die Skandinavischen Länder gegen die Aufnahme der Türkei in den Bund. Begründet wurde diese Haltung damit, das die Türkei soweit weg sei um in einen eventuellen

43 vgl.: Fahir Armaoğlu: 20. Yüzyil Siyasi Tarihi, Alkım Yayınevi, İstanbul 1998, S. 407
44 vgl.: İsmail Soysal: Türk Dış Politikasını Incelemek için Kılavuz, Eren Yayıncılık, İstanbul 1993, S. 50
45 vgl.: İsmail Soysal: Türk Dış Politikasını İncelemek için Kılavuz, Eren Yayıncılık, İstanbul 1993, S. 49
46 vgl.: İsmail Soysal: Türk Dış Politikasını Incelemek için Kılavuz, Eren Yayincilik, İstanbul 1993, S. 58

Krieg mit einziehen zu müssen, sowie das sie die US-amerikanische Hilfe mit einem weiteren Land Teilen mussten. Zu der Zeit war auch Großbritannien gegen die Aufnahme, sie hatten andere Bendenken als die skandinavische- und die Benelux Staaten. Großbritannien hegte einen eigenen Plan, eigene Nahostkommandatur, womit sie ihren schwindenden Einfluss in der Region wieder zurück gewinnen wollten. Hierbei sollte die Türkei eine wichtige Rolle spielen. Schlussendlich sahen sie dass dieser Plan nicht verwirklichbar ist und gaben ihren Widerstand auf. Die USA spielten eine große Rolle bei der Aufnahme der Türkei in den NATO, weil für sie die Türkei wegen ihrer geostrategischen Bedeutung nicht mehr von der Verteidigungsstrategie wegzudenken war. Bei der Abschirmpolitik der USA sollte die Türkei ein Bollwerk gegenüber der Sowjetunion spielen.[47]

Schließlich wurde die Türkei und Griechenland auf die Liste der Militärhilfe Bezieher vom amerikanischen Präsidenten aufgenommen. Dabei sollte es aber nicht bleiben, am 5. Juli 1947 wurde die Türkei und auch Griechenland auf die Marshallplanliste aufgenommen.[48]

Das war der Anfang von der Abhängigkeit vom Westen insbesondere von der amerikanischen Militär- und Finanzhilfe.

Das offizielle Ansuche bei der NATO war am 11. Mai 1950, noch vor dem Regierungswechsel der nach den Wahlen im gleichen Jahr stattfinden sollte. Die Aufnahme in den Bund des Paktes sollte sich am 18. Februar vollziehen. Eine aktive Rolle spielte die Türkei beim Korea-Krieg mit, obwohl sie noch nicht die Mitgliedschaft bekommen hatte, entsandte die Türkei Soldaten auf der Seite der US-Amerikaner nach Korea.[49]

2.2.1. Türkei und die EU

Die Türkei hat sich nach dem zweiten Weltkrieg ganz dem Westen zugewendet. Diese Wende zum Westen war in erster Linie von den Beziehungen zu den Vereinigten Staaten von Amerika geprägt. Eine Untermauerung dieser Beziehungen war der Marshall-Plan und der Beitritt in den NATO. Als die Europäische Wirtschaftsgemeinschaft in den 1950er Jahren gestallt annahm, folgte man dem Beispiel Griechenlands und nahm die Verhandlungen auf. Die Beziehungen fingen formal mit dem Assoziierungsverhandlungen mit der EWG am 31. Juli 1959 an. Diese Verhandlungen führten nach jahrelangen Verhandlungen zur Unterzeichnung vom Assoziierungsabkommen am 12. September 1963.

47 vgl.: Faruk Sönmezoğlu: II. Dünya Savaşı Döneminde Türkiye'nin Dışpolitikası in: Türk Dış Politikasının Analizi, Sönmezoğlu Faruk (Derl.), İstanbul 1994, S. 81

48 vgl.: Faruk Sönmezoğlu: II. Dünya Savaşı Döneminde Türkiye'nin Dışpolitikası in: Türk Dış Politikasının Analizi, Sönmezoğlu Faruk (Derl.), İstanbul 1994, S. 64

49 vgl.: Faruk Sönmezoğlu: II. Dünya Savaşı Döneminde Türkiye'nin Dışpolitikası in: Türk Dış Politikasının Analizi, Sönmezoğlu Faruk (Derl.), İstanbul 1994, S. 67

Die Beziehungen kühlten mit dem Johnson-Brief[50] ab und zu diesem Zeitraum hatte sich der europäische Raum zu einem riesigen Markt entwickelt. Ab diesem Zeitpunkt sah sich die Türkei als einen Teil Europas. Die Beziehungen wurden mit dem Zustrom von türkischen Arbeitskräften intensiver. Als aber am 12. September in der Türkei das Militär mit einem Putsch das Ruder an sich riss, wurden die Beziehungen für einige Jahre fast aufs Eis gelegt.

Das europäische Parlament tagte am 17. September, unmittelbar nach dem Militärputsch in der Türkei. Bei dieser Tagung wurde die Situation in der Türkei speziell behandelt. Mit einem Beschluss, in dem Forderungen an die Militärjunta in der Türkei gestellt wurden, wurde die Tagung beendet. Einer der wichtigsten Punkte war die Forderung nach der Wiederherstellung der demokratischen Rechte der Bevölkerung und die gewerkschaftlichen Rechte der ArbeitnehmerInnen. Um die Beziehungen zur europäischen Union normalisieren zu können waren die gewerkschaftlichen Rechte für die ArbeitnehmerInnen in der Türkei eine Bedingung gewesen.[51]

Das europäische Parlament beschloss als Grund für die Aufnahme der Beziehugen, im Januar 1982, die Etablierung der Demokratie und der Menschenrechte. Wieder aufgenommen wurden die Beziehungen nach dem in Brüssel im September 1986 eine gemeinsame Kommission getagt hat. Ein Jahr später am 14. April 1987 beantragte die Türkei die Vollmitgliedschaft in der Union. Im Bericht von 1989 hieß es seitens der EU das dieses Ansuchen um die Vollmitgliedschaft ab dem Jahr 1993 in betracht gezogen werden kann. [52]

In diesem Bericht hieß es weiterhin, dass mit der Türkei eine gemeinsame Zollunion vereinbart wird. Die gemeinsame Zollunion wurde im Europäischen Parlament am 13. Dezember beschlossen und trat ab dem 1. Januar 1996 in Kraft.[53]

Die Türkei ist seit dem Europäischen Rat von Dezember 1999, der in Helsinki getagt hatte, ein Beitrittskandidat der Europäischen Union. Die Beitrittsverhandlungen wurden 2005 aufgenommen. Seit damals sind einige Kapitel geschlossen und einige auch eröffnet. Im Jahr 2008 verabschiedete der Rat eine überarbeitete Beitrittspartnerschaft mit der Türkei.[54]

---

51 vgl.: Mehmet Ali Birand: Türkiye'nin Gümrük Birliği Macerası, Milliyet Yayınları, İstanbul 1996, S. 371

52 In den 60er Jahren sind auf Zypern unruhen entstanden, die Türkei war einer der Garanten nach dem Abkommen von 1959. Aus diesem Grund wollte die türkische Regierung und das Militär militärisch auf der Insel eingreifen. Daraufhin schickte der damalige US-Präsident Johnson einen Brief an den Ministerpräsidenten Inönü. Wortlaut des Briefes war für die türkische Diplomatie ein Rückschlag. vgl.: Armaoğlu Fahir in „20. Yüzyil Siyasi Tarihi", Alkım Yayınevi. 1998 İstanbul, S. 788-799

53 vgl.: Armaoğlu Fahir in „20. Yüzyil Siyasi Tarihi", Alkım Yayınevi, İstanbul 1998, S. 970

54 http://ec.europa.eu/enlargement/candidate-countries/turkey/relation/index_de.htm, am 27.01.11

2.3. Bevölkerungsentwicklung

Die Bevölkerungswachstumzahlen sind in der Türkei seit Jahrzehnten schon sehr hoch. Wie wir in diversen Statistiken sehen werden hat sich die Anzahl der Bevölkerung der Türkei in den letzten 60 Jahren mehr als verdreifacht. Während die Anzahl der Bevölkerung 1950 noch bei ca. 21 Millionen lag, beträgt die Anzahl der Bevölkerung im Jahr 2010, 72,5 Millionen Menschen.[55]

In der Statistik ist es genau zu sehen was für ein rasantes Wachstum die Bevölkerung des Landes seit 1950 hingelegt hat. Es wird nicht schwer sein davon abzuleiten, dass das Land viel Potenzial an Arbeitskräften für den westeuropäischen Raum zur Verfügung stellen könnte.

An dieser Stelle ist es auch erwähnenswert das auch eine starke Binnenwanderung in der Türkei in den letzten Jahrzehnten statt gefunden hat. Diese Binnenwanderung fand ab 1960 stark zunehmend statt. 1950 lebten noch ca. 25%, ca. 5,2 Millionen, der Bevölkerung in den Städten, so waren es 1995 schon 62,6%, somit ca. 38,6 Millionen. Relativ gesehen war der Anteil der Landbevölkerung im Jahre 75%, diese Zahl sinkt im Jahr 1995 auf 37,4%. Bei der letzten Bevölkerungserhebung von 2009 ist die Zahl der Landbevölkerung nur noch 24,5% und die der Stadtbevölkerung 75,5%. In Bevölkerungszahlen umgewandelt sind es 54,8 Millionen Stadtbevölkerung zu 17,75 Millionen Landbevölkerung.[56]

Die Richtung der Binnenwanderung ist von Osten nach Westen, aus den ländlichen Gebieten in die Großstädte im Westen des Landes. Auffallend ist das die Ansiedlung sich auf Städte wie Izmir, Istanbul und Ankara konzentriert. Wobei der Großteil sich in Istanbul und Umgebung nieder gelassen hat. Die Einwohnerzahl Istanbul´s wuchs innerhalb von einigen Jahrzehnten ca. 1,5 Millionen auf knappe 14 Millionen im Jahre 2009.[57]

Ein rasantes Bevölkerungswachstum kann man auch in den Städten Izmir und Ankara beobachten. Izmir´s Bevölkerung wächst von 521 Tausend im Jahr 1970 auf ca. 3 Millionen bei der letzten Bevölkerungszählung von 2009. Im gleichen Zeitraum weist Ankara, die Hauptstadt ähnlich rasantes Wachstum auf, von 1,24 Millonen 1970 auf ca. 4 Millionen 2009.

---

55 Internetseite des Türkischen Bundeskanzleramtes: http://www.tuik.gov.tr/PreTablo.do?tb_id=39&ust_id=11, am 26.01.11

56 Die Zahlen stammen von der Internetseite des Türksichen Bundeskanzleramtes: http://www.tuik.gov.tr/PreTablo.do?tb_id=39&ust_id=11, am 26.01.11

57 vgl.: http://www.ibb.gov.tr/sites/ks/tr-TR/0-İstanbul-Tanitim/konum/Pages/Nufus_ve_Demografik_Yapi.aspx, am 24.04.2011

2.3.1. Demographie des Landes

Wenn wir uns die demographische Struktur der Bevölkerung anschauen, können wir feststellen dass das Land eine sehr Junge Bevölkerung aufweist. Mittlerweile ist aber auch die Türkei auf dem Weg eine ältere Bevölkerungsstruktur zu besitzen. Wenn es in den letzten Jahrzehnten ein noch jüngeres Bevölkerungsstruktur aufweist, so ist es bei der letzten Bevölkerungserhebung ersichtlich dass es hier ein Wandel stattfindet. Die Gründe dafür liegen sicher in der fortgeschrittenen Industrialisierung und auch in der damit zusammen hängenden besseren medizinischen Versorgung.

Bevölkerungspyramide[58]

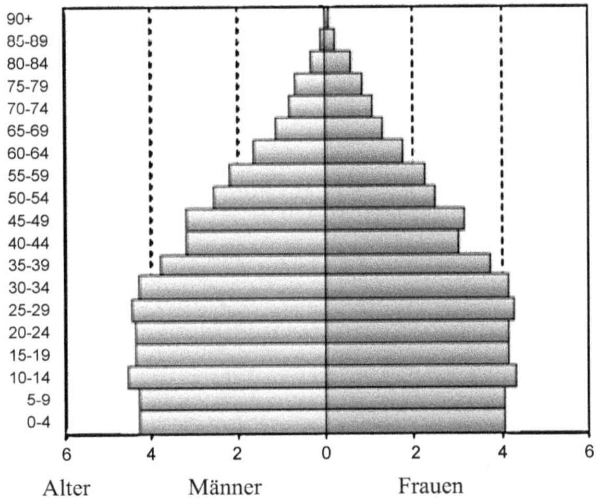

Die jüngeren Bevölkerungsgruppen bilden nach wie vor den breiten Sockel in der Pyramide, wenn wir uns die Altersstruktur genauer anscheuen. Nach oben hin wird die Anzahl der Altersgruppen in der Bevölkerung immer weniger.

2.3.2. Auswanderung nach Regionen

Die im Zeitraum von 1961 bis 1974 ins Ausland immigrierten Personen waren hauptsächlich Männlich und hatten ein Durchschnittsalter von 30 Jahren. Der Großteil der ausgewanderten in diesem Zeitraum war vor ihrer Abreise nicht Arbeitslos und hatten eine berufliche Ausbildung. Natürlich ist diese Ausbildung mit dem westeuropäischen Standart nicht vergleichbar. Hier spielt das Anwerbebüro in Istanbul eine große Rolle. Sie war die letzte Instanz die die

58 http://www.tuik.gov.tr/PreTablo.do?tb_id=39&ust_id=11, am 03.04.11, Statistisches Zentralamt der Türkei

Qualifikationen der Auswanderungswillige noch mal untersuchte. Davor waren sie auch von den türkischen Behörden darauf geprüft worden ob sie eine berufliche Ausbildung haben. Das Anwerbebüro hat sie noch mal nach ihrer beruflichen Qualifikation und zusätzlich auf ihre Gesundheit überprüft.

Die berufliche Qualifikation unter den Auswanderern hat in den darauf folgenden Jahren an Anteil dazu gewonnen. Dieser Anteil steigt von 1/3 in den Jahren zwischen 1961-1974 auf ¾ in den Jahren 1970 -1980 an.

Die beruflichen Ausbildungen waren hauptsächlich in den Berufen Tischler, Maurer, Bergarbeiter, Installateure, Schlosser, Schweißer und Schneider.[59]

Das Schulabschlussniveau bei den Auswanderern war bei 80%, wobei die Durchschnittszahl im Land bei 40% lag. Die Analphabetenrate lag bei den Einheimischen bei 46%, wobei die Auswanderer einen viel niedrigeren Wert von 5,6% vorwies.[60]

Region[61]	**1963 - 1979**		**1980 - 1983**	
	1.000	%	1.000	%
Marmara	291	33%	89	26%
Agäis	130	15%	22	7%
Zentralanatolien	202	23%	88	26%
Mittelmeer	48	6%	28	8%
Schwarzes Meer	109	13%	71	21%
Ostanatolien	52	6%	31	9%
Südostanatolien	42	5%	11	3%
Gesamt	**874**	**100%**	**340**	**100%**

Bei der ersten Welle der ImmigrantInnen aus der Türkei war der Großteil von ihnen aus den eher urbanisierten Gegenden wie Istanbul, Edirne und Izmir. In Regionen ausgedrückt Marmara und der Ägäis. Bis zum Jahr 1973 wanderten hauptsächlich aus den Gegenden wie Zentralanatolien, Marmara und der Schwarzmeerregion. Wie auch aus der Grafik zu entnehmen ist, sind diese Regionen auch in den folgenden Jahren die Hauptlieferanten für Europa an Arbeitskräften. Es änderte sich Prozentuell nicht besonders viel. Der Anteil der Marmararegion Auswanderer verringert sich ein wenig und der Anteil aus Zentralanatolien

59 vgl.: Andreas Treichler: Arbeitsmigration und Gewerkschaften, LIT-Verlag, Münster 1988, S. 56-57
60 vgl.: Andreas Treichler: Arbeitsmigration und Gewerkschaften, LIT-Verlag, Münster 1988, S.57
61 vgl.: Andreas Treichler: Arbeitsmigration und Gewerkschaften, LIT-Verlag, Münster 1988, S.57

steigert sich im Gegensatz dazu. Die Ägäisregion liefert auch weniger an Arbeitskräften, im vergleich nimmt der Anteil der Schwarzmeerregion nicht deutlich an Bedeutung dazu.

2.3.3. Wandel der Gesellschaftsstrukturen der Türkei

Zur dieser Phase von in der Türkei eine fortnehmende Industrialisierung statt. Die Folgen davon waren dass die ländliche Bevölkerung zunehmend in die Städte auswanderte. Angesiedelt haben sie sich zuerst in den Vorarten in den Großstädte wie Ankara, Izmir und Istanbul angesiedelt, was dazu führte das ohne Infrastruktur sehr viele Vororte entstanden sind. Im Laufe der 60er Jahre war auch eine kleine Arbeiterschicht entstanden die auch ein gewisses Klassenbewusstsein hatte. Geführt und vertreten durch die konservative „Konföderation der Türkischen Arbeitergewerkschaft“ (TÜRK-İŞ) erlangten sie das Streikrecht. Die TÜRK-İŞ war nach amerikanischen Vorbild organisiert und erklärte sich für „unpolitisch“. Sie setzte sich hauptsächlich für wirtschaftliche Belange ein.

Im Jahr 1967 trennte sich eine Gruppe von Gewerkschaftlern von der TÜRK-İŞ und gründete die „Konföderation der revolutionären Arbeitergewerkschaft“ (DİSK). Die DİSK versuchte sich auch in politischen Belangen einzumischen und wurde von der neu gegründeten „Türkischen Arbeiterpartei“ (TİP) unterstützt.

In dieser Phase versuchte sich auch die Mittelschicht zu organisieren. Sie hatte in den 1960er und 1970er Jahren an neuer Größe und Selbstbewusstsein erlangt. 1971 wurde der Dachverband der Unternehmer gegründet, die „Vereinigung türkischer Indutrieller“ (TÜSIAD). Seit dem spielten sie auch eine bedeutende Rolle in der Politik mit.

Auch das Konsumverhalten hat sich in diesen Jahren sehr verändert, das Warenangebot wurde reicher und facettenreicher. Medien wie Radio, in den 1960er, und Fernsehen in den 1970er Jahren, beeinflusste das soziale und politische Leben im Land.

2.4. Der Türkische Staat und seine Haltung bei der Arbeitskräfteauswanderung

Emigration ist für die Türkei in ihrer sehr jungen Geschichte auch ein sehr junges Phänomen. Vor dem Jahr 1960 war es von staatlicher Seite offiziell nicht vorgesehen auszuwandern und dabei auch das Recht auf Wiederkehr zu besitzen. Durch die starken Immigrationen ab dem Jahr 1956 in den westeuropäischen Raum, die am Anfang eher ignoriert wurde und in den darauf folgenden Jahren die Anzahl der Auswanderer bis zu 30.000 Personen anstieg begann eine vom Staat organisierte Arbeitsgruppe diesen Zustand zu untersuchen. Nach dem diese Zahl auf knappe 200.000 Menschen anstieg, begann das türkische Arbeitsministerium eine eigene Anlaufstelle (Beratungsstelle für Angelegenheiten der grenzüberschreitenden Arbeitsmigration), für die Auswanderer einzurichten. Eine staatliche Koordination und Kontrolle dieser Migrationsprozesse fand bis zu diesem Zeitpunkt nicht statt. Nachdem mit der BRD ein Abkommen zur Anwerbung von türkischen Arbeitskräften 1961 unterzeichnet wurde, wurden die formalrechtlichen Grundlagen dafür geschaffen.[62]

Die türkische Regierung bildete ab 1962 bis 1972 eine wirtschaftliche Planungsphase, mit dem Ziel die Wirtschaft voran zu treiben. Diese Phase wurde in fünf auf einander Folgen Jahre geteilt und verwirklicht. Nach der neuen Verfassung wurde die Regierung mit dem Artikel 129, die wirtschaftlichen, sozialen und kulturellen Entwicklungen der Staatlichen Planungsbehörde zu überlassen bzw. durch diese Behörde abzuwickeln und die fünf Jahrespläne zu überwachen. [63]

Genau zu dieser Zeit boomte die Weltwirtschaft und natürlich auch die Wirtschaft in Deutschland und war auf ausländische Arbeitskräfte angewiesen. Die türkische Wirtschaft wurde mit dem Export von Arbeitskräften in zweifacher Hinsicht entlastet: der Export führte zu Entlastung der Arbeitslosigkeit und durch die Überweisungen der Devisen aus den westeuropäischen Staaten wurde die Devisenbilanz wesentlich verbessert. Es ging sogar so weit das die türkische Wirtschaft bis in die nahe Zukunft von den Devisen der Auslandstürken abhängig war. Der Grund dafür war, dass die fünf Jahrespläne nicht so funktionierten wie es geplant war und die Abhängigkeit von den Überweisungen aufrecht blieb. Ein weiterer Grund war das Eingreifen der Militärs 1973 und der Militärputsch von 1980. Das eingreifen der Militärs war sicher auch ein Grund dafür das die Wirtschaft sich nicht richtig erholen konnte.

Es war aber den Planern der Fünfjahrespläne doch gelungen die türkische Wirtschaft und die Gesellschaft zu verändern. Der Anteil der Landwirtschaft schrumpfte zu Gunsten von Industrie. Das Jahr 1973 war quasi die Wende in der Wirtschaft, der Anteil der Industrie hatte den Anteil des Agrarsektors im BIP überholt.

Für die türkischen Behörden war der Anstieg der ArbeitsmigrantInnen bis 1973 auf ca. 450.000, sehr unerwartet. In der ersten Fünfjahresphase waren es noch ca. 240.000 gewesen. Mittlerweile waren aber schon 450.000 ArbeitsmigrantInnen in Westeuropa tätig, davon ein

62 vgl.: Andreas Treichler: Arbeitsmigration und Gewerkschaften, Dietrich Thränhardt (Hrsg.), LIT Verlag, Münster 1998, S. 59

63 vgl.: Feroz Ahmad: Geschichte der Türkei, Magnus Verlag, Essen 2005, S. 141

Großteil, ca. 85%, in der BRD. Der Großteil von ihnen wurde noch von der türkischen Arbeitsverwaltung vermittelt.[64]

IM AUSLAND ARBEITENDE TÜRKISCHE STAATSBÜRGER (APRIL 2004)

Land	Anzahl	Gesamt
Westeuropäische Staaten		**3.027.067**
Deutschland	1.924.154	
Frankreich	341.728	
Niederlande	330.709	
Österreich	130.000	
Arabische Staaten		**109.800**
Saudi Arabien	100.000	
Libyen	3.200	
Kuwait	3.000	
Jordanien	1.289	
Ehemalige Sowjetrepubliken		**40.650**
Russische Föderation	18.000	
Kazakhstan	6.000	
Turkmenistan	5.000	
Azarbaijan	4.500	
Andere		**342.287**
USA	220.000	
Australien	56.261	
Kanada	40.000	
İsrail	22.000	
Gesamt		**3.519.804**

Quelle: Arbeits- und Sozialministerium der Türkei

Es ist aber davon auszugehen das die Zahl der Auswanderer viel höher ist als die türkischen Behörden angaben. Ab den 1970er Jahren waren sehr viele über die Kontakte durch die Familie, Verwandte oder auch über Bekannte nach Westeuropa eingereist. Der Grund dafür ist sicherlich Zeit gewesen, weil im Jahr 1971 schon über eine Million Menschen bei der türkischen Arbeitsverwaltung registriert waren um ins Ausland zu reisen. Genau da wurde auf den Weg über die Kontakte gesetzt, was ein wesentlicher Grund ist davon auszugehen ist dass die oben genannte Zahl viel höher ist als es die Behörden angaben.

2.4.1. Arbeitskräfte im Ausland und ihre Devisenüberweisungen in die Türkei

Seit dem Beginn der Auswanderung von Arbeitskräften aus der Türkei ins Ausland, insbesondere in die westeuropäischen Industriestaaten, haben die Überweisungen in die Türkei eine wesentliche Rolle in den Staatseinnahmen gespielt. Ab 1964 sind die Beträge der Überwei-

64 vgl.: Andreas Treichler: Arbeitsmigration und Gewerkschaften, Dietrich Thränhardt (Hrsg.), LIT Verlag, Münster 1998, S. 59

sungen von den ausgewanderten Arbeitskräften stetig gestiegen. Für den türkischen Staatshaushalt waren diese Einnahmen immer von großer Bedeutung.

Die Überweisungen der Arbeitskräfte aus dem Ausland in die Heimat, haben sowohl positive als negative Effekte. Die positiven Auswirkungen könnten sein;

- dass sie eine weitere oder einzige Einnahmequelle für die Familien in der Heimat bilden,
- bilden der Möglichkeit um das Gesundheitssystem in Anspruch nehmen zu können. Bis vor kurzen gab es keine allgemeine Staatliche Gesundheitsversicherung für nicht arbeitende Familienmitglieder in der Türkei.
- Die Kinder wären nicht mehr gezwungen Arbeiten zu gehen. Rückgang der Kinderarbeit.
- Möglichkeit vom Schulsystem gebrauch zu machen.
- Eine weiter Deviseneinnahmequelle für das Land.
- Armutsbekämpfung in der Heimat.[65]

Neben diesen positiven Effekten gibt es auch Nachteile die aus den Überweisungen der Arbeitskräfte aus dem Ausland in die Heimat heraus resultieren. Die negativen Effekte können z. B. die Abhängigkeit von den Überweisungen der Personen in der Heimat, sein. Ein sehr wichtiger Punkt bei den negativen Effekten ist sicherlich das die ausländischen Arbeitskräfte in Österreich, in unserem Fall die türkeistämmige Gruppe, sein ganzes erspartes Geld in die Heimat überweist und für sich selber hier in Österreich gerade mal soviel zum Überleben hat. Das ist ein wesentlicher Grund dafür das die Türkeistämmigen Jahrzehntelang in sehr schlechten Wohnsituation gelebt hatten.

Das späte Erkenntnis darüber dass sie doch in Österreich sesshaft geworden sind hat Jahrelang dazu geführt das sie ihr erspartes Geld in die Heimat, nicht nur an die bedürftigen Familienmitglieder überwiesen haben und auch geschickt haben sondern auch in Immobilien usw. investiert haben. Dieser Bruch fand gegen Ende der 1990er Jahre statt und zeigt seine Auswirkungen im neuen Jahrhundert, wo die Überweisungen der im Ausland arbeitenden Türken einen starken Rückgang verzeichnen.

---

65 vgl.: Ahmet Murat Alper: İşci Dövizlerini Belirleyen Makro Ekonomik Etkenler: Türkiye Örneği, Türkiye Cumhuriyeti Merkez Bankası, Ankara 2005, S. 8 ff.

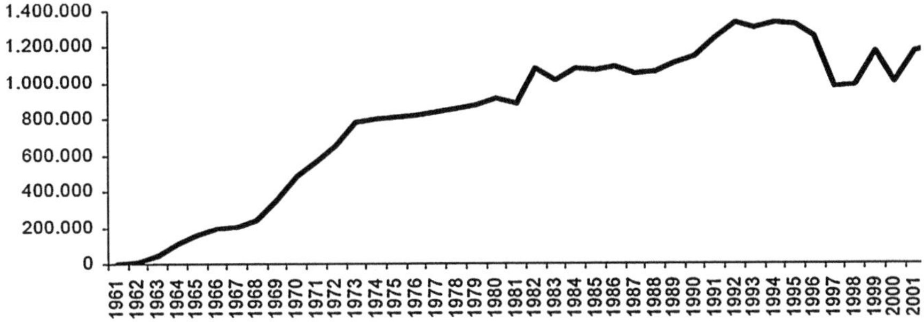

Die Türkei hatte in den 1960er 1970er Jahre Probleme im Staatshaushalt und auch bei den Devisenrückständen der Nationalbank gehabt. Die Überweisungen der „entsandten" Arbeitskräfte aus den Industriestaaten waren ein sehr willkommenes Geschenk an die Türkei. Die Arbeitskräfte aus der Türkei in den westeuropäischen Industriestaaten waren und sind es immer noch eine wichtige Einnahmequelle. Die Deviseneinnahmen des Landes sind im Laufe der letzten Jahrzehnte ständig gestiegen bis sie gegen ende der 1990er Jahre einen vorläufigen Höhepunkt erreicht haben. In den Jahren danach sind die Einnahmen in diesem Bereich der Türkei nicht mehr so konstant gewesen wie die Jahre davor. Um die Jahrtausendwende gab es einen Vorläufigen Tiefpunkt, wonach sie wieder mehr wurden und dann wieder weniger.

2.5. Türkische Gewerkschaften und die Abwanderung der Arbeitskräfte nach Europa

In diesem Kapitel ist ein Überblick über die Gewerkschaften in der Türkei. Einen wesentlichen Blick ist dabei auf die Konföderationen gerichtet, die die Dachorganisation der jeweiligen Gewerkschaften sind. In der Türkei sind die Gewerkschaften nicht wie in Österreich oder Deutschland organisiert, d.h. es gibt keinen Bund der Gewerkschaften wie den ÖGB oder den DGB. Hier sind die Gewerkschaften (Richtungsgewerkschaften) nach ihrer politischen Orientierung unter einer Konföderation zusammengefasst. Es gibt vier große Konföderationen, die erstgegründete TÜR-IS, DİSK, HAK-İŞ und die KESK. Im weiteren eine kurze Darstellung dieser Konföderationen. Es ist sehr wichtig zu erwähnen, dass in dieser Dissertation die Darstellungen der Gewerkschaftswelt der Türkei nach dem zweiten Weltkrieg in Betracht genommen wurde.

2.5.1. TÜRK-İŞ

Die TÜRK-İŞ ist die erste Landesweite Konföderation die quer über alle Branchen hindurch organisiert ist. Sie ist ein Zusammenschluss von Fachgewerkschaften die in den Jahren 1946-

1952 gegründet wurden. Der Bedarf an zentraler Organisation wuchs mit der Zahl der Fachgewerkschaften. Um diesen Bedarf auch stillen zu können wurde am 31. Juli 1952 die Konföderation TÜRK-İŞ (Türkiye İşci Sendikaları Konfederasyonu), Konfederation der Türkischen Arbeitergewerkschaften, in Bursa gegründet. Der erste Vorsitzende der Konföderation war Kemal Sülker, der auch den Namen TÜRK-İŞ empfohlen hatte. Ganz stolz war der zweite Vorsitzende, Saban Yildiz, der TÜRK-İŞ der in seinen Erinnerungen schilderte, das die Konföderation, obwohl sie am Anfang kein Geld zur Verfügung hatte, die finanziellen Unterstützungsversuche seitens der damaligen Regierung nicht angenommen hat. Zu ihrer Gründungszeit hatte die TÜRK-İŞ ungefähr 200.000 Mitglieder.[66]

Die türkischen Gewerkschaften waren bis 1967 unter einer Dachorganisation, der TÜRK-İŞ, organisiert. Dieser Zustand änderte sich im Laufe der nächsten Jahrzehnte.

Die TÜRK-İŞ hatte bei der Entsendung von Arbeitskräften in den westeuropäischen Raum keine Rolle gespielt. Sie definierte sich außerhalb der Politik und spielte in gesellschaftspolitischen Fragen keine Rolle. Bei den Anwerbeabschlüssen mit europäischen Staaten, wie BRD, Österreich, Belgien, Holland und Frankreich hatte sie keine Rolle inne. Sie war weder in die Verhandlungen einbezogen noch hatte sie sich dazu in irgendeiner Form geäußert.

Die TÜRK-İŞ sah ihr hauptsächliches Betätigungsfeld in den Bereichen wie den wirtschaftlichen Problemen des Landes. Weiters war sie an einem raschen ökonomischen, politischstabilen und sozial gerechten Aufbau der Türkei als ihr vordringlichstes Ziel, interessiert. Die zentralen Werte waren natürlich wie auch andere Gewerkschaften Wohlstand, Ruhe und Sicherheit für ArbeitnehmerInnen. Für die TÜRK-İŞ war die Arbeitsmigration in den westeuropäischen Raum, im Zustand der steigenden Arbeitslosigkeit auch eine gute Gelegenheit um die Arbeitslosigkeit ein wenig hemmen zu können.

Wie auch oben erwähnt, war die TÜRK-İŞ in keinem Prozess der Auswanderung von Arbeitskräften involviert. Sie war weder auf der Seite der türkischen Arbeitsverwaltung noch auf der Seite der Anwerbebüros im laufenden Prozess dabei. Die TÜRK-İŞ war in diesen Jahren eher in den Bereichen des öffentlichen Dienstes organisiert. Diese Bereiche waren damals im Vergleich zu den Auswanderern die hauptsächlich aus Agrarsektor oder privatwirtschaftlichen Sektor stammten, privilegiert und hatten keine Auswanderungsgedanken.

66 vgl.: Yıldırım Koç: Türkiye İşci Sınıfı Tarihi, Epos Yayınevi, 2010 Ankara, S. 170

2.5.2. DİSK

Die DİSK, Devrimci İşçi Sendikaları Konfederasyonu (Konföderation der Revolutionären Arbeiter Gewerkschaften) hatte sich 1967, wegen politischen Auseinandersetzungen von der TÜRK-İŞ getrennt. Sie war eher marxistisch-leninistisch gesinnt und hatte sich in den Bereichen, Metallverarbeitung, Nahrungsmittelproduktion, Textil-, Chemie-, Papier- und Keramikindustrie, Bergbau organisiert. Außerdem waren sie auch in den Bereichen Bank-, Hotel-, und Gaststättengewerbe einigermaßen vertreten. Sehr starck und führende interne Gewerkschaft war die Metallarbeitergewerkschaft (Maden-İş). Die DİSK bekennte sich zu einer reinen Klassenorganisation. Sie definierte das Wort Revolution nicht mit dem Verändern der staatlichen Strukturen sondern damit dass sie die konservative Wirtschaft, soziale- und politischen Beziehungen im Rahmen der Verfassung möglichen Mittel zu Gunsten der ArbeiterInnen verändern wolle. Außerdem ist ihre revolutionäre Haltung für die Möglichkeit von Eigentum der ArbeiterInnen und die gleichmäßige Verteilung von der Zivilisation erbrachten Reichtum.[67]

Die Mitglieder der DİSK begründeten ihre Trennung von der TÜRK-İŞ weiters mit;

- organisatorischen und statutarischen Differenzen,
- überparteilichen Gewerkschaftsleben und Differenzen in der Beziehung in die Politik,
- persönliche Differenzen.[68]

Ganz eine andere Rolle versuchte die DİSK (Devrimci İşçi Sendikaları Konfederasyonu), Konföderation der Revolutionären Arbeitergewerkschaften, zu spielen. Zwischen der DİSK und der TÜRK-İŞ drifteten die Meinungen über die wirtschaftliche und politische Bedeutung der Arbeitsmigration auseinander. Die DİSK sprach sich dezidiert gegen das Auswandern der türkischen Arbeitskräfte aus. Für sie war die Arbeitsmigration eine nationalökonomische negative Bilanz für die Türkei, außer der, positiv zu bewertende, Devisen Überweisungen in das Land. Für sie war die Arbeitsmigration, für die Türkische Regierungen, ein Export der sozialen Frage und zögerten damit die notwendigen Sozialreformen dadurch nur hinaus. Die türkischen ArbeitnehmerInnen hatten nicht die Aufgabe die wirtschaftlich fortgeschrittenen kapitalistisch- industriellen Gesellschaften Europas zu dienen, sondern hatten der türkischen Gesellschaft zu dienen. Diese ablehnende Haltung hatte die DİSK bis in die 1970er Jahre einge-

67 vgl.: Yıldırım Koç: Türkiye İşci Sınıfı, Epos Yayınevi, Ankara 2010, S. 212

68 vgl.: Aziz Çelik: Vesayetten Siyasete Türkiye'de Sendikacılık (1946-1967), İletişim Yayınları, İstanbul 2010 , S. 518 ff

nommen und auch verteidigt, was wiederum aber der Arbeitsmigration der türkischen Arbeitskräfte in Westen kein Hindernis darstellte.[69]

In den Folgejahren sah sich die TÜRK-İŞ in Handlungsnöten und eröffnete in Deutschland, Düsseldorf, ein Verbindungsbüro. Mit der Eröffnung des Büros war seitens der TÜRK-İŞ beabsichtigt Kontakte mit den westeuropäischen Gewerkschaften und besonders mit dem DGB herzustellen und auszubauen. Der besondere Augenmerk lag dabei natürlich auch auf den Problemen der türkischen Arbeitskräfte und sich darum zu kümmern. Durch die Initiative ein Büro im Westen zu gründen von ihr aus ging, sahen sie sich als die alleinigen Vertreter der türkischen Arbeitskräfte in der BRD. Der DGB war durch die Eröffnung des Büros angewiesen die TÜRK-İŞ auch als den Vertreter oder Ansprechpartner zu akzeptieren. Somit war die TÜRK-İŞ der DİSK einen Schritt voraus. Trotzdem versuchte sich die DİSK in den folgenden Jahren als Vertreter der türkischen ArbeitnehmerInnen neben der TÜRK-İŞ, zu platzieren. Da der DGB sozialdemokratisch organisiert war hatte sie die TÜRK-İŞ als alleinigen Vertreter gesehen und es auch geäußert. Die Differenzen zur DİSK waren davon, dass die DİSK eher marxistisch-leninistisch organisiert war. Auf der anderen Seite gab es für das DGB Ansprechpartner bei TÜRK-İŞ, weil auch hier sozialdemokratische Strömungen vorhanden waren.

Das Errichten eines Büros seitens der TÜRK-İŞ in Düsseldorf war strategisch ein guter Schachzug, einerseits hatten sie damit die alleinige Vertretung von den türkischen Arbeitskräften in Deutschland beansprucht und auch bekommen, andererseits konnten sie ihre Kontakte zur DGB intensivieren. Bei einem Besuch von einer DGB-Delegation im August 1970 in der Türkei wurden grundsätzliche Vereinbarungen über Zusammenarbeit der Bünde geschlossen. Ein Jahr später beschlossen der DGB und die TÜRK-İŞ die Einrichtung einer ständigen Kommission. Diese Kommission sollte sich zweimal im Jahr treffen, dies sollte abwechselnd einmal in der Türkei und einmal in Deutschland sein. Außerdem wurde beschlossen dass ohne die Einwilligung des anderen keine der Verbände, nicht agieren sollte. Weiters sollten sie sich über die Geschehnisse unterrichten, sowie Informationen und Publikationen zukommen lassen.[70]

Die Gewerkschaftskommission zwischen dem DGB und der TÜRK-İŞ war auf Beständigkeit bedacht, musste aber doch unterbrochen werden. Wie die Phase nach dem Militärputsch vom

69 vgl.: Yıldırım Koç: Türkiye İşci Sınıfı, Epos Yayınevi, Ankara 2010, S. 213

70 vgl. Abt. Ausländische Arbeitnehmer, Türkisches Zentralbüro, Düsseldorf, 19. März 1975, AA/At-ev, S.1; DGB-Archiv „Abteilung Ausländische Arbeitnehmer, Box Deutsch- Gewerkschaftskommission 1975-1977, provisorisches Eingangsverzeichnis lfd. Nr. 215, in Andreas Treichler: Arbeitsmigration und Gewerkschaften, Dietrich Thränhardt (Hrsg.), LIT Verlag, Münster 1998, S. 59

12. September von 1982. Sie dienten in erster Linie dem Informationsaustausch, der Konsultation von Problemen betreffend der türkischen ImmigrantInnen und ihren Familien sowie der Formulierung und Erörterung wechselseitiger nationaler Gewerkschaftsinteressen. Sie kann gewerkschaftliche Politikbedarfe benennen und Empfehlungen abgeben, ist aber kein Exekutivorgan. Um die Wichtigkeit der Kommission darstellen zu können, ist es zu erwähnen dass zumindest ein Mitglied aus den geschäftsführenden Vorständen anwesend sein musste. Um hier einige Beispiel zu erwähnen nehmen wir den Zeitraum von 1.7.1970 – 31.12.1974 hervor.[71]

- *Die Gründung eines türkischen Zentralbüros beim DGB-BV*
- *DGB-Ausländerberatungsstellen bei den Landesbezirken*
- *Anrechnung der Mitgliedschaften in den beiden Gewerkschaftsbünden*
- *Gemeinsamer Aufruf an die türkischen Arbeitnehmer zu Mitgliedschaft in den Gewerkschaften des DGB*
- *Seminare für türkische Arbeitnehmer*
- *Bibliotheken für türkische Arbeitnehmer*
- *Kulturelle Betreuung von türkischen Arbeitnehmerinnen*
- *Berufliche Aus- und Weiterbildung von türkischen Arbeitnehmerinnen*
- *Zusammenführung türkischer Familien*
- *Reformvorschläge des DGB zum Ausländerrecht*
- *Zwangsrotation: Beide Gewerkschaften sprachen sich gegen eine Zwangsrotation von türkischen Arbeitnehmern aus.*
- *Anwerbestopp für türkische Arbeitnehmerinnen in der BRD*
- *Türkische Arbeitnehmer und Rentenversicherung*

Wenn wir uns die Themen näher unter die Lupe nehmen, ist nicht zu übersehen dass die Kommission sich für die Integration der türkischen ArbeitnehmerInnen gedanken gemacht hat und es ihr wichtig war. Fortbildungsmöglichkeiten wie Seminare für die ArbetinehmerInnen sind ein wichtiges Element um sich am Arbeitsplatz zu integrieren und danach auch behaupten zu können. Mit Kultureller Betreuung kann man auch einiges an Kulturverständnis und Kulturverstehen auf die Beine stellen.

---

71 vgl. Abt. Ausländische Arbeitnehmer, Türkisches Zentralbüro, Düsseldorf, 19. März 1975, AA/At-ev, S.1; DGB-Archiv „Abteilung Ausländische Arbeitnehmer, Box Deutsch- Gewerkschaftskommission 1975-1977, provisorisches Eingangsverzeichnis lfd. Nr. 215, in Andreas Treichler: Arbeitsmigration und Gewerkschaften, Dietrich Thränhardt (Hrsg.), LIT Verlag, Münster 1998, S. 158 ff.

Gesellschaftspolitische Themen wie die Familienzusammenführung ist natürlich ein sehr brisantes Thema. Erstens kann man dadurch etwas für das Zusammenführen von Familien tun, zweitens kann man dadurch auch an die jeweilige Gruppe von ImigrantInnen zeigen das sie in den Augen der DGB als Mensch eine Rolle spielen. Was wiederum beim Organisieren von ArbeitnehmerInnen einen wichtigen Grund darstellen würde.

Durch die Anrechnung von Mitgliedschaften bei den jeweiligen anderen Gewerkschaften, ist auch als sehr positiv zu bewerten.

Durch die Protokolle ist es ersichtlich dass sich die Thematik, der Themenbereich eher auf den Zustand der türkischen ArbeitnehmerInnen und deren Familien in der BRD und die Verbesserung ihrer Arbeits- und Lebensverhältnisse abzielte.

Innenpolitisch hatte die Türkei in den 70ern kein ruhiges Zeitalter. Vielleicht war das einer der wichtigeren Gründ wieso das Auswandern von türkischen ArbeitnehmerInnen in den westeuropäischen Raum nicht das Augenmerk der türkischen Gewerkschaften wie der DİSK und TÜRK-İŞ, auf sich zog. Sie waren viel mehr auf die Innenpolitik der Türkei konzentriert. Das türkische Militär hatte am 12. März 1971, dem damaligen Ministerpräsidenten Süleyman Demirel ein Ultimatum gestellt. Der Ministerpräsident Demirel trat am nächsten Tag mit seiner Regierung zurück und es wurde unter der Duldung der Militärs eine Regierung der Teknokraten unter Nihat Erim gebildet. Zwei Tage nach dem Ultimatum an die Regierung veröffentlichte die TÜRK-İŞ ein Kommunique. In dieser Erklärung begrüßten sie das Intervenieren des Militärs. Begründet wurde es damit das es im Rahmen der Aufrechterhaltung von Ruhe und Ordnung rechtlich legitim gewesen sei und nicht als ein Akt gegen die Demokratie verstanden werden sollte.

„Nach meinen Kenntnissen und Erfahrungen über die geschichtlichen, demokratischen, freiheitlichen, menschenrechtlichen, sozial- und arbeitsrechtlichen Entwicklungen hat unsere Armee immer eine reformistische und demokratische, aber niemals eine faschistische und diktatorische Haltung vertreten immer derartigen Bewegung entgegengewirkt(...). Die heutige Lage ist niemals ein Aufstand und Regierungsputsch durch die Armee, sondern ein gesetzlicher und verfassungsrechtlicher Rücktritt der Regierung unter der Warnung der Armee, die andererseits die ihr durch das Gesetz anvertraute Aufgabe als erfüllt betrachten kann.“[72]

72 Onbulak Ekmel, Türk-Is Verbindungsstelle, Düsseldorf in seinem Schreiben an den DGB-BV, z.H. H. Richter, vom 23.03.1971, S. u. 2;DGB-Archiv 5/DGAZ 244, in Andreas Treichler: Arbeitsmigration und Gewerkschaften, Dietrich Thränhardt (Hrsg.), LIT Verlag, Münster 1998, S. 161

Dafür dass sich die TÜRK-İŞ als unpolitisch definierte ist dieser Brief eines führenden Funktionärs, doch sehr politisch formuliert. Die Frage wieso es überhaupt notwendig gewesen ist sich zu der Militärintervention, als eine unpolitische Organisation zu äußern, ist sicher nicht einfach zu beantworten. Das Militär und ihr verfassungsrechtliches Recht bei Gefahr um ihre Aufgabe als Hüter des Staates, sollten noch mal sich im Rechten sehen und das Ruder an sich reißen. Diesesmal sollten aber Waffen und Gewalt doch eine Rolle spielen.

Bis 1973 sollten in der Türkei drei Regierungen gegründet werden, dabei haben aber die Militärmachthaber nie die Macht aus der Hand gegeben. Während dieser Regierungen, besonders während der Regierung Erims, wurden demokratische Rechte abgebaut und Menschenrechtsverletzungen waren an der Tagesordnung. Von den Gewerkschaften standen insbesondere die DİSK und ihre Funktionäre, wegen ihrer „radikal Linken“ Einstellung unter der staatlichen Beobachtung. Es war ihnen ein Dorn im Auge das sie sich gut organisierten und auch bei Bedarf die Arbeit niederlegten. Kurz vor dem Militärputsch wollte die Regierung unter Süleyman Demirel mit Hilfe eines Gesetzes die DİSK daran hindern wollen sich weiterhin in den Betrieben zu organisieren. Dieses Gesetz konnte nicht angewendet werden, da im Anschluss an das Gesetz durch Arbeitsniederlegung und Streiks verhindert wurde.

Der DGB beobachtete kritisch die gesellschaftlich- politischen Entwicklungen in der Türkei. Dem DGB ging es um die Demokratie und die Menschenrechte, da gingen die Meinungen mit der TÜRK-İŞ deutlich auseinander.

Auch wenn Themen wie die Menschenrechtsverletzungen und die Demokratie zwischen dem DGB und der TÜRK-İŞ eine Rolle spielten, wollte der DGB nicht das die Radikalisierung in der Türkei der zwischen Lingen und Rechten Gruppierungen stattgefunden hat, sich nicht auf die türkischen Arbeitskräfte in der BRD überschlägt.

2.5.3. HAK-İŞ

Die HAK-İŞ (Hak Isci Sendikaları Konfederasyonu – Konföderation der Gerechtigkeits Arbeiter Gewerkschaften) ist wie die KESK einer der jüngeren Konföderationen der Türkei. Die Gründung geht auf das Jahr 1976 zurück. Nach dem Militärputsch 1980 wurde auch sie wie alle anderen Gewerkschaften verboten. Die Gewerkschaftlichen Aktivitäten waren nach dem Militärputsch bis 1984 verboten, erst danach durften sie wieder aktiv werden. Die HAK-İŞ ist, wenn man sich die Mitgliederzahlen anschaut, eine der schneller wachsenden Konföderationen. Mittlerweile ist sie in den internationalen Gewerkschaftsorganisationen wie die ICFTU, ITUC und in der ETUC Mitglied.[73]

2.5.4. KESK

Seit der Gründung der Republik hatten die Beamten in der Türkei eine privilegierte Stellung im Gegensatz zu den ArbeiterInnen. Das war ein wichtiger Grund wieso sich kein Bedarf bei der Beamtenschaft für eine gewerkschaftliche Organisation, entwickelte. Das System in der jungen Republik war darauf bedacht die Beamten als eine Stütze in der Gesellschaft für das etablieren der republikanischen Idee zu nutzen. Außerdem sollten sie für die neue Gesellschaftsstruktur die eine Kopie des Westens, darstellen. Daher ist es aus der Sicht der Republik Türkei auch sehr verständlich das sie für ihre Anliegen die Beamtenschaft dafür aussuchte und mit Privilegien ausstattete.

Diese privilegierte Stellung der Beamten dauerte bis in die Mehrparteiensystem nach 1946 und danach auch noch bis in die 1950er Jahre. Ab den 1950 er Jahren ging es, auch wenn nur sehr langsam, mit ihrer privilegierten Stellung bergab. Der zweite Grund war natürlich auch das für die Beamtenschaft nicht das Recht bestand sich gewerkschaftlich zu organisieren. Erst mit der neuen Verfassung von 1961 hatten sie das Recht dazu bekommen. Das recht auf gewerkschaftliche Organisation hatten sie aber schon nach dem Eingreifen der Militärs von 1971 wieder verloren. Wobei es erwähnt muss das es bis dahin auch nicht zu einer Bildung von einer Gewerkschaft gekommen ist. Die Beamten waren nur in Vereinen Organisiert, die gewerkschaftlich keine Rolle gespielt hatten.

Mit dem Militärputsch von 1980 wurden alle gewerkschaftlichen Aktivitäten in der Türkei noch mal verboten. Damit verfestigte sich die Gewerkschaftlosigkeit der Beamten weiter. Erst am Anfang der 1990er Jahre hatten die Beamten angefangen sich gewerkschaftlich zu Organisieren, obwohl verfassungsrechtlich noch kein Zugeständnis bestand. Der Grund dafür dass sie angefangen hatte sich zu Organisieren war das sie keinen anderen Ausweg sahen für eine Verfassungsänderung. Damit hatten sie einen Schritt vorwärts gemacht beim Kampf für das Recht auf die Gründung von Gewerkschaften für die Beamten. Es folgten Jahre des organisierten Kampfes, der sich in Form von Demonstrationen und Streiks, mit unter auch Generalstreiks, ausdrückte. In den Jahren der Kämpfe wurden einige Fachgewerkschaften von Beamten gegründet, mit unter auch eine vorläufige Konföderation.

---

73 vgl.: Yıldırım Koç: Türkiye İşci Sınıfı Tarihi (Geschichte der Arbeiterklasse der Türkei), Epos Yayınevi, Ankara 2010, S. 455 u. Osman Yıldız: HAK-İŞ Konfederasyonu (TanıtımKitabı), Die HAK-İŞ Konföderation, Eigendruck, Ankara

Schließlich hatte sich der Kampf um gewerkschaftliche Rechte der Beamten ausgezahlt, nach einer Verfassungsänderung vom 13.07.1995 hatten sie ihre Rechte zugestanden bekommen. Die Konföderation der Gewerkschaften der Arbeiter des Öffentlichen Dienstes (Kamu Emekçileri Sendikaları Konfederasyonu – KESK), wurde im gleichen Jahr als die gesetzliche Lage sich verändert hatte, gegründet. [74]

Die internationalen Beziehungen der KESK sind noch nicht sehr ausgeprägt. Es fanden bis jetzt einige Gegenseitige Besuche mit den Gewerkschaften von Schweden, Norwegen und auch Deutschland statt. Im Jahr der Gründung hat die KESK sich bei den internationalen Gewerkschaftsorganisationen ICFTU und ETUC, angemeldet.[75]

2.5.5. Internationale Beziehungen der Türkischen Gewerkschaften

Um eine übersichtliche Darstellung der internationalen Beziehungen der Gewerkschaftskonföderationen der Türkei bieten zu können, ist eine Trennung in Jahrzehnte, ab 1960 notwendig. Aus diesem Grund ist im weiteren ein kurzer Überblick darüber.

2.5.5.1. 1961-1980

Die Beziehungen Anfang der 1960er Jahre waren hauptsächlich zwischen der TÜRK-İŞ und der US- amerikanischen Gewerkschaft AID. Am Anfang dieser Beziehungen stand die finanzielle Hilfe seitens der amerikanischen Gewerkschaft. Diese finanzielle Hilfe wurde intern sehr kritisiert und war später auch einer der Gründe für das Abspalten einiger Mitgliedsgewerkschaften von der TÜRK-İŞ, die die DİSK später gründen sollten. Zwischen 1961-1971 wurden 600 Gewerkschaftler von TÜRK-İŞ in die Vereinigten Staaten zur Aus- und Weiterbildung geschickt. In diesem Zeitrahmen war die TÜRK-İŞ die einzige Gewerkschaftskonföderation die der ICFTU beigetreten ist.

Die DİSK hatte zu dieser Zeit sehr gute Beziehungen zur weltweiten Gewerkschaftskonföderationen aufgebaut, ist aber nicht beigetreten.

2.5.5.2. 1990-2001

Die internationalen Beziehungen der türkischen Gewerkschaften haben sich zwischen 1991-2001 richtig etabliert. In den Jahren davor waren die Beziehungen eher sporadisch und unorganisiert. Die TÜRK-İŞ und DİSK, waren Mitglieder der Internationalen Freien Handelsgesellschaft (International Confederation of free Trade Unions, ICFTU), in Brüssel. Außerdem waren sie diese zwei Konföderationen auch Mitglieder der European Trade Union

74 siehe: http://www.kesk.org.tr/node/49, am 17.02.11
75 siehe: http://www.kesk.org.tr/node/49, am 17.02.11

Confedarion (ETUC). Die anderen Konföderationen HAK-İŞ und KESK hatten in diesen Jahre um die Mitgliedschaft bei der ETUC ebenfalls angesucht. Die TÜRK-İŞ die der Meinung war das diese zwei Konföderationen in ihren Statuten keinen Punkt hatten das die Bewahrung der republikanischen und laizistischen Werte der Türkei nicht angibt, mit dieser Begründung fünf Jahre lang blockiert. Die Mitgliedschaft der beiden Konföderationen konnten nach dem die TÜRK-İŞ ihre Blockade aufgab, verwirklicht werden.[76]

In dieser Zeit sind die türkischen Konföderationen, TÜRK-İŞ, DİSK, HAK-İŞ und KESK und ihre Mitgliedsgewerkschaften, sowohl der ICFTU als auch der ETUC beigetreten. Ab den 1990er Jahren haben einige Länder der Europäischen Union und auch die Union selber angefangen Interesse gegenüber der türkischen Gewerkschaften zu zeigen. Dies drückte sich auch in finanzieller Hilfe für Projekte aus, die über die Nationalen Gewerkschaften und über die internationalen Gewerkschaftsverbände abgewickelt wurden. Die Annahme von finanzieller Hilfe, wenn auch nur über Projekte, führte zu heftigen DİSKussionen innerhalb der Konföderationen in der Türkei. Die DİSK die in den 1960er Jahren die finanzielle Unterstützung der US-amerikanischen Gewerkschaften an die TÜRK-İŞ sehr kritisiert hatte, hatte jetzt den gleichen Weg eingeschlagen. Denn die DİSK war die erste türkische Konföderation in der Türkei die finanzielle Hilfe seitens der EG/EU annahm. Sie begründete ihre Handlung damit dass die Türkei eine Vollmitgliedschaft in der Union anstrebe und es aus diesem Grund auch legitim sei von der Union finanzielle Unterstützung anzunehmen.[77]

Der Zeitraum 1990-2001 war die Arbeiterklasse großen Problemen ausgesetzt, eine wirtschaftliche Krise löste eine andere ab. Es blieb nicht nur bei wirtschaftlichen Krisen, politische Krisen waren ebenfalls auf der Tagesordnung. Viele Koalitionsregierungen die von sehr kurzer Lebensdauer waren, führte dazu dass sich im Bereich der gewerkschaftlichen- und innerbetrieblichen Rechte der ArbeiterInnen in der Türkei nicht viel bewegt hat. Der internationale Dialog mit den Gewerkschaften in der Europäischen Union war nur in Form von Unterstützungserklärungen, die nicht weiter hinausgingen. Eine weiter führende Unterstützung hat es auf beiden Seiten, weder von den türkischen Gewerkschaften für die ArbeiterInnen in der Europäischen Union noch von den Gewerkschaften in der Union für die türkischen ArbeiterInnen, nicht gegeben.

76 vgl.: Yıldırım Koç: Türkiye İşci Sınıfı, Epos Yayınevi, 2010 Ankara, S. 426
77 vgl.: Yıldırım Koç: Türkiye İşci Sınıfı, Epos Yayınevi, Ankara 2010, S. 427

2.5.5.3. 2001-2010

In diesem Zeitraum waren die Beziehungen der türkischen Gewerkschaften mit den Internationalen Gewerkschaftsverbänden und den Nationalengewerkschaften eher sehr begrenzt. Der Grund dafür war, dass die Interessen der türkischen Gewerkschaften mit den Interessen der Nationalengewerkschaften in der EU auseinander gingen, es gab wenige gemeinsame Punkte. Die türkischen Gewerkschaften kritisieren den Zustand in den Internationalen Gewerkschaftsverbänden, weil sie der Meinung sind das hier die Interessen der Nationalen Gewerkschaften wahrgenommen werden und nicht der ArbeitnehmerInnen International. Für die Gewerkschaften Westeuropas bestand das die Gewerkschaften aus den Entwicklungsländern gemäß ihrer Mitgliederanzahl, mehr Vertreter entsenden konnten, was sich wiederum zum Nachteil für sie entwickeln könnte.[78]

Die türkische Arbeiterklasse konnte in diesen Jahren keine wesentliche Unterstützung bzw. Solidarität von den Europäischen Gewerkschaften verbuchen. Während der TEKEL- Arbeiterstreik der zwischen Dezember 2009 und März 2010 stattgefunden hatte, kamen einige Unterstützungsdelegationen aus einigen Europäischen Länder, sowie aus Deutschland und auch Österreich. Auch wenn die österreichische Delegation keine Offizielle Delegation des ÖGB war, hatte sie eine Unterstützungserklärung vom ÖGB und einige Teilgewerkschaften, wie die GPA-djp dabei.[79]

Die Kritik der türkischen Seite dabei ist, dass die Unterstützung seitens der Europäischen Gewerkschaften nur in Form von Verurteilungserklärungen geblieben ist. Es gab keine einzige nationale Gewerkschaft und auch nicht der Europäische Gewerkschaftsbund, der einen Druck bei der jeweiligen Regierung ausgeübt hätte.

Die KESK hatte bei ihrem 3. Kongress 2001 beschlossen in Brüssel ein Büro zu eröffnen. Trotz des Beschlusses konnte das Büro nicht eröffnet werden weil der interne Widerstand zu groß war. Die Idee in Brüssel ein Büro zu eröffnen hatte die HAK-İŞ aufgegriffen und war bemüht es zu verwirklichen. Die Wirtschaftskrise der Jahre 2008-2009 hat dafür geführt, das die HAK-İŞ diese Idee nicht verwirklichen konnte. Es wurden neue Beziehungen aufgenommen, dieses mal aber zu Stiftungen wie die Friedrich Ebert- und die Rosa Luxemburg Stiftung.[80]

---

78 vgl.: Yıldırım Koç: Türkiye İşci Sınıfı, Epos Yayınevi, Ankara 2010, S. 453

79 vgl.: http://ak-wahlen.at/de/tekel, am 12.03.2010, http://news.glb.at/news/article.php/20100202195449903, am 12.03.2010, http://www.gpa-djp.at/servlet/ContentServer?pagename=GPA/Page/Index&n=GPA_6.6.a&cid=1266586425814, am 13.03.2010

80 vgl.: Yıldırım Koç: Türkiye İşci Sınıfı, Epos Yayınevi, Ankara 2010, S. 454

3. Österreich und die Arbeitskräftemigration

Um nicht zu sehr in die Geschichte ein der ersten Republik einzugehen, werden die Schilderungen bis zur zweiten Republik eher kurz drüber streifend hier wieder gegeben. Der Grund dafür ist dass die Hauptakteure dieser Dissertation, nämlich die ImmigrantInnen aus der Türkei, in der ersten Republik keine Rolle als solches gespielt hatten. In diesen Jahren gab es natürlich auch Arbeitsmigration nach Österreich, das wäre aber wieder ein eigenes Thema für eine wissenschaftlich Arbeit. Die Jahre zwischen der Gründung der Republik nach dem ersten Weltkrieg bis zum Beginn der Arbeitskräfteimmigration aus der Türkei bzw. Jugoslawien sind nicht das Thema dieser Dissertationsarbeit. Trotzdem werden sie als Vergleich für die Gesetzgebung und für die anderen Immigrationsgruppen, wie die Tschechen, als Vergleich heran gezogen.

Teilweise können auch Vergleiche oder Beispiele aus dem 19. Jahrhundert im Rahmen des historischen Teiles der Arbeit vorkommen. Es ist auch beabsichtigt ein Vergleich in die vorigen Jahrhunderte anzugeben um anzudeuten und zu zeigen, dass die Arbeitskräfteimmigration nach Österreich keine neue Erscheinung ist und seit Jahrhunderten schon eine wesentliche Rolle in dieser Region gespielt hat.

Diese Dissertationsarbeit soll keine zeithistorische Arbeit sein, sondern eine politikwissenschaftliche Dissertation mit einem historischen Überblick auf die Immigrationsgeschichte Österreichs nach dem zweiten Weltkrieg. Der Hauptteil der Dissertation ist dem Österreichischen Gewerkschaftsbund und seinen Teilgewerkschaften gewidmet. Die Arbeitskräfteimmigration und wie dies auf die demographische, politische, soziologische und insbesondere auf die gewerkschaftspolitische Entwicklungen in Österreich ausgewirkt hat und wie die Reaktionen seitens der Betroffenen in Österreich war und nach wie vor auch ist.

Wenn wir auf die demographischen Entwicklungen ab den 1950er Jahren in Österreich blicken, können wir davon ausgehen dass Österreich ein Einwanderungsland war und nach wie vor auch ist. Die Zahlen der Bevölkerungsentwicklung, die Anteile der Eingewanderten ausländischen Arbeitskräfte in der Bevölkerung sind ein beweis dafür. Es ist aber sicherlich notwendig zu erwähnen das Österreich nicht ein klassisches Einwanderungsland wie Kanada oder die USA ist und auch keine vergleich diesbezüglich möglich wäre. Da aber die Bundesrepublik Deutschland, ähnliche Strukturen, d.h. auch gewerkschaftspolitische ähnliche Entwicklungen aufzeigt wie Österreich und nach dem zweiten Weltkrieg wirtschaftlich auch den gleichen Gegebenheiten konfrontiert war, ist es angebracht einen Exkurs in die Bundesrepublik zu machen. Dieser Exkurs soll dazu verhelfen, das Verhalten und die politische Haltung des Deutschen Gewerkschaftsbund und dem Österreichischen Gewerkschaftsbund zu vergleichen. Der Grund für diesen Vergleich ist dass beide Länder wenn nicht die gleiche Strukturen aber doch sehr ähnliche Strukturen bezüglich der Gewerkschaften aufweisen. Außerdem waren beide Länder als Aufnahmeländer in der Arbeitskräfteimmigration aus der Türkei, mit dem Thema direkt konfrontiert. Auch die historischen Entwicklungen im vorigen Jahrhundert sind sich sehr ähnlich.

3.1. Die zweite Republik

Nach dem zweiten Weltkrieg am Anfang der 1950er Jahre schaute es so aus dass rund 850.000 Personen außerhalb der österreichischen Grenzen auf die Welt gekommen waren. Es waren auch rund eine Million deutschsprachiger Vertriebener und Flüchtlinge nach dem Krieg nach Österreich gekommen. Viele von ihnen verließen im Laufe der nächsten Jahre wieder das Land um sich in Deutschland, USA oder auch in Kanada nieder zulassen. Dazu kamen auch Displaced Persons dazu, und auch einige Tausend Juden die hauptsächlich aus Siebenbürgen einwanderten. Ein Teil von den Eingewanderten nach dem zweiten Weltkrieg waren Altösterreicher die vor der Gründung der Republik auf Österreich- Ungarischem Territorium gelebt hatten. Es gab auch einen Teil von Altösterreichern die nach der Gründung der Republik in der Tschechoslowakei geblieben waren und nach dem zweiten Weltkrieg eingewandert sind, sie erhielten die österreichische Staatsbürgerschaft.[81]

Österreich und im speziellen Wien blicken auf eine lange Tradition von Zuwanderung und Migration zurück. Im Rahmen dieser Dissertation werden wir aber nicht allzu lang zurückgehen. Eine Ausweitung der Geschichte der Migration Österreichs bedarf einer eigenen Arbeit.

Der Großraum um Wien herum ist schon seit Jahrhunderten ein Einwanderungsgebiet gewesen. Zur Zeit des Habsburger Österreich-Ungarn Monarchie waren die Ziegelarbeiter aus Böhmen die letzte große Gruppe die Eingewandert sind. Davor wanderten Handwerker aus Süddeutschland, Italien und der Schweiz ein. Die Zuwanderung aus Süddeutschland nahm ab dem Beginn des 19.Jahrhundert sukzessive ab.

Wien entwickelte sich im 19. Jahrhundert zu einem Schmelztiegel in Mitten von Europa mit der Zuwanderung aus Böhmen, Mähren, Galizien und der Bukowina.

Zur Zeit des christlich-sozialen Bürgermeister Karl Lueger war Wien ein Schmelztiegel wieder willen. Das Bekenntnis zum Deutschtum mussten alle Einwanderer unterzeichnen. Die

81 vgl.: Andreas Weigl: Migration und Integration, Studien Verlag, Innsbruck 2009, S. 4

größten Einwanderergruppen kamen vor allem aus Böhmen und Mähren. Schätzungen zu folge sind damals zwischen 400.000 und 600.000 aus Böhmen nach Wien eingewandert. Nach der Gründung der CSSR 1919 sind ca. 200.000 zurück gewandert. Der Rest ist in Wien geblieben und somit in die Wiener Bevölkerung eingegangen. Der Preis für die erfolgreiche Integration war die Assimilation dieser Bevölkerungsgruppe. Sie mussten sich die dominante deutschsprachige Kultur aneignen und damit auch ihre eigene Kultur Verdrängen und Verleugnen.[82]

Allgemein kann man davon ausgegangen werden, das um die Jahrhundertwende in Wien rund 1,6 Millionen Einwohnern lebten. Demnach war Wien laut amtlicher Statistik die zweitgrößte tschechische Stadt.[83]

Die Arbeitsmigration nach dem zweiten Weltkrieg ist von ihrer geographischen Herkunft her eher in den südlichen und südostlichen Europa verlagert worden. Waren die ImmigrantInnen aus den ehemaligen Kronländern am Anfang des 20. Jahrhunderts der Fall, traten an deren Stelle ab den 1960er Jahren Länder wie Jugoslawien und die Türkei ein.

Die Arbeitsmigration in der zweiten Republik, lässt sich mit dem Wirtschaftlichen Aufschwung ab der Mitte der 1950´er Jahren begründen. Es herrschte allgemein in ganz Mittel- und Westeuropa eine Nachfrage an Arbeitskräften.

Die gesetzliche Grundlage für die Beschäftigung war nicht besonders einfach. In der zweiten Republik wurde die Deutsche „Reichsverordnung über ausländische Arbeitnehmer" direkt übernommen. Die „Reichsverordnung" war am 23. Januar 1933 in Nazideutschland in Kraft getreten. In Österreich war sie ab dem 1. April 1941 in Kraft. Demnach musste der Arbeitsnehmer oder Arbeitsnehmerin um eine Arbeitsbewilligung ansuchen, gleichzeitig der Arbeitgeber oder Arbeitgeberin um eine Beschäftigungsbewilligung. Wenn beides erteilt war, durfte der Arbeitnehmer oder Arbeitnehmerin auf einen bestimmten Arbeitsplatz tätig sein.[84]

In der zwischen Kriegszeit war die gesetzliche Lage in Österreich ebenfalls sehr streng und restriktiv für Zuwanderungswillige AusländerInnen. Mit einer gesetzlichen Regelung die am 19. Dezember 1925 eingeführt wurde, wurde der Einstieg in den Arbeitsmarkt erschwert. Demnach wurde die Anstellung von Ausländern, wenn sie nicht eine spezielle Erlaubnis vom Ministerium des Innern besaßen, oder ihren ordentlichen Wohnsitz vor dem 1. Jänner 1923 in

---

82 vgl.: Werner T. Bauer: Zuwanderung nach Österreich in ÖGPP, Wien 2008, S. 4

83 vgl.: Richard Basler: Ein kurzer Überblick über die Lage der Wiener Tschechen, S. 83 http://www.kulturklub.at/pdf/Publikationen/WrTschechen_Basler.pdf, am 23.01.2011

84 vgl.: August Gächter: Migrationspolitik in Österreich, in Arbeitspapiere Migration und soziale Mobilität Nr. 12, , 10.10.2008, S. 5

Österreich angemeldet hatten, verboten. Beabsichtigt war damit den Zustrom aus den ehemaligen Kronländern einzubremsen, damit der Arbeitsmarkt nicht in Bedrängnis kommt. Die damaligen Gewerkschaften übten einen wesentlichen Druck aus damit eine dementsprechende Regelung Stattfindet. Das Interesse der Gewerkschaften beruht darauf die Zahl der Arbeitskraftanbieter auf einem möglichst niedrigen Niveau zu halten. Wenn es ihnen gelingen sollte, das Arbeitskraftangebot für die Unternehmungen knapp zu halten stärken oder verteidigen damit ihre Stärke und ihre Verhandlungsmacht gegenüber den Arbeitgeberverbänden.[85]

Nach den Jahren von Staatsvertrag, der Österreich die Unabhängigkeit verschaffte, wuchs die Wirtschaft in Österreich bis 1961 jährlich ca. um 6%. In dieser Phase sank die jährliche Inflation von 5,5% auf 2,9% runter. Dem entsprechend wuchs auch der Bedarf an Arbeitskräften. Um das Abwandern der österreichischen Arbeitskräfte ins Ausland vorzubeugen wollten die Arbeitgeberverbände die Abwanderung, mit gesetzlichen Maßnahmen zu verhindern oder zu beschränken. Verständlicher Weise war dies aber nicht möglich.[86]

Die erste Phase von Anwerbungen, in Form von Direktenanwerben von Firmen im Ausland, fängt ab 1960 an. Die Absicht des Staates dabei war sich nach dem „Rotationsprinzip“ zu orientieren. Die „Gastarbeiter“ oder „Fremdarbeiter“ sollten nach einigen Jahren wieder in ihr Ursprungsland wieder zurückkehren. An eine Dauerhafte Niederlassung war damals noch nicht gedacht gewesen. Dieses nicht denken an die Konsequenzen von Einwandern die vielleicht doch nicht wieder in ihre Heimatland zurückkehren wird uns noch später als ein großes Brocken von nicht erledigter Hausaufgaben gegenüberstehen. Es war beabsichtigt kostengünstige, billige und flexible Arbeitskräfte aus dem Ausland ins Land zu holen.

Das erste zwischenstattliches Abkommen über anwerben von Arbeitsmigration wurde mit Spanien unterschrieben. Dieses Abkommen ist aber in der Realität sehr bedeutungslos geblieben, da kaum ArbeitsmigrantInnen aus Spanien nach Österreich gekommen sind.[87]

Aus Italien und aus anderen Mittelmeerländern wurden die ersten Bauarbeiter, um den Arbeitskräftemangel in der Bauwirtschaft zu beheben, von der Bau-Holz Gewerkschaft und den Arbeitgebern ein Kontingent von 7.300 ausländischen Bauarbeitern ausverhandelt. Dieses Kontingent ist in der Praxis zu einem Viertel ausgeschöpft worden.[88]

---

85 vgl.: Hannes Wimmer: Zur Ausländerbeschäftigung in Österreich, in Ausländische Arbeitkräfte in Österreich, Campus Verlag, Franfurt/Main 1986, S. 5-6

86 vgl.: http://wko.at/statistik/Extranet/Langzeit/lang-inflation.pdf, am 13.05.2010

87 vgl.: https://www.zsi.at/attach/p1208vukovic.pdf, am 12.04.2010

88 vgl.: https://www.zsi.at/attach/p1208vukovic.pdf, am 12.04.2010

Die Arbeitgeberorganisationen forderten zu Beginn der 1960´er Jahre eine Liberalisierung des Arbeitsmarktes und eine größere Anzahl von ausländischen Arbeitskräften auf eine unbürokratische Weise auf den Arbeitsmarkt zugelassen werden sollten.

Im Jahre 1961 wurde zwischen der Bundeswirtschaftskammer (Julius Raab) und dem Österreichischen Gewerkschaftsbund (Franz Olah) das Raab-Olah-Abkommen unterzeichnet. Das Abkommen enthielt im wesentlichen ein Forderungsprogramm zum Ausbau der „Paritätischen Kommission für Preis- und Lohnfragen".[89] In diesem Abkommen sollte zum ersten Mal auch eine Vereinbarung über die Beschäftigung von ausländischen Arbeitskräften enthalten. Der ÖGB stimmte den Forderungen der BWK zu, bekam aber dafür die Zusage von Kontingenten, vereinbarte ein Stabilisierungsabkommen und die Zustimmung auf sozialpolitische Reformen.[90]

Die Sozialpartner einigten sich auf eine Kontingentvereinbarung von 47.000 ausländischen Arbeitkräften. Mit dieser Vereinbarung wurde die Ausländerbeschäftigung bis das Ausländerbeschäftigungsgesetzt 1976 in Kraft getreten ist geregelt. Bis dahin galt die Verordnung über die Beschäftigung ausländischer Arbeitskräfte aus dem Jahr 1933. Man orientierte sich nach dem Schweizer Modell; Arbeitsmigration als vorübergehende Zusatzkräfte zu bestimmten Sektoren des Arbeitsmarktes zuzulassen. Falls die Konjunktur schlecht sein sollte, sollten die „GastarbeiterInnen" wieder zurückgeschickt werden. Am Anfang war also der Grundgedanke die Arbeitskräfte nach einer bestimmten Zeit doch wieder nach Hause zu schicken.

3.1.1. Das Raab- Olah Abkommen

In Kraft ist das Raab-Olah Abkommen 1962 getreten. Die Höhe der ausländischen ArbeitnehmerInnen war auch dieses Jahr auf ein Kontingent von 47.000 Ausländern festgelegt worden.[91] Zuvor wurde zwischen der Türkei und der EWG (Europäischer Wirtschaftsgemeinschaft) ein Assoziationsvertrag[92] abgeschlossen.

„Die Art und Weise, wie Österreich hier zu beginn de 60er Jahre in eine bewusste Ausländerbeschäftigung eintrat, ist außerordentlich wichtig für das Verständnis der politischen Form, in welcher Österreich eine politische Materie wie die Ausländerbeschäftigung bestimmt wird:

---

89 Paritätische Kommission für Preis- und Lohnfragen: Der „Beirat für Wirtschafts- und Sozialfragen" wurde auf die Initiative und drängen des ÖGB 1963 realisiert. Die Aufgaben des Beirats war, die verschiedenen Instrumente der Wirtschaftspolitik aufeinander abzustimmen und wirtschaftspolitische Empfehlungen an die Regierung auszuarbeiten. Eine weitere Aufgabe des Beirats bestand darin für die Sozialpartnerschaft die unterschiedlichen Auffassungen der Verbände auf einen gemeinsamen Nenner zu bringen, quasi eine Konsens beruhende, gemeinsame Problemdefinition und Sprachregelung zu finden.

90 vgl.: Helga Matuschek: Ausländerpolitik in Österreich 1962-1985. Der Kampf um und gegen die Arbeitskraft; in Journal für Sozialforschung 25/2, S.185

91 vrgl.: http://www.arbeiterkammer.com/bilder/d124/UM_Agnieszka_1.pdf, 16.01.2011

92 vgl.: http://europa.eu/legislation_summaries/enlargement/ongoing_enlargement/e40113_de.htm, 14.01.2011

Entscheidungen über den Umfang und die (regionale bzw. branchenmäßige Verteilung der zuzulassenden Ausländer am österreichischen Arbeitsmarkt fallen ausschließlich in den sozialpartnerschaftlichen Gremien der Verbändekooperation; diese Entscheidungen wurden von den zuständigen Ministern (Bundesminister für Soziale Verwaltung und bis 1976 der Bundesminister für Inneres) zur Kenntnis genommen und exekutiert.“[93]

Für Wimmer ist die Vorgehensweise der österreichischen Sozialpartner bzw. des ÖGB folgendermaßen zu begründen. Die Zugeständnisse des ÖGB bei den Kontingenten werden abhängig gemacht von Zugeständnissen der Bundeswirtschaftskammer in anderen Fragen. Nach Wimmer vereinfachen die sozialpartnerschaftlichen Kontingentvereinbarungen aufgrund der bestehenden Gesetzeslage komplizierte Zulassungsverfahren eines Ausländers am österreichischen Arbeitmarkt.[94]

3.1.2. Argumente für die Ausländerbeschäftigung von 1961

Das Österreichische Institut für Wirtschaftsforschung (WIFO) unterstützte die Forderungen der Arbeitgeberverbände. Für sie waren die Ursachen für die Expansionsbehinderung der Industrie nicht mehr die Kapazitätsengpässe sondern mittlerweile der Mangel an Arbeitskräften. Das WIFO veröffentlich in ihrem Monatsbericht von 1962 eine positive volkswirtschaftliche Bilanz der Ausländerbeschäftigung:

- *Österreich könnte – so wie die Schweiz – einen beträchtlichen Teil der Saisonarbeitslosigkeit (von Inländern) exportieren; dazu sein lediglich notwendig, die Beschäftigungsgenehmigungen entsprechend zu befirsten; außerdem würde ein stärkerer Zustrom von Gastarbeitern dazu führen, dass Inländer zu den attraktiven / zahlungskräftigeren Industriezweigen streben, „während sich die Fremdarbeiter mit dem schlechteren Posten begnügen“;*
- *Die Ausländerbeschäftigung hat eine preisstabilisierende Wirkung: vorhandene Kapazitäten können besser ausgelastet werden, die Gütermenge steigt, nicht aber die Nachfrage, weil Gastarbeiter sparen; die Lohnforderungen fallen niedriger aus, es müssen daher nur die niedrigeren Produktionskostensteigerungen von den Unternehmen auf die Preise überwälzt werden;*
- *Gastarbeiter schränken durch ihre Transfers in die Heimatländer die umlaufende Geldmenge ein, ohne dass – wie das bei notenbankpolitischen Maßnahmen der Fall wäre – das Güterangebot geschmälert wird; auch das hat einen antiinflationären Effekt;*

93 vgl.: Hannes Wimmer: Zur Ausländerbeschäftigung in Österreich, in Ausländische Arbeitkräfte in Österreich, Campus Verlag, Franfurt/Main 1986, S. 7

94 vgl.: Hannes Wimmer: Zur Ausländerbeschäftigung in Österreich, in Ausländische Arbeitkräfte in Österreich, Campus Verlag, Franfurt/Main 1986, S. 8

- *Transferzahlungen der Gastarbeiter belasten die Zahlungsbilanz kaum, weil die Exporte gesteigert und die Kapazitäten im Fremdenverkehr besser erweitert werden könnten;*
- *Durch den ungeregelten Zustrom von Gastarbeitern könnten positive Rationalisierungs- und Umschichtungsprozesse in der Volkswirtschaft unterbleiben, dies wäre negativ; es gibt aber auch Wirtschaftszweige, wo Arbeitskräftemange nicht durch Rationalisierungen behoben werden könne „und denen zu wenige Arbeitskräfte aus anderen Branchen zuströmen"; hier wäre der Einsatz von Gastarbeitern „sehr erstrebenswert";*
- *Die Beschäftigung von ausländischen Arbeitnehmern kommt in Bezug auf die Einkommensverteilung insgesamt keine besondere Bedeutung zu; nur für die einzelne Berufsklassen ist es nicht gleichgültig;*
- *Zuletzt habe die Ausländerbeschäftigung unter bestimmten Bedingungen auch dir die Herkunftsländer eine Reihe von positiven Effekten, z.B. Abbau von Arbeitslosigkeit, Devisen, Zuwachs an industriellen Qualifikationen etc."*[95]

Wie es aus diesen Argumenten des Wirtschaftsforschungsinstituts heraus zu lesen ist, sind die Argument de Arbeitgeberverbände sehr rational begründet. Es sind sehr viele Vorteile für die Wirtschaft des Gastgeberlandes, mitunter aber auch für das entsende Land.

Der „Beirat Für Wirtschafts- und Sozialfragen" hat in seiner zweiten Studie aus dem Jahr 1964, im so genannten „Stabilisierungsprogramm 1964", für die Regierung die Empfehlung den Arbeitsmarkt möglichst rasch und weitgehend zu liberalisieren, abgegeben.[96]

Die Bundesregierung hatte diese Empfehlung auch angenommen, womit für die Ausländerbeschäftigung der Rahmen bzw. der Weg geebnet wurde. Mit der Annahme der Empfehlung war der Weg für die Ausländerbeschäftigung vorgegeben worden. In den darauf folgenden Jahren der 60er und 70er waren höhere Kontingente beschlossen war als die Wirtschaft überhaupt an ausländischen Arbeitkräften notwendig hätte oder auch nachgefragt hat. Die Überziehungen waren in diesen Jahren die Regel, Probleme hat es damit aber auch nicht gegeben. Auch wenn die Kontingente in diesen Jahren erhöht wurden, verlor es immer mehr an Bedeutung.

Die Anwerbebüros hatten am Anfang ihrer Wirkungsphase den Großteil der ImmigrantInnen vermittelt. Als aber die Unternehmen angefangen hatten ihren Arbeitskräftemangel aus den ins Land als Touristen eingewanderten zu rekrutieren, verloren die Anwerbebüros an Bedeutung. Diese Form der Arbeitskräftebeschaffung wurde als „Touristenbeschäftigung" definiert.

Die Touristenbeschäftigung führte im Laufe der Jahre zu Auseinandersetzungen zwischen den Arbeitgeber- und Arbeitnehmerverbänden. Die Bundeswirtschaftskammer forderte weiterhin

95 zitiert nach: Hannes Wimmer: Zur Ausländerbeschäftigung in Österreich, in Ausländische Arbeitkräfte in Österreich, Campus Verlag, Franfurt/Main 1986, S. 10-11

96 vgl.: Hannes Wimmer: Zur Ausländerbeschäftigung in Österreich, in Ausländische Arbeitkräfte in Österreich, Campus Verlag, Franfurt/Main 1986, S. 11

die völlige Liberalisierung des Arbeitsmarktes wohingegen das ÖGB ein neues Ausländerbeschäftigungsgesetz das die Beschäftigung von ausländischen Arbeitskräften zu regeln hat. Der österreichische Gewerkschaftsbund war der Meinung dass die Zahl der ausländischen Arbeitskräfte nicht weiter zu erhöhen ist, damit die heimische Infrastruktur nicht überlastet ist. Es waren einige Studien in Auftrag gegeben die die Forderungen bestätigen würden.[97]

Das Arbeitskräfteanwerbeabkommen mit Jugoslawien wird noch in den 1960er Jahren, 1966, unterzeichnet. Obwohl das Arbeitskräfteanwerbeabkommen mit der Türkei schon zwei Jahre vorher das Abkommen unterzeichnet wurde, war der Großteil der ausländischen ArbeitnehmerInnen mit jugoslawischer Staatsbürgerschaft. Vergleiche und genauere Zahlen dafür kommen in anderen Kapiteln genauer vor.

3.1.3. Das Arbeitskräfteanwerbeabkommen mit der Türkei

Das Arbeitskräfteanwerbeabkommen mit der Türkei wurde 1964 unterzeichnet. Im Weiteren werden wir uns auf die Auswirkungen dieses Abkommen sowie die Auswirkungen der Arbeitsmigration aus der Türkei näher fokussieren. Denn die ImmigrantInnen aus der Türkei stellten heute fast die größte Gruppe der ArbeitsmigrantInnen in Österreich dar.

Um den Zuzug von Arbeitskräften ins Land besser organisieren und leichte abzuschließen zu können wurde in Istanbul ein Büro dafür eröffnet. Das Büro der österreichischen Anwerbekommission in der Türkei. (Türkiyede Görevli Avusturya İşçi Alma Komisyonu).

Mit diesem Büro war es möglich gezielt die Rekrutierung, Kontrolle und Regulierung von Arbeitskräften aus der Türkei voran zu betreiben.

Die Aufgaben des Büros waren demnach, in der Beschaffung von Arbeitskräften für den österreichischen Arbeitsmarkt in Zusammenarbeit mit den Behörden vor Ort. Die Anforderungen der Wirtschaft Österreichs wurde an die Arbeitsvermittlungsanstalt über das Büro in Istanbul weiter gegeben, sie such wieder aus ihren Listen die geeigneten KandidatInnen aus. Dabei wurde auf Kriterien wie Alter, berufliche Qualifikation und Gesundheit geschaut. Die Anwerbekommission stellte noch mal die KandidatInnen zur Prüfung, ob sie auch wirklich die Bedingungen erfüllen oder nicht. Danach wurden die KandidatInnen noch mal untersuch, um sicher zu gehen das sie auch gesund sind und die fachliche Kompetenz haben.[98]

---

97 vgl.: Hannes Wimmer: Zur Ausländerbeschäftigung in Österreich, in Ausländische Arbeitkräfte in Österreich, Campus Verlag, Franfurt/Main 1986, S. 12

98 http://gastarbajteri.at/im/107105950479/107459990277/106665530413, 16.01.11

Aus Kostengründen wurde das Büro des Anwerbekommissions 1968 aufgelassen, die Anwerbeverfahren wurden danach über die Außenhandelsstellen in Istanbul und Ankara abgewickelt.

In Österreich begann die Arbeitskräfteimmigration Anfang der 1960 er Jahre. Wenn wir die Zuwanderung von Arbeitskräften aus dem Ausland nach Österreich in Phasen teilen, kann die erste Phase von 1960- 1973 bezeichnet werden. In diesem Zeitraum wanderten aus Österreich ca. 90.000 ArbeitnehmerInnen ins Ausland aus, im gleichen Zeitrahmen wanderten mehr als 260.000 ArbeitnehmerInnen aus dem Ausland ins Land ein. Da es noch keine besonderen Einreisebestimmungen vorhanden waren konnten die Leute über die Grenzen je nach belieben einreisen. Dies führte dazu dass sie kommen und gehen konnten und je nach Arbeitsplatzlage blieben oder gingen sie wieder.

Die ersten Bedarfsmeldungen nach ausländischen Arbeitskräften kamen aus den Branchen Baugewerbe und Fremdenverkehr. Sie verlangten über die Bundeswirtschaftskammer das Erlaubnis bzw. den Zuzug von ausländischen Arbeitskräften nach Österreich um den Bedarf an Arbeitskräften tilgen zu können. Im Gegensatz dazu vertraten der ÖGB und die Arbeiterkammer die Meinung der Umschichtung und bessere Qualifizierung von Arbeitslosen sowie die forcierte Rationalisierungs- und Modernisierungsprozesse in der technischen Ausstattung der Betriebe.[99]

Der ÖGB hatte aus zwei Gründen zugestimmt, zum ersten ging der ÖGB davon aus dass wegen der niedrigen Lohnniveaus in Österreich kaum ausländische Arbeitskräfte ins Land kommen würden. Der zweite Grund war die Vereinbarung dass die Zulassung an die Aufnahmefähigkeit des Arbeitsmarktes die Höhe des Zuzuges entscheiden würde und natürlich auch streng kontrolliert werden sollte.[100]

Das Ausländerbeschäftigungsgesetzt wurde mit dem Raab-Olah-Abkommen, dem Passus über die Kontingente zur Ausländerbeschäftigung ersetzt. Sich in den Kontingenten befindende ausländische Arbeitskräfte sollten demnach ohne Einzelfallprüfung im Land Beschäftigt werden können. Die ausländischen Arbeitskräfte waren den inländischen Arbeitskräften bei lohn- und arbeitsrechtlichen Bestimmungen gleichgestellt. Es gab aber Bedingungen für die ausländischen Arbeitskräfte um im Land arbeiten zu können; gesundheitliche Unbedenklichkeit, die Garantie der Rückreise und die maximale Dauer der Beschäftigungsbewilligung sollte auf

---

99 vgl.: Helga Matuschek: Ausländerpolitik in Österreich 1962-1985. Der Kampf um und gegen die Arbeitskraft; in Journal für Sozialforschung 25/2, S.185-198

100 vgl.: Hans Pühretmayer: Das Passive Wahlrecht für Migranten und Migrantinnen zum Betriebsrat in der Bundesrepublik Deutschland und Österreich, eine unveröffentlichte Studie, Wien 1999, S. 11

ein Jahr beschränkt. Außerdem setzte der ÖGB eine weitere Bedingung durch, zwar die Vorschrift das zuerst die ausländischen Arbeitskräfte abzubauen sind, wenn Arbeitskräfte abgebaut werden sollten.[101]

Die ausländischen Arbeitskräfte wurden in Wirtschaftszweigen mit niedrigem Lohnniveau, Schicht- und Akkordarbeit und in Branchen mit hohem Risiko saisonaler und konjunktureller Arbeitslosigkeit, eingesetzt. Diese Branchen waren Leder-, Textil und Bau und der Fremdenverkehr.[102]

Die Beschäftigung von ausländischen Arbeitskräften führte im Laufe der Jahre dazu dass sich der Charakter der Gesellschaft veränderte und sich in zwei Lagern spaltete, nun gab es die ausländischen und inländischen ArbeitnehmerInnen. Durch die billigen Arbeitskräfte aus dem Ausland stiegen die Gewinne der Unternehmer aber die Löhne für Hilf- und Anlernarbeiter veränderten sich nicht. An den schlechten Arbeitsbedingung für die Niedriglohnbranchen, wo auch die meisten ausländischen Arbeitskräfte beschäftigt waren, änderte sich auch nichts. Eine unumgängliche Folge davon war dass sich die Facharbeiter und Angestellte, Österreicher die durch die Beschäftigung von ausländischen Arbeitskräften einen sozialen Aufstieg hatten, womit sie einen großen Vorteil davon hatten.[103]

3.1.4. Die Hochphase der Arbeitskräfteimmigration

Für die Arbeitskräfteimmigration sind die Jahre zwischen 1969 und 1973 eine sehr bewegte Zeit. Diese Phase wird als die Hochphase des Zuzuges von ausländischen ArbeitnehmerInnen bezeichnet. Die Zahl der ArbeitsimmigrantInnen stieg im Jahre 1973 schon auf ca. 230.000, womit ein vorläufiger Höhepunkt erreicht wird. Der Anteil der ausländischen Arbeitskräfte beträgt 8,7% der gesamten Arbeitskräfte in Österreich. Der Großteil der ausländischen Arbeitskräfte kommt aber nicht auf den gewünschten Weg über die Anwerbebüros sondern reisten als Touristen ein und nachdem ein Arbeitsplatz gefunden ist wird um das Arbeitserlaubnis angesucht.[104]

Für die Unternehmen war es kostengünstiger die angeworbenen Arbeitskräfte länger zu beschäftigen als wirklich vorgesehen war. Der Weg über die Bekannten und Verwandten, die als

101 vgl.: Hans Pühretmayer: Das Passive Wahlrecht für Migranten und Migrantinnen zum Betriebsrat in der Bundesrepublik Deutschland und Österreich, eine unveröffentlichte Studie, Wien 1999, S. 12

102 vgl.: Helga Matuschek: Ausländerpolitik in Österreich 1962-1985. Der Kampf um und gegen die Arbeitskraft; in Journal für Sozialforschung 25/2, S.175

103 vgl.: Münz/Seifert/Ulrich/Fassmann 1997, in Hans Pühretmayer: Das Passive Wahlrecht für Migranten und Migrantinnen zum Betriebsrat in der Bundesrepublik Deutschland und Österreich, eine unveröffentlichte Studie, Wien 1999, S. 13

104 vgl.: Biffl Gudrun: Der Strukturwandel der Ausländerbeschäftigung in Österreich, Ausländische Arbeitskräfte in Österreich, Hannes Wimmer (Hg.), Campus Verlag, Frankfurt/Main 1986, S. 35

Touristen einwanderten, war für die Unternehmen viel schneller und auch unbürokratischer Weg um an Arbeitskräfte zu kommen. Daher wurde zunehmend diese Rekrutierungsmethode angewendet. Diese Methode führte auch dazu, das die Eingereisten sich wohler und heimischer im Lande fühlten, da sie Familien im Lande hatten, womit ihnen die Sehnsucht an die Heimat und Familien weniger wurde. Was wiederum dazu geführt hat das sie auch weniger an die Reimmigration in die Heimat dachten. Diese Vorgansweise wurden damals vom ÖGB sehr kritisiert aber die Bundeswirtschaftskammer verteidigte es.

Im vorläufigen Höhepunkt, die Jahre zwischen 1961 und 1973, wanderten jährlich zwischen 20.000 und 40.000 Personen ein. Die Zahl der ausländischen Arbeitskräfte erreichte in den 1970er Jahren teilweise eine Anzahl von ca. 265.000 Menschen. Die Größte Gruppe von ihnen bildeten Eingewanderte aus Jugoslawien, gefolgt der Gruppe aus der Türkei. Die Anzahl der ausländischen Beschäftigten lag 1971 bei 6,1%. Ihre Anzahl in der Gesamtbevölkerung lag aber bei nur 2,8%. Was natürlich auf die Einreise als Arbeitskräfte ohne Familie zurück zu führen ist. Der Anteil der Türkeistämmigen ArbeitnähmerInnen lag 1973 bei 11,8% und die der Jugoslawienstämmigen bei 78,5%.[105]

Das Rotationssystem für die Angeworbenen Arbeitskräfte funktionierte nicht so wie es geplant und vorgesehen war. Die eingewanderten ArbeitnehmerInnen fingen an sich schon in den 1970er Jahren dauerhaft nieder zu lassen. Die Jahre danach sind von Familiennachzug geprägt werden. Es hatten nur ganz wenige damit gerechnet, das die angeworbenen Arbeitskräfte auch bedarf nach einer Familie, auch nur für die vorgesehen Zeit, entwickeln könnten.

3.1.5. Die Erdölkrise und der Anwerbestopp

Zur ersten Änderung der Ausländer bzw. Anwerbepolitik kam es zur Zeit der Erdölkrise 1973/74. Am Anfang der Erdölkrise kam es zu einem Anwerbestopp und der Zugang zum Arbeitsmarkt wurde auch verschärft. Die Erdölkrise führe dazu dass die im Ausland beschäftigten ÖsterreicherInnen anfingen in die Heimat zurückzukehren. Dies führte dazu dass am österreichischen Arbeitmarkt die Lage sich verschärfte und der Wettbewerb anstieg. Die Absicht der Politik war die Anzahl der ausländischen Arbeitskräfte zu reduzieren in dem der Anwerbestopp eingeführt wurde. Eine weitere Maßnahme war die anwesenden ausländischen Arbeitskräfte zu einer Rückkehr in ihre Heimat zu bewegen. Aus diesem Grund wurde das

105 vgl.: Werner T. Bauer.: Zuwanderung nach Österreich in ÖGPP, Wien 2008, S. 6

Ausländerbeschäftigungsgesetzt eingeführt, die auch seitens der Österreichischen Gewerkschaftsbundes (ÖGB) gefordert wurde.[106]

Durch dieses Gesetz wurde den den eingewanderten Arbeitskräften der in den Arbeitsmarkt verschlechtert. Sie bekamen erst dann ein Arbeitserlaubnis wenn die beabsichtigte Arbeitsstelle nicht durch einen Inländer zu besetzen war. Zu einem dauerhaften Arbeitserlaubnis (Befreiungsschein), der ihnen einen uneingeschränkten Zugang zum Arbeitsmarkt erlaubte, kamen sie nach acht Jahren.

Die inländischen Arbeitskräfte wurden schon vor der „Reichsverordnung", im Inlandarbeiterschutzgesetz von 1925 war es verankert war, gegenüber den ausländischen ArbeitnehmerInnen bevorzugt. Die Kriterien für die Beschäftigung nach der Staatsbürgerschaft liegen also schon viel länger zurück, die einfach nur übernommen wurden.[107]

Einen unerwarteten Nebeneffekt hatte diese Maßnahme aber doch, die Ausländischen Arbeitskräfte verlängerten ihren Aufenthalt und holten verstärkt ihre Familien nach. Die Zahl der ausländischen Arbeitskräfte reduzierte sich in diesem Zeitraum, 1974-1984, um ca. 40%. Der Grund dafür ist natürlich im Anwerbestopp und parallel dazu in fehlenden Rückkehroptionen seitens der Politik zu suchen. Die Bilanz zwischen 1974 bis 1984 war ganz anders. Bedingt durch die Erdölkrise und die stagnierende bzw. schlechte wirtschaftliche Lage fast überall auf der Welt wanderten ca. 5.500 Österreicher wieder zurück und ca. 28.000 ausländische ArbeitnehmerInnen wieder aus Österreich wieder aus.

Ab dem Jahr 1985 Weltweit eine Ära der Migration, bis 1996 wanderten aus Österreich ca. 45.000 österreichische Arbeitskräfte ab, wohin gegen rund 425.000 ausländische Arbeitskräfte ins Land einwanderten.

3.1.5.1. Der Anteil der ausländischen Arbeitskräfte am Arbeitsmarkt

Als Basisjahr für Zahlen und Statistiken werde ich in meiner Arbeit das 1961 annehmen. Für meine Arbeit und die Gruppe der ImmigrantInnen die ich näher betrachten werde, im eigentlichen Sinne die Gruppe der aus der Türkei eingewanderten Bevölkerung, ist dieser Datum am relevantesten. Denn das Anwerbeabkommen mit der Türkei ist im Jahre 1964 unterzeichnet worden. Die ersten Ströme von ausländischen Arbeitskräften die ins Land geholt wurden bzw.

106 Gächter August: Nach Rasse und Sprache Verschieden, Migrationspolitik in Österreich von der Monarchie bis heute, Institut für Höhere Studien (IHS) Nummer 31, März 1996, S. 14

107 vgl.: August Gächter: Migrationspolitik in Österreich, in Arbeitspapiere Migration und soziale Mobilität Nr. 12, 10.10.2008, S. 5

gekommen sind, kamen schon Anfang der 1960er Jahre herein. Aus diesem Grund nehme ich das Jahr 1961 als Basisjahr für Zahlen und Statistiken.

Eigentlich war gedacht kurzfristige Arbeitskräfte ins Land zu holen und sie so schnell wie möglich wieder nach Hause zu schicken, Sie sollten den entstandenen Arbeitskräfteengpass helfen zu beseitigen. So wären auch nur Arbeitskräfte ins Land gekommen und nicht Familien, wie in den folgenden Jahren zu sehen sein wird.

3.1.5.2. Ausländische Arbeitskräfte und ihre Arbeitswelt

Wie schon erwähnt war der erste Bedarf seitens der Baubranche gemeldet worden. Die Baubranche war die erste Branche die ausländische Arbeitskräfte notwendig hatte um den Bedarf nach Arbeitskräften stillen zu können.

In den ersten Jahren der Ausländeranwerbens war der Schwerpunkt in der Baubranche mit 32% und den Fertigungsbranchen. In den folgenden Jahrzehnten wird sich in diesem Bereich nicht all zu viel ändern. Es werden einige Branchen dazu kommen und ab der zweiten Generation die in den Arbeitsmarkt eingetreten ist verlagert sich der Trend in Richtung Handel und in andere Branchen wo sie als Angestellte tätig sein werden.

3.1.5.3. Situation der ausländischen Lehrlinge in den 1960er und 1970er Jahren

Zu den Anfängen der Immigration von ausländischen Arbeitkräften war die Anzahl der von Lehrlingen sehr gering, da erwachsene Arbeitskräfte ins Land kamen. Erst mit der Zeit als die Eingewanderten anfingen sich im Land auch sesshaft zu machen kam die Problematik an Tageslicht oder man fing an sich damit auseinander zu setzen.

Die Situation am Anfang, also in den 1960er Jahren und Anfang der 1970er Jahre, war es nicht einfach als Lehrling beschäftigt zu werden. Eine Ausbildungsstätte durfte man erst dann bekommen wenn es sicher war das die von Inländern nicht in Anspruch genommen werden, dürften selbst dann nicht mit ausländischen Lehrlingen besetzt werden, wenn zu befürchten ist, dass diese nach dem Lehrabschluss inländische Arbeitnehmer von den zur Verfügung stehenden Arbeitsplätzen verdrängen werden. Es war kein leichtes Unterfangen eine Lehrstelle zu bekommen. Dies ist aus dem Ausländerbeschäftigungsgesetz heraus zu lesen.

3.1.5.4. Ausländische Arbeitskräfte und die Gewerkschaften in 1960er und 1970er Jahren

Die westeuropäische Gewerkschaftsbewegung war auf die ausländischen Arbeitskräfte Strukturell und gewerkschaftspolitisch noch nicht Vorbereitet. In Österreich war die Situation nicht viel anders. Die Gewerkschaftspolitik war darauf ausgerichtet den Schutz der einheimischen

ArbeitnehmerIn zu gewährleisten. Mit kollektivvertraglichen Vereinbarungen und gesetzlichen Bestimmungen sollte sichergestellt werden, dass ausländische ArbeinehmerInnen nicht zu schlechteren Wohn- und Arbeitsbedingungen eingestellt werden. Damit wollte man natürlich die berechtigte Sorge, dass Unternehmen die ausländischen Beschäftigten dazu nutzen könnten die gewerkschaftlichen Errungenschaften rückgängig zu machen, aus der Welt schaffen. Diese Sorge war ein wesentlicher Grund dass die Gewerkschaften eher in einer Abwehrstellung eingenommen hatten als das sie sich um eine Integrationspolitik ihrerseits kümmerten. Die anfängliche und berechtigte Abwehrhaltung war ein Hindernis um eine konsequente Integrationspolitik auf die Beine zu stellen.[108]

Die Gewerkschaften taten sich schwer in der Öffentlichkeit entstandenen Meinung über die Arbeitslosigkeit, die mit den ausländischen Arbeitskräften in Zusammenhang gebracht wurde. Wenn die Zahl der Arbeitslosen und die Zahl der ausländischen Arbeitskräften in Verbindung gebracht wurde, um damit zu suggerieren als wäre das Problem der Arbeitslosigkeit aus der Welt, wenn es keine ausländischen ArbeitnehmerInnen geben würde. H. Wimmer ist der Meinung dass die Gewerkschaften hier nicht entschieden gegen diese ideologischen Medienberichten agiert hätten. Damit würde sich das verbreitete Vorurteil, ausländische Arbeitskräfte würden den Inländern die Arbeitsplätze wegnehmen, weiter verankern. Dies führe dazu dass sich der vorhandene Graben zwischen den inländischen- und ausländischen Arbeitskräften nur noch vertieft.[109]

Die österreichischen Gewerkschaften haben auf jeden Fall versucht, dass die Unternehmen die ausländischen Arbeitskräfte nicht als Lohndrücker einsetzen können. Wenn wir uns die Effektivlöhne anschauen sind gleiche Lohnbedingungen für in- und ausländische ArbeitnehmerInnen nicht durchsetzbar. Um dies verstehen zu können ist notwendig sich die Lohnunterschiede zwischen Frauen und Männer anzuschauen. Es gibt heute noch einen immensen Unterschied zwischen Männer und Frauen, wie auch bei ausländischen- und den inländischen ArbeitnehmerInnen.

Hier noch einige Bespiele für die berechtigten Ängste der Gewerkschaften, dass die ausländischen Arbeitskräfte für die Unternehmen profitabler sind, die Unternehmen die kollektivvertraglichen Errungenschaften auch unterwandern könnten:[110]

---

108 vgl.: Hannes Wimmer: Zur Ausländerbeschäftigung in Österreich, in Ausländische Arbeitkräfte in Österreich, Campus Verlag, Franfurt/Main 1986, S. 19

109 vgl.: Hannes Wimmer: Zur Ausländerbeschäftigung in Österreich, in Ausländische Arbeitkräfte in Österreich, Campus Verlag, Franfurt/Main 1986, S. 19

110 vgl.: Hannes Wimmer: Zur Ausländerbeschäftigung in Österreich, in Ausländische Arbeitkräfte in Österreich, Campus Verlag, Franfurt/Main 1986, S. 19

- *Ein Textilbetrieb (Zwirnerei und Garnerei) nutzte die Umstellung der Belegschaft von Inländern zu Ausländern Anfang der 70er Jahre zu einer Intensivierung des Arbeitsprozesses: Die zahl der pro Arbeitskraft zu betreuenden Spindeln stieg um mehr als Drittel!*
- *Die Ausländer einer Bautruppe berichteten auf die Frage nach ihren Arbeitsinhalten: Sie mussten alles machen; der Polier kommandierte den ganzen Tag: Tu das Jetzt! Hol das! Bei den Österreichern sei das ganz anders; sie hätten eine bestimmte Arbeit, etwas anderes greifen sie nicht an.*
- *Ausländer in einer Firma der Metallbranche beschwerten sich im Interview, dass sie immer auf solchen Arbeitsplätzen sind, wo sie die Akkordnorm viel schwerer erreichen können; Österreicher müssten solche Arbeiten nie machen, das sei ungerecht.*

Hier liegt es auf der Hand das ausländische ArbeitnehmerInnen für einige Unternehmen von Vorteil sind. Inländische ArbeitnehmerInn würden die gleichen Behandlungen nicht über sich ergehen lassen und in solchen Situation entweder sich dagegen entschlossener wehren, wenn nicht gleich kündigen. Ausländische Arbeitskräfte können auf Grund ihrer Stellung nicht entschlossen sich dagegen zur Wehr setzen oder überhaupt sich darüber beschweren. Denn sie sind noch neu im Land, kennen sich in ihren Rechten noch nicht gut genug aus oder sie haben überhaupt angst dass sie dadurch ihren Arbeitsplatz verlieren könnten. Ob sie danach einen neuen Arbeitsplatz finden würden ist sicher noch ein weiterer Unsicherheitsfaktor.

Wie wir auch sehen werden wird sich dieser Zustand in den kommenden Jahren sehr verändern. Mit Fortdauer der Jahre steigert sich das Wissen über ihre Rechte und die Verfestigung im sozialen Umfeld sind Faktoren die das Selbstbewusstsein der ausländischen ArbeitnehmerInnen dementsprechend steigern.

Mittlerweile ist die Dauer für den geplanten Aufenthalt länger. Auch wenn es ihnen noch nicht richtig bewusst ist dass sich länger in Österreich bleiben werden als sie es sich gedacht hatten. Womit auch der Rückkehr Gedanke in den Köpfen langsam anfängt sich in die weitere Zukunft zu verlagern.

Andererseits entsteht im Laufe der Einwanderung von ausländischen Arbeitskräften eine neue Arbeiterschicht. Diese neue Arbeiterschicht ist aber im Punkto von Arbeitsrechten und Bewusstsein noch nicht auf dem gleichen Level wie die „alte" Arbeiterschicht von Inländern. Die neue unterprivilegierte Arbeiterschicht verdrängt die „alten" inländischen Arbeitskräfte von ihren Plätzen. Sie werden aber nicht in die Arbeitslosigkeit verdrängt sondern, sie steigen in der Karriereleite weiter hinauf. Wie auch schon oben erwähnt ist das ein wesentlich Grund für die Gewerkschaften dieser Tatsache mit Skepsis zu begegnen. Die Angst und Skepsis gilt dem Verlust des bisher erreichten Lohn-, Gehalt und Lebensstandarts.

Wenn die Gewerkschaften versuchen würden die Differenzen zwischen den inländischen ArbeitnehmerInnen und den ausländischen ArbeinehmerInnen zu Gunsten der ausländischen ArbeitnehmInnen auszugleichen, wäre dagegen intern widerstand zu erwarten. Wimmer nennt dafür zwei Gründe wieso Widerstand entstehen würde:[111]

- *Von den privilegierten Kernschichten der Verbandbasis, die nicht nur einen gewissen Statusverlust akzeptieren, sondern über Jahre hinweg Reallohnverluste hinnehmen müssten, um die negativen Auswirkungen stärkerer Lohn- und Preissteigerungen auf die Volkswirtschaft in Grenzen zu halten; hinzu kämen unabsehbare Probleme beim Ausgleich der Differenznen in der industriellen Lohnstruktur. Die Rückläufigen Löhne in den sogenannten Niedrig-Lohn-Branchen sind nachweislich auch auf die Fremdarbeiterbeschäftigung zurückzuführen.*
- *Eine Integrationspolitik der Gewerkschaften für den gegenwärtigen Bestand an Arbeitsmigranten bei gleichzeitigem staatlichen Zulassungsstop für weitere Ausländer am heimischen Arbeitsmarkt wäre natürlich für die Unternehmerverbände unakzeptabel. Die Zulassung neuer Ausländerkontingente am Arbeitsmarkt kann aber für die Gewerkschaft zum Gegenwärtigen Zeitpunkt nicht einmal ein Verhandlungsthema sein.*

Der Staat greift in Österreich in den Bereichen der Sozialpartnerschaft keine direkte Rolle, die Interessensverbände sind auf sich gestellt. Das kann aber auch heißen, dass sie, falls sie sich nicht einigen können, einen Konsens finden müssen. Also müssen beide Verhandlungspartner, Arbeitgeber- und Arbeitnehmerverbände, von ihren Standpunkten sich wegbewegen um einen Vertrag abschließen zu können. Wenn sie dies nicht tun können, gibt es auch keinen Abschluss und die Gegebenheiten ändern sich nicht. Womit wiederum nicht das Idealziel erreicht wäre.

Zu diesen Interessenskonflikten kommen nach Wimmer noch weitere Punkte dazu:[112]

- *Die Einbindung von Gewerkschaften in ein korporatistisches System stellt einerseits ihr mitwirkungsrecht außer Streit, erweitert damit ihr Handlungspektrum, begünstigt aber andererseits kooperative Konfliktlösüngsstrategien und schränkt den Handlungs-*

111 vgl.: Hannes Wimmer: Zur Ausländerbeschäftigung in Österreich, in Ausländische Arbeitkräfte in Österreich, Campus Verlag, Franfurt/Main 1986, S. 23

112 vgl.: Hannes Wimmer: Zur Ausländerbeschäftigung in Österreich, in Ausländische Arbeitkräfte in Österreich, Campus Verlag, Franfurt/Main 1986, S. 25-26

spielraum in einem konkreten Bargaininsprozeß ein. Überdies neigen solche Gewerkschaften dazu, die Interessen ihrer Mitglieder eher über günstige volkswirtschaftliche Zielgrößen zu sichern, als für kurzfristig vielleicht durchsetzbare, partikulare Interessen einzelner Teilorganisationen zu kämpfen. Unter den gegenwärtigen Bedingungen des internationalen Konkurrenzdrucks heißt dies, bei Strafe des Untergangs als Industriestaat unter allen Umständen die Modernisierung der Volkswirtschaft insgesamt voranzutreiben.

- *Die Folgekosten für die Modernisierung haben sicherlich nicht nur die Arbeitsmigranten zu tragen; in Form von Reallohnverlusten sind fast alle Arbeitnehmer betroffen, im besonderen die Arbeitslosen. Was Arbeitsmigranten darüber hinaus betroffen macht, sind die nur für die Ausländer geltenden rechtlichen Rahmenbedingungen: Arbeitsmigranten sind nur hinsichtlich eines bestimmten Niveaus ihres Lebensstandards bedroht, sondern wegen der Möglichkeit physischer Gewaltanwendung des Staates zum Zweck der Abschiebung in ihrer gesamten Existenz im Lande.*

Hier kommen bereiche wie Nationalstaat, territoriale Grenzen und natürlich die Unterscheidung zwischen Staatsbürgern und nicht Staatsbürgern noch dazu. Je nach Konjunkturphase kann der Unterscheidungsgrad zwischen Staatsbürgern und nicht Staatsbürgern sich einpendeln und damit die Situation der Rivalität am Arbeitsmarkt verstärken.

3.1.5.5. Das Ausländerbeschäftigungsgesetz von 1975

Für politische Entspannung zwischen den Arbeitgeber- und Arbeitnehmerverbänden sollte die Erdölkrise sorgen. Als die Betriebe eine große Zahl von ausländischen Arbeitnehmern kündigen mussten, sahen sich die Arbeitnehmerverbände bestätigt. Wegen der Krise ging man davon aus dass die im Ausland tätigen Österreicher wieder auf dem inländischen Arbeitsmarkt wieder zur Verfügung stehen würden. Diese Entwicklung war natürlich den Arbeitgeberverbänden nicht entgangen. Bei der nächsten Verhandlung des Beirats für Wirtschafts- und Sozialfragen konnten die Arbeitnehmervertreter ihre Forderungen leichter durchsetzen.

Für die Verhandlungen für das neue Ausländerbeschäftigungsgesetz waren die Weichen gestellt. Im neuen Ausländerbeschäftigungsgesetz waren die liberalen Forderungen der Arbeitgeberverbände nicht mehr vorhanden. Hannes Wimmer nimmt für sich einige Eigenschaften des neuen Gesetzes folgendermaßen:[113]

113 vgl.: Hannes Wimmer: Zur Ausländerbeschäftigung in Österreich, in Ausländische Arbeitkräfte in Österreich, Campus Verlag, Franfurt/Main 1986, S. 13 ff.

- *Obwohl es Beschlüsse zur Liberalisierung des Arbeitsmarktes gegeben hatte, kehrt das Gesetz zu einer strengen staatlichen Reglementierung des Ausländerbeschäftigung zurück; damit erhielt Österreich im internationalen Vergleich eines der restriktivsten Gesetze gegenüber arbeitsuchenden Ausländern. Arbeitsmarktpolitisch wird der Vorrang der Inländerbeschäftigung vor der Ausländerbeschäftigung verankert, d.h. die Gewerkschaften konnten sich grundsätzlich durchsetzen und bekamen die Gastarbeiterfrage wieder in den Griff. Laut § 4 Abs. 1 AuslBG ist die Beschäftigung von Ausländern nur dann zulässig, wen die Lage und Entwicklung des Arbeitsmarktes zulässt. Für die Behörden hatte dies zu bedeuten, dass nicht die arbeitmarktpolitische Situation zum Zeitpunkt der Bescheiderteilung zu berücksichtigen ist, sondern auch die Frage, ob die Beschäftigung von Ausländern in einem überschaubaren, künftigen Zeitraum zur Arbeitslosigkeit von Inländern führen könnte. – Ähnlich starke Bestimmungen wurden für die ausländischen Lehrstellenwerber festgelegt:*
- *Die restriktiven Bestimmungen des Ausländerbeschäftigungsgesetzes 1975 dürfen nicht darüber hinwegtäuschen, dass wichtige Grundentscheidungen dem politischen Ermessen überlassen bleiben. Da erstens seit dem Beginn des Ausländerbeschäftigung die Politik von den Sozialpartnern bestimmt wurde und zweitens das Gesetz selbst Ergebnis sozialpartnerschaftlicher Verhandlungen/Beratungen war, verwundert es nicht, dass das Ergebnis – bis auf wenige Ausnahmen – in den Gremien der Sozialpartner verblieb:*
- *Das Ausländerbeschäftigungsgesetz enthält an verschiedenen Stellen den bemerkenswerten Versuch, die Gesetz sicherzustellen, „dass der Ausländer nicht zu schlechteren Lohn- und Arbeitsbedingungen beschäftigt wird, als sie für die Mehrzahl der bezüglich der Leistung und Qualifikation vergleichbaren inländischen Arbeitnehmer des Betriebes gelten" (Ausländerbeschäftigungsgesetz § 8 Abs. 1). Dieser Sachverhalt war bereits 1970 Gegenstand eines Kollektivvertrags „über die Regelung einzelner Beschäftigungen ausländischer Arbeitnehmer."*

In den darauf folgenden Jahren trat das Ausländerbeschäftigungsgesetz als ein wirksames qualitatives Instrument bei der Steuerung von ausländischen Arbeitskräften. Der Sozialminister verordnete den Landesarbeitsämtern die so genannte „Landesverhältniszahlen". Diese Verordnung sollte es regeln, dass der Anteil der im Jahresdurchschnitt des Vorjahres beschäftigten Ausländer an der durchschnittlichen Gesamtzahl der unselbständig Beschäftigten im

Bereich des jeweiligen Landesarbeitsamtes, nicht überschreiten sollte. Für die Landesarbeitsämter war die Ausländerbeschäftigungspolitik ein wichtiger Teil ihrer Arbeit.[114]

Die Sozialpartner beschlossen Kontingente auf dem Niveau des jeweiligen Standes der aufrechten Beschäftigungsbewilligungen, zusätzliche Anträge mussten im Einzelfall entschieden werden.

Die soziale Problematik des Ausländerabbaus wird den politischen Verantwortlichen damals bewusst gewesen sein. Nach dem es im Bericht des Beirats für Wirtschafts- und Sozialfragen zu lesen war: „ *Von der gesetzlichen Seite her betrachtet, lässt sich demnach zusammenfassend feststellen, dass der Staat – alles in allem gesehen – eine eher die Rotation des ausländischen Arbeitnehmer begünstigende Haltung eingenommen hat.* “[115]

Für Wimmer sind die Vorteile der Rotationspolitik wie folgt:[116]

- *Kostengünstiger Einsatz des Faktors „Arbeit“ für die Unternehmungen (höhere Gewinne, Wettbewerbsvorteile, Kosten für Investitionen zur „Humanisierung der Arbeit“ sind weitgehend vermeidbar etc.);*
- *Die beschäftigten Ausländer tragen in höherem Ausmaß zum Steueraufkommen bei (Lohnsteuer, Mehrwertsteuer etc.) als sie an Steuermittel bzw. Sozialleistungen beanspruchen.*

Das Rotationsprinzip verlor im Laufe der 1970er Jahre für die Unternehmungen immer mehr an Reiz. Sie wollten die sich bewährten ausländischen Arbeitnehmer nicht mehr weiter ziehen lassen. Es blieb nur noch der Staat übrig, der an seiner Rotationspolitik weiter festhalten wollte aber nicht realisierbar war. Denn die Unternehmen hatten schon angefangen dagegen zu protestieren. Wie schon erwähnt, wollten sie ihre eingearbeitet Arbeitnehmer nicht aus der Hand geben. Ein weiterer Grund dafür war natürlich das im Laufe der 1970er Jahre immer mehr Ausländer Anspruch auf die Arbeitslosenunterstützung erworben hatten, was die Arbeitsämter dazu bewegte sie wieder zu vermitteln, statt zusätzliche Arbeitskräfte am Arbeitsmarkt zuzulassen.

114 vgl.: Hannes Wimmer: Zur Ausländerbeschäftigung in Österreich, in Ausländische Arbeitkräfte in Österreich, Campus Verlag, Franfurt/Main 1986, S. 17

115 vgl.: Hannes Wimmer: Zur Ausländerbeschäftigung in Österreich, in Ausländische Arbeitkräfte in Österreich, Campus Verlag, Franfurt/Main 1986, S. 17

116 vgl.: Hannes Wimmer: Zur Ausländerbeschäftigung in Österreich, in Ausländische Arbeitkräfte in Österreich, Campus Verlag, Franfurt/Main 1986, S. 17

3.1.6. Zuwanderung in den 1980er Jahren

Ein wesentliches Merkmal der Zuwanderung in den 1980er Jahren war, dass die Migration ins Land nicht mehr vom Staat kontrolliert oder geregelt wurde, sondern das die Zuwanderung über die Schiene des Familiennachzuges stattgefunden hat. Ein weiterer Punkt hier war das zum Familiennachzug, Freunde und Verwandten wesentlich dazu beigetragen hat, dass mehr MigrantInnen ins Land eingewandert sind.

Um die Situation zu erleichtern begann man ab 1982 sich mit dieser Problematik zu beschäftigen. Mittlerweile wuchs aber auch eine Generation heran die in Österreich auf die Welt kam und sich um eine Ausbildungsstätte bemühte.

3.1.7. Die 1980er Jahre und die Migrationskrise zwischen 1989-1993

Die Jahre zwischen 1989-1993 waren die Jahre mit der größten Zuwanderung in der zweiten Republik. Der Grund dafür war nicht die so genannte „Ostöffnung", sondern die gute konjunkturelle Lage in Österreich und in den anderen Industriestaaten. Der Fall des Eisernen Vorhangs hat sicherlich auch seinen Teil dazu beigetragen aber der Hauptgrund war die gute konjunkturelle Lage und die damit verbundene Arbeitskräfteimmigration aus der Türkei und aus Jugoslawien. Als weitere Gründe sind natürlich der Anfang des Krieges in Jugoslawien und die damit verbundenen Flüchtlingsströme zuerst aus Kroatien und danach aus Bosnien, zu erwähnen.
Die Krise im Kosovo, entstanden zwischen der albanischen und serbischen Bevölkerung, die auch in einem Krieg gemündet hat, hat schließlich ende der 1990er Jahre dafür gesorgt das weitere Flüchtlinge nach Österreich gekommen sind. Unmittelbar danach war ein vorläufiger Höhepunkt der Zuwanderung erreicht. Jetzt war es die Binnenwanderung aus der EU der Grund für die hohe Zahl der Einwanderungen nach Österreich.

Wenn wir uns die Auswanderung aus Österreich unter die Lupe nehmen werden wir beobachten können, dass im Laufe der Jahre auch viele Österreich ins Ausland immigriert sind. Die Zahl der Auswanderungen aus Österreich ist in den letzten Jahrzehnten ständig gestiegen. Um 1960 herum lebten und arbeiteten ca. 193.000 Österreicher die im Ausland. Zehn Jahre später war die Zahl auf ca. 277.000 gestiegen und bis 1990 waren sie schon bei 323.000.[117] Der letzte Stand der im Ausland lebenden Österreichern ist laut der Statistik Austria bei rund 400.700.[118] Den Einwanderungen der letzten Jahrzehnte stand wie aus diesen Zahlen zu ent-

117 vgl.: Bauer-Fraiji/Abderrahim Fraiji. Auswanderungen von Österreichern und Österreicherinnen nach 1945. Statistische Darstellung, in: Traude Horvath/Gerda Neyer (Hg.). Auswanderungen aus Österreich. Von der Mitte des 19. Jahrhunderts bis zur Gegenwart, 1996 Wien, S. 279-321

118 http://www.statistik.at/web_de/statistiken/bevoelkerung/internationale_uebersich/index.html, am 24.03.2011

nehmen ist, ein große Zahl an Auswanderungen von ÖsterreicherInnen gegenüber. Der Beitritt in die EU und die damit verbundene Personenfreizügigkeit innerhalb der Union, hat wesentlich dazu beigetragen das auch ÖsterreicherInnen sich verstärkt im Ausland niedergelassen haben.

Die Arbeitskräfteimmigration aus der Türkei bekam im Vergleich zu den ArbeitsimmigrantInnen aus Jugoslawien, in den 1980er Jahren, an Bedeutung. Die Bundesrepublik Deutschland war für die türkeistämmigen ArbeitnehmerInnen am Anfang der 1990er Jahre in erster Linie das Land wohin sie ausgewandert sind. Die Gründe dafür sind sicherlich das frühere Anwerbeabkommen zwischen der Türkei und der Bundesrepublik Deutschland und der größere Markt.

Es ist sicherlich auch von Vorteil zu erwähnen dass bei der Auswanderung aus der Türkei viele Ortschaften fast Bevölkerungslos geworden sind. Durch das Nachholen der Familien, Verwandten und Bekannten, die sich auf kleinere Ortschaften konzentriert hatte, dass es in Wien dazu gekommen es das viele aus der gleichen Ortschaft in Österreich, ansässig geworden sind.

Ab den 1990 er Jahren wurde die gesetzliche Lage umgestaltet und es wurde noch mal schwieriger nach Österreich als Arbeitskraft einzuwandern. Das Fremden- und Aufenthaltsgesetzt wurde 1992 umgestaltet, die Einreise, der Aufenthalt, die Niederlassung und die Aufenhaltsbeendigung, wurde umgeändert. Die Folge davon war, nachdem das Gesetz ab dem 1. Juli in Kraft getreten ist, dass der legale Weg zu einem Aufenthalt in Österreich viel schwieriger wurde. Das Jahr 1992 markierte einen neuen Zustrom nach Österreich, verursacht durch den Krieg im ehemaligen Jugoslawien, wurden um die 90.000 Kriegsflüchtlinge im Land aufgenommen. Diese Situation dauerte bis 1995 weiter. Wenige von ihnen konnten einen Asylantrag stellen, der größere Teil der Kriegsflüchtlinge bekamen ein vorübergehendes Aufenthaltsrecht. Nachdem sich der Kriegszustand im ehemaligen Jugoslawien sich allmählich wieder stabilisierte, gingen einige von ihnen wieder nach Bosnien zurück. Die übrigen die im Land geblieben sind wurden mit der Zeit in den Status der ausländischen Arbeitskräfte aufgenommen.[119]

3.1.8. Migrationspolitik als EU-Mitglied

Der Beitritt in die Europäische Union bedeutete für den österreichischen Arbeitsmarkt dass sich auch Bürger der Union in den inländischen Arbeitsmarkt nach belieben aufhalten können.

119 vgl.: Hans Pühretmayer: Das Passive Wahlrecht für Migranten und Migrantinnen zum Betriebsrat in der Bundesrepublik Deutschland und Österreich, eine unveröffentlichte Studie, Wien 1999, S. 13

Für die türkeistämmigen ArbeitnehmerInnen müsste der EU-Beitritt Österreichs auch bedeuten, dass sie mit den EU-Bürgern gleich gestellt wären. Das Recht darauf leitet sich aus dem, bereits erwähnten, Assoziationsabkommen der EG mit der Türkei aus dem Jahr 1963. Dieses Abkommen wurde in den darauf folgenden Jahren auch mit einigen Assoziationsratsbeschlüssen ergänzt. Demnach sollten die türkischen ArbeitnehmerInnen die gleichen Rechte in arbeits- und sozialrechtlicher Hinsicht haben wie die EU-BürgerInnen.

Für Rainer Bauböck ist das Vorgehen der österreichischen Behörden mit dem Assoziationsabkommen der EU mit der Türkei ein rechtliches Lehrstück.[120]

„Der österreichische Umgang mit dem Assoziationsabkommen kann als Lehrstück für den Versuch der Umgehung von EU-Recht durch die österreichische Bürokratie gelesen werden. Die Auswirkungen des Beitritts zur europäischen Union auf die Rechtsstellung türkischer Arbeitnehmer waren im Zuge der Beitrittskampagne kein Thema. Einigen wenigen Beamten des Verfassungsdienstes des Bundeskanzleramtes (BKA) sowie des Bundesministeriums für Äußeres waren zwar die möglichen Konsequenzen bekannt, doch bei beiden Stellen herrschte die Ansicht vor, dass das Assoziationsabkommen noch der Unterzeichnung deines Ergänzungsprotokolls bedürfe."[121]

Bei den Beitrittsverhandlungen wurde dieses Thema seitens Österreichs nicht angesprochen oder gar daran gedacht. Falls es so gewesen wäre, hätten vielleicht an einer Alternative wie z.B. Anpassungsfristen verhandelt werden können. Nach europäischer Rechtsprechung, dem EugH, sind Assoziations-, Kooperations und Europaabkommen der EWG bzw. EU und auch die Beschlüsse des Assoziationsrats Bestandteil der Gemeinschaftsrechtsordnung. Das heißt, dass diese Beschlüsse seitens der Mitgliedstaaten übernommen gehören.[122]

Es war das Bundeswirtschaftskammer das Bundesministerium für Arbeit und Soziales sowie das Bundeskanzleramt bei verschiedenen Anlässen auf das Assoziationsabkommen hingewiesen hat. Zu einem Ergebnis im Sinne des Abkommens ist es dabei nicht gekommen. Das Europasekretariat kam auf die Idee eine Expertise über das Abkommen zu erstellen. Laut dem Ergebnis der Expertise, die durch das Verfassungsdienstes des Bundeskanzleramtes durchgeführt wurde, vertraten sie die Meinung dass das Assoziationsabkommen der EWR mit der Türkei erst dann Anwendbar wäre wenn es mit einem Ergänzungsprotokoll abgeschlossen

120 siehe: Bundesgesetzblatt für die Republik Österreich, Jahrgang 1964, Ausgegeben am 23. Juli 1964, 53. Stück

121 vgl.: Rainer Bauböck, Bernhard Perchinig: Migrations- und Integrationspolitik in Österreich, http://www.okay-line.at/file/656/osterr_migr_integr_politik.pdf, am 28.02.2011, S. 17

122 vgl.: Rainer Bauböck, Bernhard Perchinig: Migrations- und Integrationspolitik in Österreich, http://www.okay-line.at/file/656/osterr_migr_integr_politik.pdf, am 28.02.2011, S. 17

ergänzt würde. Auch wenn zu diesem Zeitpunkt eine Weisung an die Bundesgeschäftsstelle des Arbeitmarkservices ergangen ist, die Angehörigen der Länder Algerien, Marokko und Tunesien, bei der Notstandshilfe mit österreichischen Staatsbürgern gleich zu stellen, weil die EU mit diesen Länder ein Kooperationsabkommen abschlossen habe. Bei dieser Haltung des Bundesministeriums für Arbeit und Soziales, die auch die gleiche Meinung wie die erstellte Expertise teilte, ist zu beobachten dass hier ein ambivalentes Verhalten auf den Tag gelegt wurde. Abkommen die die Eu mit einigen Ländern abgeschlossen hatte, haben für Österreich eine bindende Funktion und werden angewandt aber mit einem anderen Land abgeschlossen Abkommen haben keine Gültigkeit. Diese Vorgehen der österreichischen Bürokratie und Politiker zeigte ein weiteres mal wo die Präferenzen sind. Auf jeden Fall war es kein Zeichen des Willkommens, gegenüber der türkeistämmigen ArbeitnehmerInnen in Österreich. Somit ist der Integration dieser Gruppe von ArbeitnehmerInnen, die auch über das Assoziationsabkommen informiert war, kein Dienst erwiesen worden. Die Behauptung das hier eine Selektion statt fand und das Abkommen der EU mit der Türkei bewusst seitens der Behörden in Österreich verzögert wurde, wäre nicht falsch zu behaupten.

In der Folge schaute es nicht viel anders aus, die Verzögerungstaktik seitens der Behörden wurde weiter angewendet. Die Anerkennung des Assoziationsabkommens kam erst dann zu Stande als das Verwaltungsgerichtshof in einigen Entscheidungen die Anwendbarkeit des Abkommens unterstrich bzw. die Entscheidungen zu Gunsten des Abkommens fielen. Nach dem es soweit war blieb es dem Innenministerium und dem Bundesministerium für Arbeit und Soziales nichts anderes übrig diese Entscheidungen anzunehmen und zu praktizieren.[123]

Das Fremdengesetz, das Ausländerbeschäftigungsgesetz wurde 1997 einer Novellierung unterzogen. Mit der Novellierung wurde beabsichtigt die Integration der sich schon im Lande befindenden ausländischen ArbeitnehmerInnen zu erleichtern in dem die Aufenthaltssicherung der langjährig ansässigen ArbeitnehmerInnen mit ausländischen Staatsbürger gewähren wollte. Dafür wurde aber das Einwandern von neuen ausländischen ArbeitnehmerInnen wesentlich erschwert. Mit diesem neuen Fremdenrechtspaket wurde das erste Mal der Status eines „Saisoniers" eingeführt. Die Arbeit des Saisoniers war eine bestimmte Zeit beschränkt, es konnte eine Saison oder auch kürzer eingeschränkt sein. Der Saisonierarbeiter hatte aber nach Ablauf seiner Tätigkeit keine Rechte im Land zu bleiben und einen anderen Arbeitgeber zu suchen. Durch diese Beschränkung wurde beabsichtigt den Anteil der ausländischen Ar-

123 vgl.: Rainer Bauböck, Bernhard Perchinig: Migrations- und Integrationspolitik in Österreich, http://www.okay-line.at/file/656/osterr_migr_integr_politik.pdf, am 28.02.2011, S. 18

beitnehmerInnen am Arbeitsplatz nicht weiter zu erhöhen. Weiters hatte der Saisonier kein Recht auf Aufenthaltsverfestigung und auch nicht das Recht seine Familie nachzuholen. Österreich stand mit diesen Erneuerungen am Fremdenrechtspaket Europaweit nicht alleine da, in diesen Jahren wurden in einigen anderen Länder der Europäischen Union Veränderungen bei den Einreisebestimmungen die gleichen Tendenzen beobachtet. Einerseits wurden den langjährig ansässigen ausländischen ArbeitnehmerInnen die Sicherung auf den Verbleib in Österreich einigermaßen erleichtert aber auf der anderen Seite wurden weiterhin Saisoniers ins Land geholt die mehr oder weniger kein Recht auf einen weiteren Verbleib im Land hatten und auch nicht erwerben konnten. Mit der Verfestigung dem Aufenthalt für die sich schon im Land befindenden ausländischen ArbeitnehmerInnen, ist dem Begriff Integration eine neue Dimension verschafft worden. Die Österreichische Regierung konnte damit, in dem sie behaupten konnte sie tue etwas für die Integration der ausländischen ArbeitnehmerInnen, das internationale Ansehen Landes mit der Integrationspolitik verschönern. Gleichzeitig wurden aber weiterhin restriktive Maßnahmen, wie das Senken der Quote für Neuzuwanderer und die Senkung des Lebensalters bis zum vollendeten 14. Lebensjahr der Familienangehörigen. Dafür ist aber der Zugang zum Arbeitsmarkt der Familienangehörigen wesentlich erleichtert worden. Bei der Novelle des Fremdenrechtspakets 1997 wurde die Aufenthaltsverfestigung auf Stufenweise vorgesehen, die Stufen waren fünf-, acht und nach zehnjährigem Aufenthalt erreicht werden.[124]

Ein Jahr später 1998 wurde auch das Staatsbürgerschaftsgesetz einer Novellierung unterzogen. Die Deutschkenntnisse der Anwerber sollten ein bestimmtes Niveau haben um die Staatsbürgerschaft bekommen zu können. Damit setzte die Regierung ein Zeichen und war der Meinung dass der Verleih der Staatsbürgerschaft das Ende des Integrationsprozesses sei und nicht ein Mittel dazu. Die Frist bei der persönlichen und beruflichen Integration wurde hierbei um einige Jahre runtergesetzt. Eine weitere Senkung gab es beim Rechtsanspruch auf die Staatsbürgerschaft. Vorher war der Rechtsanspruch bei 30 Jahren Aufenthalt im Land, mit der Novelle wurde sie auf 15 Jahre runtergesetzt. Rainer Bauböck bezeichnet das Vorgehen Österreichs mit den Novellierungen des Fremdenrechts und des Staatsbürgerschaftsgesetzes von 1998 als *„eine auf das absolut notwendige Minimum beschränkte Anpassung an EU-rechtliche Vorgaben und Höchstgerichtsentscheidungen."*[125]

124 vgl.: Rainer Bauböck, Bernhard Perchinig: Migrations- und Integrationspolitik in Österreich, http://www.okay-line.at/file/656/osterr_migr_integr_politik.pdf, am 28.02.2011, S. 19

125 vgl.: Rainer Bauböck, Bernhard Perchinig: Migrations- und Integrationspolitik in Österreich, http://www.okay-line.at/file/656/osterr_migr_integr_politik.pdf, am 28.02.2011, S. 20

3.1.9. Die Schwarz- Blaue Regierung und Migration

Die Jahrtausendwende hat auch in Österreichischer Politik große Veränderungen mit sich gebracht. Ein Jahr nach der Novellierung des Staatsbürgerschaftsgesetzes von 1998, brach die Rot- Schwarze Koalition auseinander und es kam zu vorgezogenen Nationalratswahlen. Die Wahlen fanden zwar 1999 statt aber die Bildung der Regierung fand erst im Frühjahr 2000 statt. Den Anfang der Koalitionsverhandlungen unternahm die Stimmenstärkste Partei SPÖ mit der ÖVP aber es kam zu keiner Einigung, die Verhandlungen stockten womit der Anfang einer Wende in der österreichischen Innenpolitik eingeleitet wurde. Schließlich bildete die ÖVP gemeinsam mit der FPÖ von Jörg Haider eine Koalitionsregierung. In dieser Konstellation hatte es in der österreichischen Geschichte nicht gegeben.

Mit der neuen Koalitionsregierung kam Österreich international nicht besonders gut an, von der EU wurden Maßnahmen gegen verhängt die zu einer gewissen Isolation Österreichs führten. In der Migrations- und Integrationspolitik kam es nicht zu großen Veränderungen. Der eingeführte Weg der Rot- Schwarzen Koalitionsregierungen davor wurde im Wesentlichen übernommen. Der Vorrang war weiterhin bei der „Integration“ der bereits im Land lebenden ausländischen ArbeitnehmerInnen. Andererseits wurde in den ersten zwei Jahren der Schwarz-Blauen Koalitionsregierung, die Quote für die Zuwanderung von neuen Arbeitskräften aus dem Ausland weiter gesenkt. Im zweiten Jahr der neuen Koalitionsregierung wurde mit der Niederlassungsverordnung die Zuwanderung von Arbeitskräften auf „Schlüsselkräfte“ reduziert. Mit einem „Integrationsvertrag“[126], womit die MigrantInnen ihren Bereitwilligkeit zur Integration unter beweis stellen sollten und der Meinung der Regierung nach es das Erlernen der Deutschensprache der erste Schritt zur Integration sei, wurden die ausländischen ArbeitnehmerInnen verpflichtet die Sprache zu erlernen. Ohne Deutschkenntnisse sollte es auch keine Einbürgerungen mehr geben.

Das Ausländerbeschäftigungsrecht wurde unter der Schwarz-Blauen Regierung 2002 Novelliert und ab 2003 ist sie in Kraft getreten. Die Novellierung von 2002 brachte eine weitere Erneuerung, wie das alle Einwanderer aus Drittländer, also nicht EU-Staaten und die ab dem 1.1.1998 eingewanderten Drittstaatsangehörigen sollten einen verpflichtenden Sprach- und Integrationskurs von Stunden besuchen. Für Kinder, ältere Menschen und alle Personen die den Behörden glaubhaft machen konnten, dass sie im Besitz von guten Deutschkenntnissen sind. Wie diese Glaubhaftigkeit sein soll, nach welchen Kriterien die Beamten unterscheiden bzw. beurteilen sollen, war nicht genau definiert. Ob die BeamtInnen selber im Stande waren

126 vgl.: http://no-racism.net/rubrik/127, am 28.02.2010

Deutschkenntnisse beurteilen zu können ist natürlich ein anderes Thema. Zeitlich und Kostenmäßig hatte es natürlich Vorgaben gegeben. Im ersten Jahr der Einreise und erfolgreichem Abschluss des Kurses wurden die Kosten zur Hälfte von den MigrantInnen, wenn sie für den Abschluss des Kurses zwei Jahre brauchen sollten müssten die MigrantInnen zur Gänze die Kosten übernehmen. Falls der Kurs innerhalb von vier Jahren nicht absolviert wird, droht sogar der Verlust der Aufenthaltsgenehmigung.[127]

Eine weitere Erneuerung im neuen Fremdenrecht war die Möglichkeit der Ausweitung der Saisonierarbeit auf das ganze Jahr. Mit dieser Ausweitung war man auf die Anfänge der Ausländerbeschäftigung in die Anfänge der 1970er Jahre zurückgegangen. Was damals nicht geklappt hatte, nämlich das die ausländischen ArbeitnehmerInnen nach einer bestimmten Zeit wieder die Heimreis antreten sollten, wurde mit der neuen Regelung für die Saisonierarbeit noch mal versucht. Sie sollten kommen, arbeiten und danach wieder nach Hause fahren. Die um auch Vorzubeugen ist dieses weiterhin wie bei den Novellierungen des Ausländerbeschäftigungsgesetztes in den 1990er Jahren, das Recht auf Familienzusammenführung sowie der langfristige Aufenthalt im Land verweigert bzw. nicht zu erkannt worden.

3.1.9.1. Das Fremdenrechtspaket von 2005

Im Gegensatz zur Fremdenrechtsnovelle von 2002 brachten die neuen gesetzlichen Regelungen Veränderungen im Asylgesetz, das Fremdenpolizeigesetz und das Niederlassungs- und Aufenthaltsgesetz im Ganzen. Aus diesem Grund wird es als ein Ganzes, das Fremdenrechtspaket, bezeichnet. Die neue Gesetzeslage löste das Fremdenrechts das Fremdenpolizeigesetz, das Niederlassungs- und Aufenthaltsgesetz und das Fremdenrecht von 1997 ab. Neben vielen anderen Veränderungen wurde mit diesem Paket auch das Ausländerbeschäftigungsgesetz neukodifiziert. Außerdem wurde das Staatsbürgerschaftsgesetz in diesem Fremdenrechtspaket in einigen Punkten einer Veränderung unterzogen.[128]

Um einen Überblick zu verschaffen werde ich in diesem Kapitel auf die wesentlichen Punkte des neuen Fremdenrechtspaketes eingehen. In erster Linie geht es darum die Veränderungen, die die ausländischen Arbeitskräfte betreffende Punkte und Rechtslage näher betrachten. Mit dieser neuen Rechtslage bezüglich der eingewanderten Arbeitskräfte aus dem Ausland, wurde mit dem neuen Fremdenrechtspaket wie auch bei der Novelle von 2002 das Integrieren von den bereits im Land lebenden, versucht sie besser zu integrieren. Ob es dazu gekommen ist

---

127 vgl.: Rainer Bauböck, Bernhard Perchinig: Migrations- und Integrationspolitik in Österreich, http://www.okay-line.at/file/656/osterr_migr_integr_politik.pdf, am 28.02.2011, S. 21

128 vgl.: Sebastian Schuhmacher: Die Neuorganisation der Zuwanderung durch das Fremdenrechtspaket 2005, KMI Working Paper Series Nr. 12, Wien 2008, S. 2

und wie die Kritik seitens der Betroffenen bzw. wie sie mit der neuen Gesetzeslage zu Recht gekommen sind, ist das Thema dieses Kapitels. Um den erwähnten Überblick schaffen zu können sollten die wesentlichen Veränderungen näher betrachtet werden.

3.1.9.1.1. Aufenthaltsgenehmigungen

Das komplexe System der Aufenthaltsgenehmigungen wurde mit dem neuen Fremdenrechtspaket noch komplexer und braucht ein wenig Geduld um sich einen Überblick verschaffen zu können. Für einen ausländischen Arbeitnehmer der ersten Generation ist es sicher nicht leicht, wenn überhaupt möglich, hier einen Überblick zu bekommen. Zwar sind die Gesetzestexte eher von Juristen für Juristen geschrieben aber das System bei den Aufenthaltgenehmigungen ist für sich selber schon sehr Komplex.

Die Arten der Aufenthaltsgenehmigungen verstehen zu können ist es sicher angebracht die Aufenthaltgenehmigungen in zwei aufzuteilen. Im ersten Bereich sind die EWR-Bürgerinnen und ihre Familienangehörigen und im zweiten Bereich die Drittstaatsangehörigen zu unter ordnen.

In manchen Fällen greift das Niederlassungs- und Aufenthaltsgesetz ein, in anderen Fällen wiederum das Fremdenpolizeigesetz. Das Niederlassungs- und Aufenthaltsgesetz ist für die Erteilung, Versagung und Entziehung von Aufenthaltstitel von Fremden, die sich länger als sechs Monate in Österreich aufhalten zuständig. Falls der Aufenthalt kürzer als sechs Monate dauert, fällt in den Zuständigkeitsbereich von Fremdenpolizeigesetz. Das Fremdenpolizeigesetz ist mitunter auch für die Beschäftigungsbewilligungen unter sechs Monate auch zuständig.[129]

Hier zuerst ein Überblick über die Drittstaatsangehörigen, danach ein noch kürzere Überblick über die EWR- Staatsangehörigen. Für die Drittstaatangehörige gibt es den Aufenthaltstitel der sich in einen vorübergehenden Aufenthalt und eine Niederlassungsbewilligung auf unbestimmte Zeit in zwei teilt. Die vorübergehende Aufenthaltsbewilligung wurde für ein Jahr ausgegeben, also in erster Linie für die gedacht die sich vorläufig im Land aufhalten. Die Aufenthaltsbewilligung war quotenfrei und für folgende Zwecke bestimmt: Rotationsarbeitskraft, Schüler, Studierende, Sozialdienstleister, Künstler, Betriebsentsandter, Selbstständiger, Sonderfälle unselbstständiger Erwerbstätigkeit, Forscher, Familiengemeinschaft und Humanitäre Gründe. Die Inhaber der Aufenthaltsbewilligungen hatte die Möglichkeit unter bestimm-

129 vgl.: Sebastian Schuhmacher: Die Neuorganisation der Zuwanderung durch das Fremdenrechtspaket 2005, KMI Working Paper Series Nr. 12, Wien 2008, S. 2

ten Umständen auch eine Niederlassungsbewilligung zu beantragen, gezwungenermaßen mussten aber dabei Rücksicht auf die Quotenregelung nehmen.[130]

Die Niederlassungsbewilligung wird an Drittstaatsangehörige erteilt, die die Absicht haben sich dauerhaft in Österreich niederzulassen. Dabei ist das Nachgehen einer langfristigen Erwerbstätigkeit eine Voraussetzung und einen dauerhaften Wohnsitz nachweisen können. Beim ersten Mal ist die Niederlassungsbewilligung auf ein Jahr befristet und unterliegt der Quotenregelung. Um zu einer Niederlassungsbewilligung zu kommen ist die Voraussetzung von „Schlüsselkraft“ erfüllen. Außerdem gab es noch folgende Möglichkeiten bei der Niederlassungsbewilligung;

- „Ausgenommen Erwerbstätigkeit“, ohne Möglichkeit zu arbeiten
- „Unbeschränkt“, freier Arbeitsmarktzugang
- „Beschränkt“, bewilligungsabhängiger Arbeitsmarktzugang
- „Angehöriger“, Familienangehörige konnten sich im Land aufhalten aber hatten keinen Zugang zum Arbeitsmarkt.[131]

Nach fünf Jahren Aufenthalt in Österreich mit einer Niederlassungsbewilligung bestand die Möglichkeit auf den Aufenthaltstitel „Daueraufenthalt-EG“. Dieser Titel war das letzte Stadium der Niederlassungsbewilligung, damit hatte man die Möglichkeit auf einen unbefristeten und unbeschränkten Aufenthalt in Österreich.

Für die EWR- Bürger waren die Aufenthaltsbestimmungen nach den EU- Rechtlinien, das sich auf die Unionsbürgerrichtlinie definiert, d.h. sie haben das Recht auf Freizügigkeit innerhalb der EU- Staaten. Neu war für die EU-Ausländer das sie sich in Österreich spätestens nach drei Monaten Aufenthalt in Form von einer Anmeldebescheinigung melden mussten. Falls sie dieser Anmeldepflicht nicht nachkommen sollten sie eine Verwaltungsstrafe in der Höhe bis zu 200€ bezahlen. Nach dem Freizügigkeitsabkommen zwischen der EU und der Schweiz gelten die Freizügigkeitsbestimmungen auch für Schweizer StaatsbürgerInnen.[132]

3.1.9.1.2. Integrationsvereinbarung

Die Integrationsvereinbarung wurde schon bei der Fremdenrechtsnovelle von 2002 eingeführt und auch versucht zu praktizieren. In der Praxis war die Integrationsvereinbarung nicht so einfach durchzuführen wie es sich die Behörden vorgestellt hatten. Von vielen Seiten wurde

130 vgl.: Sebastian Schuhmacher: Die Neuorganisation der Zuwanderung durch das Fremdenrechtspaket 2005, KMI Working Paper Series Nr. 12, Wien 2008, S. 3

131 vgl.: Sebastian Schuhmacher: Die Neuorganisation der Zuwanderung durch das Fremdenrechtspaket 2005, KMI Working Paper Series Nr. 12, Wien 2008, S. 3

132 vgl.: Sebastian Schumacher: Die Neuorganisation der Zuwanderung durch das Fremdenrechtspaket 2005, KMI Working Paper Series Nr. 12, Wien 2008, S. 3

die Vereinbarung, an die der Besuch von Deutschkursen für die Antragsteller mit keinen oder wenig Deutschkenntnisse geknüpft war und damit verbundenen Maßnahmen die bis zur Ausweisung bei nicht schaffen des Kurses angedroht wurde, heftig kritisiert.

3.1.9.1.3. Inhalt der Integrationsvereinbarung

„Die Integrationsvereinbarung (IV) ist die Verpflichtung für Neuzuwanderer, einen Deutschkurs (und eventuell einen Alphabetisierungskurs) zu besuchen und eine Deutschprüfung erfolgreich zu absolvieren. Diese Verpflichtung ist bei der Erteilung oder Verlängerung eines Aufenthaltstitels dem Fremden nachweislich zur Kenntnis zu bringen.

Die Integrationsvereinbarung gliedert sich in zwei Module:

- *Modul 1 ist ein Alphabetisierungskurs im Ausmaß von 75 Stunden. Hauptaugenmerk des Moduls liegt auf dem Erwerb der Lese- und Schreibkompetenz, die Voraussetzung für die Teilnahme am Modul 2 ist.*
- *Modul 2 ist ein Deutsch-Integrationskurs, in dem neben Grundkenntnissen der deutschen Sprache Themen des Alltags mit staatsbürgerlichen Elementen und Themen zur Vermittlung der europäischen und demokratischen Grundwerte vermittelt werden sollen. Das Modul 2 umfasst 300 Stunden und endet mit einer schriftlichen Abschlussprüfung auf der Stufe A 2 des Europäischen Referenzrahmens für Sprachen des Europarats. Negativ beurteilte Prüfungen können wiederholt werden.“*[133]

Um den Kurs abschließen zu können ist ein positives Ablegen des Modul 1 notwendig, um danach mit einer Abschlussprüfung das Modul 2 zu beenden zu können. Falls die Prüfung nicht bestanden wurde ist eine Wiederholung möglich.

Bedenken und Kritik über die Integrationsvereinbarung kamen von Seiten sowohl aus der Wissenschaft als auch von der Seite der praktizierenden. In erster Linie war die Kritik über den Zwangscharakter der Maßnahmen, die eigentlich nicht den idealen Rahmen für die Spracherlernung schaffen würde. Ein weiterer Kritikpunkt war dass Trennen von Alphabetisierung und Spracherwerb. Laut der Kritiker aus dem wissenschaftlichen Bereich, ist dies ein Prozess und sollte nicht von einander getrennt behandelt werden. Weiters gab es auch über die Anzahl der Kurstunden, die zu gering seien um eine Sprache in dem erforderten Niveau erlernen zu können. Dies alles verknüpft mit einem positiven Abschluss der Prüfung, wobei viele

---

133 zitiert nach Sebastian Schumacher/ Johannes Peyrl: Fremdenrecht 2. Auflage, ÖGB-Verla, Wien 2006, S. 147

der Betroffenen solche Situationen nicht gewohnt sind, ist ein zusätzlicher Druck- und Stressfaktor für sie.[134]

Nach den Vorstellungen der Integrationsvereinbarung hatten die Verpflichteten fünf Jahre Zeit nach der Erteilung des Aufenthaltstitels, die zwei Module des Kurses positiv abzuschließen. Falls es in den ersten fünf Jahren nicht zu einem positiven Abschluss kommen sollte, konnte unter Bedacht auf persönliche Lebensumstände des Betroffenen ein Aufschub von zwei Jahren gewährt werden. Bei Bedacht auf die persönlichen Umstände können weitere male Aufschub gewährt werden.[135]

Ein heftiger Kritikpunkt waren die möglichen Sanktionen, wenn der Kurs nicht positiv abgeschlossen werden konnte. Falls der Betroffene alleine für das Versagen beim Kurs verantwortlich sein sollte. Bevor es noch zur Ausweisung aus dem Land kommen können Sanktionen wie Verwaltungsstrafe und auch die Gewährung von elementaren Rechten wie die Erlangung von unbefristeten Aufenthaltstitel oder Familiennachzug, davon abhängig gemacht werden. Darüber wie Human die möglichen Sanktionen sind lässt sich natürlich sehr viel diskutieren.[136]

Ein weiterer Punkt der für sehr viel diskussionsstoff gesorgt hatte, waren die Kosten der Deutschkurse. Die Kosten sollten grundsätzlich von den MigrantInnen selbst übernommen werden. Jedoch gab es vom Bund eine Übernahme der Kosten bis zu einem Höchstsatz von 375€ der aber 100% abdecken kann, dies aber nur dann wenn der Abschluss des ersten Modules innerhalb eines Jahres abgeschlossen werden sollte. Für das zweite Modul kommt der Bund mit einem Höchstsatz von 750€ auf, darf aber nicht den Anteil von 50% überschreiten. Dies nur dann wenn der Abschluss des Kurses innerhalb der ersten drei Jahre nach der Einreise erfolgen sollte. Wenn der Zuwanderer aber die Kurse innerhalb der vorgegeben Zeit nicht erfüllen sollten, entfällt der Beitrag des Bundes zur Gänze. Nur wurden bei der Kalkulation der Kosten seitens der Gesetzgebung Kostennfaktoren wie die Prüfungsgebühren, Kinderbetreuung und Schulungsunterlagen nicht berücksichtigt. Diese Kosten konnten einiges betragen, außerdem divergierten die Kursgebühren auch je nach Anbieter der Kurse. Für Einkommensschwache, zu denen die meisten Zuwanderer und die Frauen unter ihnen gehören, waren die Kosten der Kurse eine zusätzliche Last, da auch der Bund seinen Anteil für die Kurskos-

134 vgl.: Sebastian Schumacher/ Johannes Peyrl: Fremdenrecht 2. Auflage, ÖGB-Verla, Wien 2006, S.150
135 vgl.: Sebastian Schumacher/ Johannes Peyrl: Fremdenrecht 2. Auflage, ÖGB-Verla, Wien 2006, S.150
136 vgl.: Sebastian Schumacher/ Johannes Peyrl: Fremdenrecht 2. Auflage, ÖGB-Verla, Wien 2006, S.150

ten im Nachhinein übernahm. Eine kritische Betrachtung in diesem Punkt kam seitens der Gewerkschaften nicht zur Tage.[137]

Inanspruchnahme von Deutschkursen nach Herkunftsland

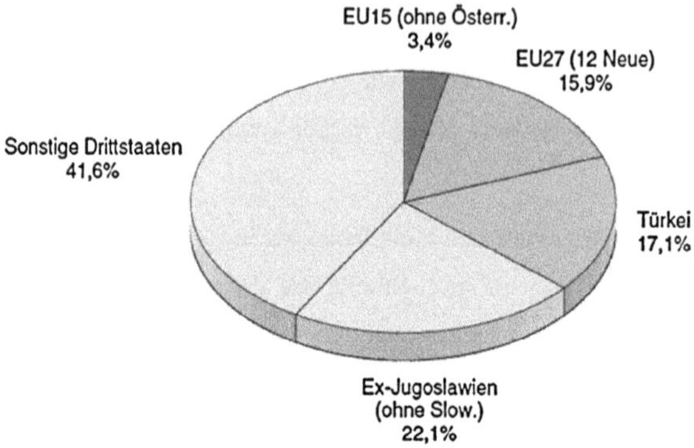

Q: STATISTIK AUSTRIA, MZ-Arbeitskräfteerhebung Ad-hoc-Modul "Arbeits- und Lebenssituation von Migrantinnen und Migranten" - 2. Quartal 2008. - Bezogen auf alle Zuwanderer, die im Alter von 15 oder mehr Jahren eingereist sind, deren Aufenthaltsdauer in Österreich kürzer als zehn Jahre ist und die Deutschkurse besucht haben.

3.1.9.1.4. Das Quotensystem

Die Quotenregelung für die Zuwanderung wurde im Niederlassungs- und Aufenthaltsgesetz (NAG) übernommen. Es sollte damit die dauerhafte Einwanderung von Drittstaatangehörigen über eine Quote geregelt und auch gesteuert werden. Die Vorgangsweise dabei ist so dass die Bundesregierung über den Vorschlag vom Bundesministers für Inneres im Einvernehmen mit dem Hauptausschuss des Nationalrats jährlich die Niederlassungsverordnung festlegt. Damit wird die Quote für das kommende Kalenderjahr aufgeteilt und nach den Bundesländern festgelegt. Bevor der Erlass verkündet wird, werden die Sozialpartner und das WIFO angehört. Über die Zahl der benötigten Niederlassungsbewilligungen können die Bundesländer konkrete Vorschläge einbringen. Die Vorschläge der Bundesländer sind für den Bundesgesetzgeber nur dann bindend wenn die Quote seitens des Bundes für die Bundesländer überschritten werden sollte. Die Unterschreitung der Quote des Bundes bedarf keine Zustimmung seitens der Bundesländer.[138]

Nach dem das Verfassungsgerichtshof (VfGH) das Quotenzuteilungssystem von Fremdengesetz 1997 für eine Verletzung des Rechtsstaatsgebot wegen mangelnder Transparenz attestier-

---

137 vgl.: Sebastian Schumacher/ Johannes Peyrl: Fremdenrecht 2. Auflage, ÖGB-Verla, Wien 2006, S.150

138 vgl.:Sebastian Schuhmacher: Die Neuorganisation der Zuwanderung durch das Fremdenrechtspaket 2005, KMI Working Paper Series Nr. 12, Wien 2008, S. 3

te, wurde das Quotensystem im Niederlassungs- und Aufenthaltsgesetz neu strukturiert. Im Niederlassungs- und Aufenthaltsgesetz ist das Quotensystem so geregelt, dass *„Anträge auf Erteilung einer quotenpflichtigen Niederlassungsbewilligung streng nach dem Zeitpunkt ihres Einlangens gereiht in ein vom Landeshauptmann des jeweiligen Bundeslandes geführter Register einzutragen sind. Erfüllt ein Antrag sämtliche Erteilungsvoraussetzungen und steht ein offener Quotenplatz zur Verfügung, kann eine Niederlassungsbewilligung erteilt werden. Wurden alle Quotenplätze rechtskräftig zugeteilt, werden die Anträge, die nicht zum Zug gekommen sind, zurückgewiesen (und sind im nächsten Kalenderjahr nochmals neu zu stellen). Eine Ausnahme gilt hier für Anträge auf Familiennachzug: Anträge werden auch bei einer ausgeschöpften Quote nicht zurückgewiesen, sondern so lange aufgeschoben, bis ein Quotenplatz vorhanden ist. Nach dreijähriger Wartezeit erlischt die Quotepflicht und der Familiennachzug wird quotenfrei genehmigt."*[139]

Das Quotensystem ist auch nach seiner Reform noch immer nicht transparent genug und auch weiterhin unübersichtlich. Für einen Betroffenen der vom Amt den Bescheid bekommt dass die Quote schon erschöpft sei, ist es nicht nachvollziehbar bzw. nicht durch zu blicken.

Seitens Fremdenrechtsexperten wird auch das neue Quotensystem mit der gleichen Begründung kritisiert. Sebastian Schuhmacher bezeichnet das neue Quotensystem als *schwerfällig* und *wenig transparent*[140]. Er begründet es damit, falls ein Antrag, z.B. wegen fehlender Unterhaltungsmittel, abgewiesen wird, und dieser Bescheid seitens des Antragstellers angefochten wird, dann muss für diesen Antrag aus dem Kontingent des Antragjahres solange freigehalten werden, bis ein rechtskräftiges Urteil ausgesprochen wird. Da die Rechtsmittelverfahren auch über Jahre hindurch dauern können, wird dieser Quotenplatz in dieser Zeit auch freigehalten werden. Somit verzögert sich die Füllung für ein Kalenderjahr vorgesehene Quote. Aus diesem Grund ist es sicher nicht von vornhinein zu definiert wann ein Antrag einen Platz finden wird, kann im Antragsjahr sein aber auch in den Jahren danach. Von den zuständigen Aufenthaltsbehörden wurde zum Stichtag 30.6.2006 mitgeteilt dass bei Familiennachzügen 2.024 Anträge keinen Platz in der Niederlassungsverordnung (NLV) für 2006 finden würden.[141] Im gleichen Jahr wurde zum Jahresende 2006 seitens der Behörden vermeldet dass in keinem der neun Bundesländer die Familiennachzugsquote vollständig ausgeschöpft

139 vgl.: Sebastian Schuhmacher: Die Neuorganisation der Zuwanderung durch das Fremdenrechtspaket 2005, KMI Working Paper Series Nr. 12, Wien 2008, S.3

140 vgl.: Sebastian Schuhmacher: Die Neuorganisation der Zuwanderung durch das Fremdenrechtspaket 2005, KMI Working Paper Series Nr. 12, Wien 2008, S. 7

141 vgl.: Gudrun Biffl/Bock-Schappelwein in Sebastian Schuhmacher: Die Neuorganisation der Zuwanderung durch das Fremdenrechtspaket 2005, KMI Working Paper Series Nr. 12, Wien 2008, S. 7

wurde und es standen für das gleiche Jahr auch Österreichweit 904 freie Plätze noch zur Verfügung. Bei näherer Betrachtung dieser Zahlen die seitens der zuständigen Behörden verkündet wurden, ist die Kritik seitens der Fremdenrechtsexperten angebracht.[142]

Um das Fremdenrechtspaket von 2005 abzurunden, währe es angebracht auch das Humanitäre Aufenthaltsrecht und die Regelung darüber näher anzuschauen. Das Humanitäre Bleiberecht kann dann zur Geltung kommen wenn die allgemeinen Erteilungsvoraussetzungen nicht erfüllt werden können bzw. alle Möglichkeiten dafür schon ausgeschöpft wurden. In diesem Fall kann in besonders berücksichtigungswürdigen Fällen ein Aufenthaltstitel aus humanitären Gründen erteilt werden, dieser Aufenthaltstitel wird demnach als humanitäre Aufenthaltsbewilligung oder als humanitäre Niederlassungsbewilligung, definiert. Das humanitäre Aufenthaltsrecht kann nur von Amts wegen erteilt wird und ist vom Innenminister und seiner Zustimmung abhängig. Die allgemeinen Berücksichtigungsgründe sind im Gesetzestext nicht genau geregelt, es gibt nur ansatzweise Regelung; Kriegsflüchtlinge, Opfer von Menschenhandel und Personen die aus Gründen des Non-Refoulement-Schutzes nicht abgeschoben werden dürfen. Das Verfassungsgerichtshof in seinem Erkenntnis B 328/07 vom 29.9.2007 unter Bezugnahme auf die Rechtssprechung des Europäischen Menschenrechtskonvention, versucht die Bedingungen für ein Bleiberecht zu konkretisieren. *„Die Aufenthaltsdauer (ohne fixe zeitliche Grenzen), das tatsächliche Bestehen eines Familienlebens und dessen Intensität, der Grad der Integration des Fremden, der sich in intensiven Bindungen zur Verwandten und Freunden, der Selbsterhaltungsfähigkeit, der Schul- und Berufsausbildung, der Teilnahme am sozialen Leben sowie der Beschäftigung manifestiert, die strafrechtliche Unbescholtenheit, die Bindung zum Heimatstaat, die Erfordernisse der öffentlichen Ordnung und auch die Frage, ob das Privat- und Familienleben in Österreich zu einem Zeitpunkt entstanden ist, in dem sich die Betroffenen ihres unsicheren Aufenthalt bewusst waren."*[143]

3.1.9.1.5. Arbeitskräftemigration nach dem Fremdenrechtspaket 2005

Wie bereits Kapitel über die Fremdenrechtsnovelle von 2002 erwähnt wurde, ist die Zuwanderung von Arbeitskräften im Wesentlichen auf Schlüsselkräfte begrenzt. Es ist seit einigen Jahren nicht mehr möglich als Arbeitskraft mit der Absicht in Österreich sich einen Arbeitsplatz zu suchen und sich im Land nieder zulassen. Um dieser Möglichkeit vorzubeugen wurde

142 vgl.: Sebastian Schuhmacher: Die Neuorganisation der Zuwanderung durch das Fremdenrechtspaket 2005, KMI Working Paper Series Nr. 12, Wien 2008, S. 7

143 vgl.: Sebastian Schuhmacher: Die Neuorganisation der Zuwanderung durch das Fremdenrechtspaket 2005, KMI Working Paper Series Nr. 12, Wien 2008, S. 9

die Einreise von Arbeitskräften nur für Personen zugelassen die der Kategorie „Schlüsselkraft" zu zuordnen sind.

Nach dem Ausländerbeschäftigungsgesetzt sind Schlüsselkräfte, „*Ausländer die über eine besondere, am inländischen Arbeitsmarkt Ausbildung oder über spezielle Kenntnisse und Fertigkeiten mit entsprechender beruflicher Erfahrung verfügen und für die beabsichtigte Beschäftigung eine monatliche Bruttoentlohnung erhalten.....zuzüglich der Sonderzahlungen zu betragen hat.*"[144] Die Höhe der Bruttoentlohnung betrug für das Jahr min. 2.358€[145], in diesem Betrag sind keine Sonderzahlung enthalten, die bei vielen ArbeitnehmerInnen einen wesentlichen Beitrag zum Gehalt bilden können. Falls die Bedingungen erfüllt waren, musste noch eines der unten angegebenen Voraussetzungen erfüllte werden.

- *Die beabsichtigte Beschäftigung hat eine besondere, über das betriebsbezogene Interesse hinausgehende Bedeutung für die betroffene Region oder den betroffenen Teilarbeitsmarkt.*
- *Die beabsichtigte Beschäftigung trägt zur Schaffung neuer Arbeitsplätze oder zur Sicherung bestehender Arbeitsplätze bei.*
- *Die ausländische Arbeitskraft übt einen maßgeblichen Einfluss auf die Führung des Betriebes (Führungskraft) aus.*
- *Die beabsichtigte Beschäftigung hat einen Transfer von Investitionskapital nach Österreich zu Folge.*
- *Die ausländische Arbeitskraft verfügt über einen Abschluss einer Hochschul- oder Fachhochschulausbildung oder einer sonstigen besonders anerkannten Ausbildung.*"[146]

Der Riegel für die Arbeitskräftezuwanderung wie in der zweiten Hälfte des 20. Jahrhundert war damit endgültig geworden. Diese Bedingungen waren für einen zuwanderungswilligen Arbeitskraft wie im vorigen Jahrhundert einfach nicht zu erfüllen. Die Absicht die Einwanderung von „einfachen" Arbeitskräften zu stoppen und nur auf einen bestimmten Bereich von Personengruppen einzuschränken war damit untermauert worden.

---

144 vgl.: Werner Doralt: Arbeitsrechtkodex, AuslBG §2 (5), 31. Auflage Linde Verlag- Wien, S. 220

145 vgl.: Sebastian Schuhmacher: Die Neuorganisation der Zuwanderung durch das Fremdenrechtspaket 2005, KMI Working Paper Series Nr. 12, Wien 2008, S. 10

146 zitiert nach Sebastian Schuhmacher: Die Neuorganisation der Zuwanderung durch das Fremdenrechtspaket 2005, KMI Working Paper Series Nr. 12, Wien 2008, S. 11

3.1.9.1.6. Neuregelungen im Familiennachzug

Ein anderer Punkt, des Fremdenrechtspaketes von 2005, der für uns von großer Bedeutung ist, ist der Familiennachzug. Der Familiennachzug war seit dem Ende 1990er Jahren eine der wenigen Möglichkeiten nach Österreich einzureisen. Wie schon vom Namen zu verstehen ist, geht es hier um Nachzug von Familienmitgliedern.

Der Familiennachzug ist in den letzten Jahrzehnten zum wichtigsten Punkt bei der dauerhaften Zuwanderung von Drittstaatangehörigen geworden. Eine andere Möglichkeit, außer der Möglichkeit auf den Antrag auf Asyl, gab es mittlerweile nicht mehr. Für Drittstaatsangehörige, Staatsbürger von nicht EWR/EU- Staaten gibt es keine Möglichkeit mehr sich in Österreich niederzulassen, geschweige einer geregelten Arbeit nachzugehen.

In diesem Fremdenrechtspaket war der wesentliche Grund für die Neuregelungen beim Familiennachzug, sicherlich die Umsetzung der EU- Rechtlinien, Recht auf Familiennachzug. Einen anderen Nebeneffekt den man sich dabei erhofft hatte bzw. der eingeplant war, war die Reduktion des Familiennachzuges von Angehörigen von österreichischen Staatsbürgern.

Die Einbürgerungen hatten in den letzten Jahren einen Rekordhoch erreicht. Ab der zweiten Hälfte der 1990er Jahre stiegen die Einbürgerungen in Österreich ständig an. Die Zahl der eingebürgerten Personen lag 1997 bei 16.000, 1999 lag die Zahl schon bei rund 25.000 Personen. Einen vorübergehenden Rekordhoch wurde 2003 mit rund 45.000 Menschen, erreicht.[147]

Nach dem die Zahl der Einbürgerungen in den Jahren vor dem neuen Fremdenrechtspakets angestiegen sind, war die Grundüberlegung des Gesetzgebers nachzuvollziehen. Je mehr Menschen mit ausländischen Wurzeln eingebürgert wurden, desto mehr Ansturm auf Familiennachzug würde es geben die nicht einer Quote unterliegen. Der Familiennachzug von Drittstaatangehörigen ist wie auch schon oben erwähnt Quotenpflichtig. Falls aber in der zwischen Zeit die österreichische Staatsbürgerschaft beantragt wurde und man sie auch erhalten hatte, fiel man aus dieser Quote raus.

Nach dem Gesetzgeber sind Familienangehörige; Ehegattinnen, unverheiratete minderjährige Kinder, einschließlich Stief- und Adoptivkinder, also die Kernfamilie. Da Zwangsehen in einigen Zuwanderergruppen doch noch vorkommen wollte man dem zuvorkommen in dem der Gesetzgeber das Alter der EhegattInnen auf das vollendete 18. Lebensjahr anhob. Für

147 vgl.: Statistik Austria: http://www.statistik.at/web_de/statistiken/bevoelkerung/einbuergerungen/index.html, am 18.03.2011

Kinder war es ausreichend wenn sie zum Zeitpunkt der Zuwanderung noch minderjährig sind.[148]

Eine wesentliche Verbesserung brachte das neu Fremdenrechtspaket im Bereich der Familienzusammenführung und den Zugang zum Arbeitsmarkt. In diesem Punkt war die Umsetzung des RL 2003/86/EG der freie Zugang in den Arbeitsmarkt ein wesentlicher Grund für die nachziehenden Familienangehörigen. Nach Artikel 14[149] des RL 2003/86/EG, genießt der Angehörige auch einen freien Zugang auf den Arbeitsmarkt sobald der Zusammenführende auch einen freien Zugang hat, was aber in der Regel der Fall ist. Im Niederlassungs- und Aufenthaltsgesetz (NAG) ist die EU- Richtlinie mit einer kleinen Veränderung rein genommen worden; der unbeschränkte Zugang zum Arbeitsmarkt ist laut der EU- Richtlinie gleich möglich. Es räumt aber den Nationalstaat die Möglichkeit ein eine Frist ein die maximal ein Jahr betragen kann. Die Möglichkeit zu einer Frist ist seitens der österreichischen Bundesgesetzgebung zur Gänze ausgeschöpft worden.

Die Möglichkeit auf freien Zugang auf den Arbeitsmarkt, für die zusammen geführten Familienangehörigen ist sicherlich eine sehr positive Entwicklung. Vor der Fremdenrechtsnovelle von 2002 mussten die zugewanderten Familienangehörigen bis zu acht Jahre und nach der Novelle von 2002 bis zu vier Jahre warten damit sie den freien Zugang zum Arbeitsmarkt erhalten konnten.[150]

3.2. Ausländische Bevölkerung in Österreich

In diesem Kapitel geht es um die demographische Lage in Österreich seit dem Beginn der Arbeitsimmigration. Den Beginn dieses Teiles markiert das Jahr 1961, genau Zahlen über die ausländischen ArbeitnehmerInnen sind vor diesem Datum nicht sehr ergiebig, außerdem sind die Jahre davor für diese Arbeit nicht von Bedeutung.

148 vgl.: Sebastian Schuhmacher: Die Neuorganisation der Zuwanderung durch das Fremdenrechtspaket 2005, KMI Working Paper Series Nr. 12, Wien 2008, S. 14

149 vgl.: http://www.aufenthaltstitel.de/rl_2003_86_eg.html, am 18.03.11

150 vgl.: Sebastian Schuhmacher: Die Neuorganisation der Zuwanderung durch das Fremdenrechtspaket 2005, KMI Working Paper Series Nr. 12, Wien 2008, S. 14

Im Ausland geborene Bevölkerung nach Einreisejahr und Geburtsland

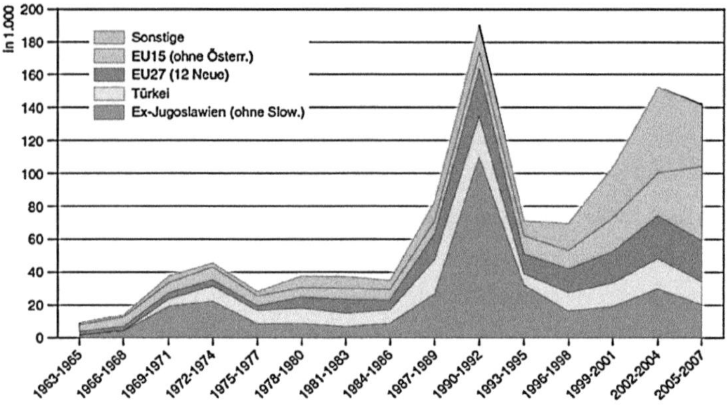

Q: STATISTIK AUSTRIA, MZ-Arbeitskräfteerhebung 2. Quartal 2008.

In unserem Ausgangsjahr 1961 war die Bevölkerungszahl Österreichs bei 6.971.648, davon waren 1,4%, 102.200, ausländische Staatsbürger. Die größte Gruppe stellten bundesdeutsche Staatsbürger mit 42,3 %. Die Gruppe der türkeistämmigen spielte in diesem Jahr noch keine besondere Rolle, ihre Anzahl lag bei 217 ArbeitnehmerInnen. Die Frauen spielten in dieser Zeit kaum eine Rolle, da es hauptsächliche männliche Arbeitnehmer nach Österreich gekommen waren.[151]

3.2.1. 1961-1971

Zehn Jahre später 1971 hatte sich der Anteil der ausländischen Staatsbürger in Österreich schon verdoppelt, auf 2,8%. In Zahlen waren es 211.900. Die 1970er Jahre waren die Jahre in denen sich der Anteil und die Demographie der ausländischen Bevölkerung in Österreich, anfing zu verändern. Gruppen wie die Türkei und Jugoslawienstämmigen waren keine Randerscheinung mehr, ihre Anzahl stieg an. Die türkeistämmigen ArbeitnehmerInnen zählten zehn Jahre Vorher noch genau 217 Personen, jetzt im Jahr 1971 war ihre Zahl auf 16.423 angestiegen. Bei dieser Veränderung bzw. Anstieg spielte natürlich das Anwerbeabkommen mit der Türkei eine große Rolle. Der jugoslawische Anteil an der Bevölkerung Österreichs ist in diesem Zeitraum ebenfalls sehr gestiegen. Um mehr als das zwanzig fache auf 93.337. Auch hier ist anzumerken das durch die Anwerbeabkommen dazu viel beigetragen wurde. Außerdem kamen in diesem Zeitraum auch sehr viele als Touristen ins Land und begannen zu Ar-

151 vgl.: Statistisches Zentralamt in Gudrun Biffl: Der Strukturwandel der Ausländerbeschäftigung in Österreich, Ausländische Arbeitskräfte in Österreich, Hannes Wimmer (Hg.), Campus Verlag, Frankfurt/Main 1986, S. 35

beiten nach dem sie eine Arbeit gefunden hatte. Die Gruppe der Deutschen hatte eine sehr geringe Anzahl dazu bekommen. Mittlerweile wandelte sich der Arbeitskräfteimmigration in die Staaten Jugoslawien und die Türkei. [152]

Im Vergleich zu einigen anderen Ländern in Westeuropa ist dieser Anteil viel weniger. Zwar ist die Lage mit diesen Länder nicht direkt zu vergleich, da sie andere historische Gegebenheiten vorweisen als Österreich.

Die Schweiz war damals einer der Länder die mit 16,6% einen der höchsten Anteile ausländischer Bevölkerung im Land vorwiesen. Länder wie die Bundesrepublik Deutschland 5,6%, Belgien 8,0% und Frankreich 6,5% folgten dahinter. Auch wenn der Anteil der Frauen zu dieser Zeit in der Gesamtbevölkerung der ausländischen ArbeitnehmerInnen gesteigert hatte, ist zu dieser in wesentliches Merkmal dieser Zeit, ist der geringe Anteil der Frauen bei den ausländischen ArbeitnehmerInnen. Der Grund dafür ist sicherlich das in den 1960er Jahren hauptsächlich männliche- und junge ArbeitnehmerInnen angeworben wurden. Der Anteil der erwerbstätigen Frauen dem entsprechent auch sehr gering. Andersrum betrachten ist der Anteil der erwerbstätigen Männer bei der ausländischen Bevölkerung sehr hoch und liegt weit über dem Durchschnitt der Österreicher. Auffallend ist auch das der Anteil der Frauen bei der türkeistämmigen Gruppe, mit 13%, viel niedriger ist als bei den Jugoslawen, 37%. In diesem Zeitraum war der Anteil der Frauen unter den Beschäftigten Bevölkerung aus der Türkei bei 21,3%. Bei den Jugoslawen ist die Quote ein wenig anders. Hier betrug der Beschäftigungsanteil der Frauen 1964 26%, zehn Jahre später stieg sie auf 32,6%. Der Frauenanteil in der gesamten Wirtschaft lag zu dieser Zeit bei 37,9%, damit blieb der Anteil der beiden eingewanderten Gruppen um einiges unter dem Gesamtdurchschnitt.[153]

Wenn wir uns im Jahr der Volkszählung 1971 die Erwerbstätigkeit und die Quoten dazu anschauen, ist es festzustellen das hier sehr große unterschiede zu der inländischen Bevölkerung vorliegen. Die Erwerbsbeteilung liegt bei der ausländischen Bevölkerung bei 65%, im Vergleich dazu ist es bei den Inländern rund 41,3%. Wie auch schon oben begründet ist der Anteil der Familien bei der ausländischen Bevölkerung viel weniger als bei den Österreichern, damit durfte der Unterschied auch begründet sein. Wenn wir uns wieder die zwei Gruppen der Türkei und Jugoslawienstämmigen anschauen, können wir auch hier Unterschiede feststellen. Die Männer aus der Türkei weisen den höchsten Anteil an Erwerbsquote auf gefolgt von den

152 vgl.: Gudrun Biffl: Der Strukturwandel der Ausländerbeschäftigung in Österreich, Ausländische Arbeitskräfte in Österreich, Hannes Wimmer (Hg.), Campus Verlag, Frankfurt/Main 1986, S. 35

153 vgl.: Gudrun Biffl: Der Strukturwandel der Ausländerbeschäftigung in Österreich, Ausländische Arbeitskräfte in Österreich, Hannes Wimmer (Hg.), Campus Verlag,Frankfurt/Main 1986, S. 38

Jugoslawen mit 91%. Die Deutschen, 52% weisen eine ähnliche Quote wie die Österreicher auf 53%. Die Frauen aus Jugoslawien, 80%, hatte die höchste Quote beim Erwerb. Im Vergleich dazu war die Quote bei den Frauen aus der Türkei mit 56% am niedrigsten. Die Erwerbsquote bei der inländischen Bevölkerung bei 30,8%. Der Unterschied hier ist durch die Altersstruktur zu begründen. Da die ausländischen Frauen in jungen Jahren einwanderten um zu arbeiten, lässt sich der Unterschied von selbst erklären.[154]

3.2.2. 1971-1981

Die Phase von 1971- 1981 war geprägt von Familiennachzug der ausländischen ArbeitnehmerInnen. Am Anfang der Welle der Arbeitsmigration in den 1960er Jahren war der Zuzug der ArbeitsimmigrantInnen fast nur männlich und alleine ohne Familien. Diese Phase des Immigrierens ohne Familien ging bis in die Mitte der 1970er Jahre weiter. Durch die Veränderungen in Österreich und des langsamen Bewusstseins, dass die Migration nach Österreich doch nicht für einige Jahre war und sie doch länger in Österreich bleiben werden, fingen die ausländischen ArbeiterInnen an ihre Familien nachzuholen. Das wirkte sich bei der Bevölkerungszählung von 1981 auch auf die Zahlen so aus.

Die größte Gruppe waren weiterhin die ArbeitnehmerInnen aus Jugoslawien. Bereits 1971 hatten sie die Deutschen vom ersten Platzt verdrängt. Die türkeistämmigen ArbeitnehmerInnen hatten einen rasanten Zuwachs und waren mittlerweile die zweitgrößte Gruppe geworden. Die Deutschen die 1961 die größte Gruppe waren, wurden in diesem Zeitraum sogar weniger und blieben als die drittgrößte Gruppe. Der Anteil der ausländischen Bevölkerung ist auf 291.448 geklettert und die Bevölkerung wuchs insgesamt auf 7.263.890. Der Anteil der Frauen bei der ausländischen Bevölkerung bei 44,4%, bei den Österreichern bei 53%. Dies damit zu erklären das die ausländische Bevölkerung ihre Familien nach geholt haben. Das war natürlich auch ein Grund dafür dass die Erwerbsquote bei der ausländischen Bevölkerung gesunken ist. Während die Quote zehn Jahre vorher bei 65% lag, war sie 1981 nur noch 57%.[155]

3.2.3. Demographische Struktur der ArbeitsmigrantInnen bis 1990

3.2.3.1. Geschlechteranteile

In der türkeistämmigen Arbeitnehmergruppe ist der Anteil der Männer bis 1971 um vieles höher gewesen als der Anteil der Frauen. In den Anfängen der Arbeitsmigration aus der Türkei spielten Frauen kaum eine Rolle. Männer hatten einen Anteil von 87,3% und Frauen nur

154 vgl.: Gudrun Biffl: Der Strukturwandel der Ausländerbeschäftigung in Österreich, Ausländische Arbeitskräfte in Österreich, Hannes Wimmer (Hg.), Campus Verlag, Frankfurt/Main 1986, S. 38

155 vgl.: Gudrun Biffl: Der Strukturwandel der Ausländerbeschäftigung in Österreich, Ausländische Arbeitskräfte in Österreich, Hannes Wimmer (Hg.), Campus Verlag, Frankfurt/Main 1986, S. 37

von 12,7%. Damit uns diese Zahlen etwas sagen können, ist es angebracht die ArbeitnehmerInnen aus Jugoslawien unter die Lupe zu nehmen. Im gleichen Zeitraum war der Anteil der Frauen in dieser Gruppe 36,9% und die der Männer lag bei 63,1%. Veränderungen sehen wir Zehn Jahre später in beiden Gruppen. Unter den Türkeistämmigen war der Anteil der Frauen auf 40% gestiegen und bei den Jugoslawen war der Anteil 44,8%. Der Grund für den großen Sprung unter den Türkeistämmigen ist damit zu begründen dass in den vergangenen Zehn Jahren die Familienzusammenführung im hohen Maße statt gefunden hatte. Männer die ohne ihre Frauen ins Land eingereist waren um hier zu Arbeiten haben ihre Familien nachgeholt, was dazu führte das der Anteil der Frauen sehr gestiegen ist.[156]

3.2.3.2. Altersstruktur

Bei der Volkszählung von 1981 ist ersichtlich geworden das die Altersstruktur der ausländischen ArbeitnehmerInnen und deren Wohnbevölkerung in Österreich, sich langsam der inländischen Bevölkerung ähnlich geworden ist. Die Wohnbevölkerungen aus der Türkei und Jugoslawien haben im Altersaufbau ähnlich Strukturen. Beide Gruppen sind in den Altersgruppen 25-29 und 30-34 sehr stark vertreten. Nach oben und in der Alterspyramide sind die Altersgruppen nicht mehr so stark vertreten. Im Pensionsalter kommen beide Bevölkerungsgruppen kaum mehr vor. Der Grund dafür könnte sein das 1981 die Anfänge Arbeitsmigration noch nicht so lange her war, weil sie in jüngeren Jahren eingewandert waren, und deshalb noch nicht in ein Pensionsalter kommen konnten. Bei der türkeistämmigen Bevölkerung ist der Anteil der 0-4 Jährigen im Steigen. Hierfür kann eine Erklärung in der Familienzusammenführung liegen. Die Anzahl der Jugendlichen ist bei beiden Bevölkerungsgruppen im Vergleich zur Volkszählung deutlich gestiegen, was auch mit der Familienzusammenführung auch erklär bar wäre.[157]

156 vgl.: Gudrun Biffl: Der Strukturwandel der Ausländerbeschäftigung in Österreich, Ausländische Arbeitskräfte in Österreich, Hannes Wimmer (Hg.), Campus Verlag, Frankfurt/Main 1986, S. 37

157 vgl.: Gudrun Biffl: Der Strukturwandel der Ausländerbeschäftigung in Österreich, Ausländische Arbeitskräfte in Österreich, Hannes Wimmer (Hg.), Campus Verlag, Frankfurt/Main 1986, S. 198

Personen mit Migrationshintergrund nach Erster und Zweiter Generation und Altersgruppen

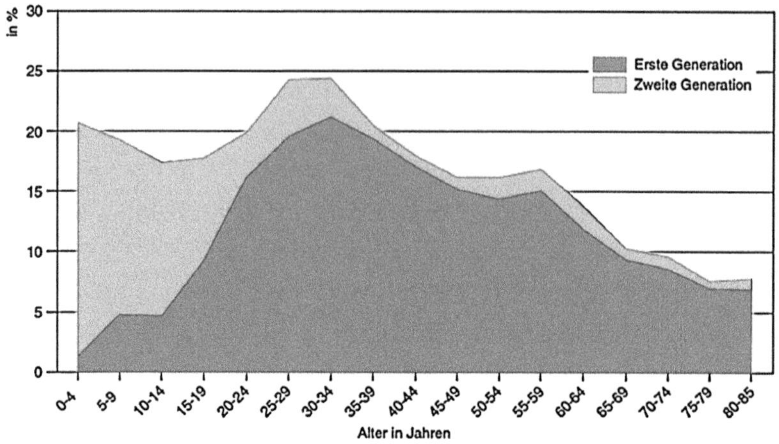

Q: STATISTIK AUSTRIA, MZ-Arbeitskräfteerhebung 2. Quartal 2008. - Von Personen mit Migrationshintergrund wurden beide Elternteile im Ausland geboren. Angehörige der ersten Generation wurden selbst im Ausland geboren, Personen der zweiten Generation sind in Österreich zur Welt gekommen.

Laut den Erhebungen der Statistik Austria aus dem Jahr 2008 ist der Anteil der älteren Generation bei den ImmigrantInnen knapp über 5%. Wenn wir uns das andere Ende in der Alterspyramide Anschauen, ist es nicht zu übersehen dass die unter 40 jährigen einen größeren Anteil haben. Allgemein ist hier anzumerken dass die Bevölkerung mit Immigrationshintergrund eine sehr junge Population ist.

3.2.3.3. Erwerbsbeteiligung

Dem Charakter der Arbeitsmigration entsprechend ist die Erwerbsbeteilung in den Anfängen der Zuwanderung nach Österreich. Der Anwerbeprozess begann mit dem Anwerben von jungen und gesunden ArbeitnehmerInnen aus der Türkei und Jugoslawien. Die ArbeitnehmerInnen aus beiden Ländern am Anfang der Migration nach Österreich eher Männlich und waren auch zum Arbeiten im Land. Diese Tatsache ist wesentlicher Grund wieso die Erwerbsbeteiligung unter diesen Gruppen höher ist als der von den InländerInnen.

Diese Arbeit bezieht sich in erster Linie auf die türkeistämmigen ArbeitnehmerInnen in Österreich. Aus diesem Grund ist es wichtig zu erwähnen dass bei meisten Statistiken nur diese Gruppe von ArbeitnehmerInnen erwähnt werden, aber bei einigen Statistiken sowohl die inländische Gruppe von ArbeitnehmerInnen und sogar die Gruppe der Jugoslawischen ArbeitnehmerInnen vorkommen. Das erwähnen der Österreicher ist notwendig um irgendeinen Bezug oder Vergleich darstellen zu können. Die jugoslawische Gruppe in Österreich kommt aus dem Grund vor um sowohl mit den InländerInnen und auch mit anderen zugewanderten Gruppen zu Vergleichen und um einen Bezug herstellen zu können.

Die Erwerbsbeteiligung bei der türkeistämmigen Gruppe betrug 1981, 51,6%, Zehn Jahre vorher lag sie aber noch 89,4% Die Erwerbsquote ist in dieser Gruppe um rund 30% gesunken. Ein wichtiger Grund dafür ist dass 1971 die Männer den Großteil in dieser Gruppe bildeten. Sie waren alle nach Österreich eingereist um hier zu arbeiten, in kürzester Zeit Geld zu sparen um dann wieder nach Hause zu fahren. Der Anteil der Frauen zu diesem Zeitpunkt war noch sehr gering und die Erwerbsquote war auch dem entsprechend auch hoch. Im Laufe der 1970er ist der Familienzuzug besonders in dieser Gruppe sehr stark angestiegen. Vormals als Single eingereiste Türken hatte mittlerweile grossteil ihre Familien nach geholt. Bei der Volkszählung von 1981 war dieser Anteil ersichtlich und hat sich in der Erwerbsquote niedergeschlagen. [158]

Der Grund für den geringen Anteil der Frauen im Arbeitsleben in dieser Bevölkerungsgruppe ist in der Mentalität und in der Kultur zu suchen. In den ländlichen Gebieten der Türkei ist es nach wie vor verpönt die Frauen arbeiten zu schicken. Für einen Mann gehört es sich nicht dass seine Frau arbeiten geht. Im klassischen Sinne ist der Mann der für die Familie sorgt und die Frau ist zu Hause und sorgt für die Kinder und für den Haushalt. Da der Großteil der Türkeistämmigen aus ländlichen Gebieten kommt ist das Sinken der Erwerbsquote in dieser Gruppe nicht verwunderlich.

Die Erwerbsquote ist bei der jugoslawischen Gruppe in diesen Zehn ebenfalls gesungen aber nicht so stark wie bei den Türkeistämmigen. Bei der Volkszählung von 1971 lag die Erwerbsquote bei 87,3% und Zehn Jahre später ist sie auf 72,8% gefallen. Der Grund dafür liegt sicher auch bei der Familienzusammenführung. Im Vergleich dazu lag die Erwerbsquote bei den Inländer 1971 bei 41,1% und 1981 bei 44,7%. Bei den Inländern ist die Erwerbsquote gestiegen, was mit dem Einsteigen der Frauen in den Berufsleben zu begründen ist.[159]

158 vgl.: Gudrun Biffl: Der Strukturwandel der Ausländerbeschäftigung in Österreich, Ausländische Arbeitskräfte in Österreich, Hannes Wimmer (Hg.), Campus Verlag, Frankfurt/Main 1986, S. 203

159 vgl.: Gudrun Biffl: Der Strukturwandel der Ausländerbeschäftigung in Österreich, Ausländische Arbeitskräfte in Österreich, Hannes Wimmer (Hg.), Campus Verlag, Frankfurt/Main 1986, S. 204

3.2.3.4. Familienstrukturen

Der Grundgedanke bei der Anwerbung von Arbeitskräften aus Jugoslawien und der Türkei ruhte auf dem Rotationsprinzip. Damit wollten die österreichischen Unternehmen und auch die Anwerbung kontrollierenden Behörden, an erster Linie die Bundeswirtschaftskammer und die Aussenhandelsstellen in Belgrad und Istanbul, die Arbeitskräfte aus diesen Ländern nur kurzfristig ins Land holen und nachdem sie ihre Arbeit erledigt hatten wieder in ihre Heimatländer zurück schicken. Es sollte eine permanente Einwanderung gekoppelt mit einer permanenten Abwanderung stattfinden. Der geplante und erwartete Prozess, diese flexible Haltung bezogen auch auf die Konjunktur in Österreich, ist nicht eingetreten.

Die Arbeitskräfte aus diesen Ländern sollten bei nachlassender Konjunktur und wenn sie keinen Arbeitsplatz mehr hatten entweder rasch abgeschoben oder zur Rückreise gedrängt werden. Damit sollte ein hoher wirtschaftlicher Nutzen gemacht werden, weil sie alle notwendigen Steuern auch zu Zahlen hatten. Der Staat hatte seine Einnahmen an Steuern von den ausländischen ArbeitnehmerInnen und die Unternehmen ihre billigen Arbeitskräfte. Für den Staat sollte dabei ein doppelter Gewinn heraus kommen, wenn die ausländischen ArbeitnehmerInnen wieder zurück wanderten, hatte der Staat keine Sozialausgaben für sie Tätigen brauchen. Für die Gewerkschaften war die Grundlage des Rotationsprinzips eine Priorität, damit konnte die Arbeitsplatzsicherung für die inländischen ArbeitnehmerInnen gewährleistet werden. Auch wenn behauptet wird dass das Rotationsprinzip nicht verwirklicht sei, in einer Hinsicht ist sie doch zustande gekommen. Die rechtliche Situation in den 1970er Jahren erlaubte es den ausländischen ArbeitnehmerInnen sehr schwer dieser kurzfristigen Arbeitserlaubnisse zu entkommen. Die Grundregel war ein Jahr und auf einen Arbeitgeber befristet, das hat sicherlich die Bewegungsfreiheit sehr eingeschränkt. Um an eine lägerfristige Arbeitserlaubnis zu kommen bedürfte es in diesen Jahren die Erfüllung von schweren Bedingungen. Aus diesem Grund hatten nur sehr wenige den Zugang zu einem Befreiungsschein der ihnen eine längere Perspektive in Österreich geboten hatte. Eine weitere Erklärung für das Einhalten des Rotationsprinzips waren die Krisenjahre 1974-1975, die durch den arabisch-israelischen Krieg ausgelösten Erdölkrise, hervor getreten ist.[160]

Ein wenig anders betrachtet kann behauptet werden dass das Rotationsprinzip, dass vom Bundeswirtschaftskammer vorgeschlagen und vom Österreichischen Gewerkschaftsbund auch unterstützt, doch nicht eingeschlagen hat. In den anderen westeuropäischen Ländern wie die

160 vgl.: Bauböck Rainer: Demographische und Soziale Struktur der Jugoslawischen und Türkischen Wohnbevölkerung in Österreich: in Ausländische Arbeitskräfte in Österreich, Hannes Wimmer (Hg.) Campus Verlag, Frankfurt/Main 1986, S. 206

Bundesrepublik Deutschland, war der Prozess der ausländischen ArbeitnehmerInnen ähnlich wie in Österreich abgelaufen. Die Krise von 1974-1975, die auch eine Rezession in Westeuropa mitunter auch in Österreich verursacht hatte, führte dazu dass viele der angeworbenen ausländischen Arbeitskräfte abgebaut werden konnte. Die Neueinwanderung von ausländischen Arbeitskräfte hatte danach nicht im selben ausmaß statt gefunden. Trotzdem kann davon ausgegangen werden dass die ausländischen Arbeitskräfte die heute im Land leben eine sehr lange Aufenthaltsdauer aufweisen. Die letzte große Welle von Einwanderung ins Land war durch den Krieg im ehemaligen Jugoslawien verursacht worden. Die Flüchtlinge aus Bosnien, die sich zügig am österreichischen Arbeitsmarkt etablieren konnten, sind mittlerweile auch schon fast 20 Jahre im Land. Auch von dieser Gruppe gibt es eine zweite Generation, die hier im Land herangewachsen ist.

Am österreichischen Arbeitsmarkt fand eine Strukturveränderung statt. Der wirtschaftliche Aufschwung in den 1960er und frühen 1970er Jahren führte dazu dass viele Billigjobs entstanden sind. Für diese Billigjobs waren keine besonderen Ausbildungen notwendig, die ausländischen Arbeitskräfte waren daher Ideal zum Besetzen dieser offenen Stellen. Es standen keine inländischen Arbeitskräfte für diese Jobs bereit, die die Stellen auch besetzen würden. Wie auch schon erwähnt waren diese Branchen die Bau -und Holzbranche, Industrie und im Nachhinein auch den Dienstleistungssektor. Da der Bedarf an Arbeitskräften in diesen Branchen mit der Zeit auch nicht abgenommen hat, führte es dazu das der Aufenthalt der ausländischen Arbeitskräften nicht kurz wie es am Anfang geplant und auch erwartet war, sondern immer länger wurde. Die erste Generation die in den 1960er und 1970er Jahren ins Land eingewandert ist lebt nach wie vor hier. Viele von ihnen die schon in der Pension sind, haben Lebensschwerpunkt in Österreich und sind in ihrer Pension auch in Österreich ansässig. Das es so geworden ist, ist natürlich für die österreichischen Behörden eine neue und hohe Herausforderung.

Der Familiennachzug der in den späten 1970er Jahren eingesetzt hat, sich in den 1980er Jahren fortgesetzt hat, ist aus diesem Grund ein Phänomen der nicht nur den subjektiven Bedarf der ausländischen Arbeitskräfte getilgt hat, sondern auch für den österreichischen Arbeitsmarkt von Nutzen war.

Die Wirtschaftsbereiche in denen ein Bedarf an weiblichen Arbeitskräften entstanden sind, wie die Textil- und die Reinigungsbranche, hatten sich den Familiennachzug zu nutze gemacht und sich aus diesem Pool der weiblichen Arbeitskräfte bedient.

Aus einer IHS- Studie[161] die in den 1980er Jahren gemacht wurde geht hervor dass der Prozess der Familienzusammenführung, bereits in diesen Jahren schon abgeschlossen war. Daraus ist abzuleiten, dass auch wenn es seitens der MigrantInnen noch nicht bewusst war, der Aufenthalt in Österreich langfristig zu sein schien, vielleicht sogar auf eine Niederlassung hin deutete. Damals war es natürlich für keinen der Betroffenen, weder für die MigrantInnen selber noch für das Aufnahmeland, bewusst in welche Richtung sich die Arbeitsmigration hin bewegt. Die Jahrzehnte danach zeigen uns dass die Familienbildung in Österreich stattgefunden hat. Familiennachzug hat in den nächsten Jahrzehnten 1990 und 2000 nicht mehr so intensiv statt gefunden wie es in den Jahrzehnten davor der Fall war. Die einzige Zuwanderungsgruppe die hier eine kleine Ausnahme macht ist die Gruppe der Türkeistämmigen. In dieser Gruppe ist es nach wie vor, wenn auch mit abnehmender Tendenz, den Ehepartner oder Ehepartnerin aus der Heimat auszusuchen. Diese Thematik würde den Rahmen dieser Dissertation sprengen, deswegen ist es hier nur ganz kurz erwähnt worden.

Die Haushaltsgrößen haben sich zwischen 1971 und 1981 bei den Österreichern in Richtung Einpersonhaushalte bewegt. Bei der ausländischen Bevölkerung Österreichs ist der Trend, wegen des Familiennachzuges, in Richtung mehr Personen Haushalte bewegt. Die Einpersonhaushalte bei den ausländischen ArbeitnehmerInnen war sicherlich bedingt durch die Anfänge der Arbeitsmigration nach Österreich, die wie bekannt in den ersten Jahren im hohen Maße von Männern praktiziert wurde. Bei der Gruppe der Türkeistämmigen ArbeitnehmerInnen ist der Anteil der Mehrpersonenhaushalte prozentuell höher als bei der Gruppe der Jugoslawen und der Inländer.[162]

3.2.4. Einwanderungsmotive

Bei den Einwanderungsmotiven gibt es drei Antworten die die Hauptmotive der Einwanderung abdecken. Die IHS- Studie aus den 1980er Jahren gibt uns viel Aufschluss über die Motive der Einwanderung der ausländischen Arbeitskräfte nach Österreich. Für den Großteil, 43,2% der ArbeitmigrantInnen waren die Verdienstmöglichkeiten in Österreich der Grund für die Einreise, gefolgt von der Gruppe die wegen der Verdienstmöglichkeiten und die Arbeitssuche mit 33,3%. Es gibt eine dritte Gruppe, 8,6%, die wegen mangelnder Arbeitsplätze nach Österreich eingereist ist. Eine wesentlich große Gruppe gibt auch an das sie in Österreich ein-

161 vgl.: Bauböck Rainer: Demographische und Soziale Struktur der Jugoslawischen und Türkischen Wohnbevölkerung in Österreich: in Ausländische Arbeitskräfte in Österreich, Hannes Wimmer (Hg.), Campus Verlag, Frankfurt/Main 1986, S. 206

162 vgl.: Bauböck Rainer: Demographische und Soziale Struktur der Jugoslawischen und Türkischen Wohnbevölkerung in Österreich: in Ausländische Arbeitskräfte in Österreich, Hannes Wimmer (Hg.), Campus Verlag, Frankfurt/Main 1986, S. 210

gereist sind weil schon ein anderes Familienmitglied in Österreich sich befindet. Bei dieser Antwort zeigen sich Differenzen zwischen der türkeistämmigen Gruppe und der Gruppe aus Jugoslawien. Die türkeistämmigen Arbeitskräfte in Österreich sind bei der Familienzusammenführung um einiges aktiver als die jugoslawischen Staatsbürger. Prozentuell sind es 27,5% bei den türkischen Staatsbürgern zu 17,8% jugoslawische Staatsbürger.[163]

Wenn wir noch ein wenig ins Detail gehen, ist es ersichtlich dass sich die Einreisegründe im Laufe der Jahre ein wenig verändert haben. In den Anfängen, also die Anfang bis ende der 1960er Jahre, der Arbeitsmigration nach Österreich war der Großteil wegen der Verdienstmöglichkeiten oder wegen der Arbeitsplätze nach Österreich eingereist, nahm dieser Grund im Laufe der Jahre vehement ab. In der ersten Hälfte der 1980er Jahre war der Hauptgrund für die Migration nach Österreich mit 43,8% die Familienzusammenführung. Der Prozentsatz für die Begründung Verdienstmöglichkeiten war nur noch für einen kleinen Teil als Einreisegrund angegeben worden.[164]

Die wirtschaftliche Situation in den Entsendestaaten spielt natürlich eine sehr große Rolle bei der Entsendung von ArbeitsmigrantInnen in die westeuropäischen Industriestaaten. Wenn wir aber ein wenig die wirtschaftliche und die politische Lage in der Türkei in den 1970er, 1980er und auch 1990er Jahre anschauen, ist leicht festzustellen das in diesen Jahrzehnten in der Türkei weder politisch noch wirtschaftlich eine gute oder ruhige Zeit war. Die 1970er Jahre in der Türkei waren von politisch ideologischen Kämpfen sowohl auf politischer Ebene als auch auf den Strassen der Großstädte geprägt. Nachdem Militärputsch von 1980 war zwar in der Öffentlichkeit gezwungener Maßen ruhe eingekehrt aber wirtschaftlich lag das Land brach. Die 1990er Jahre waren von den Unruhen, die in kriegerische Auseinandersetzungen, in den Kurdengebieten des Landes mündeten und von Terroranschlägen in den Großstädten, geprägt. Die wirtschaftliche Situation war in diesem Jahrzehnt zwar besser als in den Jahrzehnten davor aber es herrschte weiterhin politische Unruhen, eine instabile Koalitionsregierung löste die Andere ab.

Wie auch schon erwähnt, ist in den 1980er Jahren die Familienzusammenführung der wichtigste Grund für die Einreise geworden. Wenn wir uns aber die wirtschaftliche und politische Unstabilität dieser Zeit vor die Augen führen kann sicher auch davon ausgegangen werden,

---

163 vgl.: Bauböck Rainer: Demographische und Soziale Struktur der Jugoslawischen und Türkischen Wohnbevölkerung in Österreich: in Ausländische Arbeitskräfte in Österreich, Hannes Wimmer (Hg.), Campus Verlag, Frankfurt/Main 1986, S. 226

164 vgl.: Bauböck Rainer: Demographische und Soziale Struktur der Jugoslawischen und Türkischen Wohnbevölkerung in Österreich: in Ausländische Arbeitskräfte in Österreich, Hannes Wimmer (Hg.), Campus Verlag, Frankfurt/Main 1986, S. 226

dass die wirtschaftliche Lage in der Türkei auch viel dazu beigetragen hat das es überhaupt zu Familienzusammenführung in Österreich der türkischen Familien gekommen ist.

Die Familienzusammenführung von Jugoslawischen Staatsbürgern hat nicht so sehr statt gefunden wie bei den türkischen Staatsbürgern. Als Grund dafür kann die geographische Nähe angegeben werden verbunden damit das auch in unmittelbarer Zeit eine Heimreise geplant gewesen sein könnte. Die geographisch entfernte Lage der Türkei, ist mit der geographischen Nähe zu Jugoslawien nicht vergleichbar. Wenn wir uns vor die Augen führen dass die ArbeitmigrantInnen aus der Türkei zum Großteil aus ländlichen Gebieten kommen, können wir die geographischen Entfernung nach Österreich mit der Entfernung zu Jugoslawien mit drei oder doch mit vier multiplizieren.

Bei einer ähnlichen Studie, in der aber nur die Türkeistämmigen ArbeitnehmerInnen Befragt wurden gaben 2008 als Grund für die Migration nach Österreich gaben von den Befragten mit 54,7% die Familienzusammenführung als Grund an.[165]

3.2.4.1. Gründe für die längere Aufenthaltsdauer in Österreich

Von den ausländischen ArbeitnehmerInnen gingen sehr wenige bei ihrer Einreise nach Österreich davon aus das sie sich länger im bleiben würden, geschweige den das sie sich hier niederlassen würden. Geplant war das sie hier durch die besseren Verdienstmöglichkeiten und den vorhandenen Arbeitsplätzen, nach einigen Jahren Beschäftigung mit dem ersparten Geld wieder die Heimreise antreten würden. Diese Erwartungshaltung ist nicht eingetreten und sie sind viel länger als sie und die österreichischen Behörden geplant hatten, im Land geblieben. Davon dass sie hier Kinder auf die Welt bringen würden, die wiederum auch hier Familien gründen und sich in Österreich niederlassen, hatten nur sehr wenige oder vielleicht keine von ihnen, gedacht.

Gefragt danach ob sie wieder zurück in ihre Heimat kehren würden, hätten bis vor einigen Jahren vielleicht alle von ihnen mit „Ja" beantwortet. Der Umbruch in den Gedanken hat ungefähr in den 1990er Jahren statt gefunden, als die Ersten von der ersten Generation anfingen in die Pension zu gehen. Auch als sie schon in Pension waren, fuhren sehr wenige zurück. Mittlerweile hatten sie doch ihren Lebensmittelpunkt in Österreich. Die Kinder waren hier auf die Welt gekommen und hatten ihre eigenen Familien gegründet, aus diesem Grund konnten und wollten sie nicht mehr zurück. Zu Hause war auch nichts mehr so wie sie es vor einigen

165 vgl.: Turgut Gümüsoğlu, Murat Batur, Hakan Kalaycı, Zeynep Baraz: Türkische Migranten in Österreich, Peter Lang Verlag, Frankfurt/Main 2009, S. 112

Jahrzehnten zurück gelassen hatten. Die Reintegration in die Heimat war nicht ganz einfach, sich wieder dorthin anpassen war eine zusätzlich Herausforderung.

Aus der Studie aus den 1980er Jahren können wir einige Schlüsse für die Gründe des Verbleibes in Österreich ziehen. Die erste Generation die damals befragt wurde ist zum größten Teil nach wie vor in Österreich.

Laut den Ergebnissen der Befragung sind von der türkeistämmigen Gruppe 41,7% schon länger in Österreich als sie geplant hatten. Von der jugoslawischen Gruppe ist der Anteil schon wesentlich höher, nämlich 71,6% sind der Meinung dass sie länger als vorgehabt in Österreich geblieben sind. Es gab auch eine kleine Gruppe die keine Angaben machen konnten, es ist davon auszugehen dass sie überhaupt keine Erwartungen oder Pläne über den Verbleib in Österreich hatten. Hier sind die zwei Einwanderungsgruppen ungefähr auf der gleichen Höhe.[166]

Es gibt einige Gründe für den längeren Aufenthalt, als geplant, in Österreich. Hier liegen die Meinungen der beiden Arbeitnehmergruppen ein wenig auseinander. Für die türkeistämmigen ArbeitnehmerInnen ist der Hauptgrund für den längeren Aufenthalt in Österreich das sie noch nicht genügend Geld gespart haben. Der Prozentsatz liegt hier schon bei 73%, ein sehr eindeutiger Grund in dieser Gruppe. Für die ArbeitnehmerInnen aus Jugoslawien ist der Hauptgrund das in Österreich die Verdienstmöglichkeiten besser sind als in ihrer Heimat. Diese Meinung teilten 69,6% von den Befragten. Für 54,3% der Türkeistämmigen war dies der zweitwichtigste Grund. Für die jugoslawische Gruppe sind die zu wenigen Ersparnisse, mit 61,9%, der zweite wichtige Grund. Für die Türkeistämmigen sind die besseren Verdienstmöglichkeiten, mit 54,3%, in Österreich der zweite wichtige Grund. Die Arbeitsmarktsituation in den Heimatländern spielt für beide Gruppen auch wenn nur untergeordnet, auch eine wichtige Rolle. Die Prozentsätze sind in beiden Gruppen ein wenig verschieden. Die Jugoslawische Gruppe gab dies mit 51,6% als drittwichtigsten Grund an, bei der türkeistämmigen Gruppe sind es immerhin auch schon 43,5%. Hier sehen wir dass der Verbleib in Österreich doch viel von der finanziellen Situation oder von der Arbeitsmarktslage abhängig ist.[167]

Für die ausländischen ArbeitnehmerInnen aus Jugoslawien und der Türkei, spielen laut der Befragung aus den 1980er Jahren eher eine untergeordnete Rolle. Von den Befragten gaben 21,7% der Türkeistämmigen und 19,1% der jugoslawischen Gruppe an dass sie nicht zurück

166 vgl.: Bauböck Rainer: Demographische und Soziale Struktur der Jugoslawischen und Türkischen Wohnbevölkerung in Österreich: in Ausländische Arbeitskräfte in Österreich, Hannes Wimmer (Hg.), Campus Verlag, Frankfurt/Main 1986, S. 230

167 vgl.: Bauböck Rainer: Demographische und Soziale Struktur der Jugoslawischen und Türkischen Wohnbevölkerung in Österreich: in Ausländische Arbeitskräfte in Österreich, Hannes Wimmer (Hg.), Campus Verlag, Frankfurt/Main 1986, S. 231

können weil die Kinder in Österreich in die Schule gehen. Wenn wir uns aber die Zeitraum dieser Studie vorstellen, können wir sehen das in den 1980er Jahren die erste Generation gerade mal ein Jahrzehnt oder vielleicht ein wenig länger in Österreich war und die Welle der Familienzusammenführung gerade statt gefunden hatte, ist davon die Schlussfolgerung das die Kinder noch nicht im schulpflichtigen Alter waren. Aus der gleichen Studie geht ebenfalls hervor, dass der Großteil der Kinder ab 1978 auf die Welt gekommen ist. Daher kann davon ausgegangen werden, dass die Kinder in Österreich in die Schule gehen, noch nicht für viele der Grund für den Verbleib in Österreich sein kann. Bei der türkeistämmigen Gruppe waren zur Zeit der Befragung 57,3% der Kinder noch vor dem Schulalter. Bei der Gruppe aus Jugoslawien waren es 53,3%, ebenfalls ein sehr hoher Prozentsatz.[168]

Weitere Gründe sind, auch wenn sie Prozentuell nicht so eine große Rolle spielen, dass Wohlfühlen in Österreich, weil die Kinder nicht zurück wollen und die politische Situation in der Heimat.

Auch wenn die oben erwähnten Gründe nicht so eine große spielen, ist es angebracht auf diese Antworten einzugehen. Die türkeistämmige Gruppe gibt mit 20,9% als Grund das Wohlfühlen in Österreich an, bei der Gruppe aus Jugoslawien ist dieser Grund im Vergleich nur mit 8,1% angegeben worden. Trotz kulturelle und religiöse unterschiede zwischen Österreich und der Türkei sind immerhin mehr als 20% der Meinung das sie sich hier wohl fühlen und aus diesem Grund auch nicht zurück in die Heimat gefahren sind. Bei der Gruppe aus Jugoslawien sind nur 8,1% dieser Meinung, obwohl sie religiös und kulturell nicht so unterschiedlich sind, wie es mit der Türkei der Fall ist.[169]

Für beide ausländischen ArbeitnehmerInnengruppen spielen politische Situation in den Heimatländern kaum eine Rolle. Von der Türkeistämmigen sind politische Motive mit 4,3% vertreten worden, bei der Gruppe aus Jugoslawien sind es sogar weniger, nämlich 0,7%.

Die politische Situation in der Türkei zur Befragungszeit war mittlerweile eher ruhig. Die ideologischen Kämpfe der 1970er Jahre waren durch den Militärputsch verstummt. Die Hauptakteure dieser Zeit waren entweder im Gefängnis oder hatten Politik verbot. Es hatte sehr wenig mit einer Demokratie gemein aber in der Türkei war die Lage eher ruhig.

---

168 vgl.: Bauböck Rainer: Demographische und Soziale Struktur der Jugoslawischen und Türkischen Wohnbevölkerung in Österreich: in Ausländische Arbeitskräfte in Österreich, Hannes Wimmer (Hg.), Campus Verlag, Frankfurt/Main 1986, S. 231

169 vgl.: Bauböck Rainer: Demographische und Soziale Struktur der Jugoslawischen und Türkischen Wohnbevölkerung in Österreich: in Ausländische Arbeitskräfte in Österreich, Hannes Wimmer (Hg.), Campus Verlag, Frankfurt/Main 1986, S. 231

In Jugoslawien war der langjährige Staatschef Tito 1982 verstorben, es war im Land im Vergleich zu den 1990er Jahren noch sehr friedlich. Der Grund dafür das so wenige den politischen Motiv angaben lag sicher auch daran das zu dieser Zeit in beiden Länder es halbwegs noch ruhig und friedlich war aber auch daran dass in dieser Studie die Asylwerber nicht mit rein genommen wurden. Mit der Hereinnahme der Asylwerber wäre das Ergebnis sicher ganz anders gewesen. Vor allem deshalb da in dieser Zeit viel politisch Aktive die Türkei verlassen mussten und in Österreich und in der Bundesrepublik Asyl angesucht hatten. In den 1990er Jahren ist der Anteil der Anteil der Asylwerber aus der Türkei um einiges gestiegen.

Aus der gleichen Studie kann auch einiges über die Rückkehrmotive und Rückkehr Zeit einiges interpretiert werden. Laut den Studienautoren ist nicht nach einem fixen Datum für den Rückkehr gefragt worden, sondern danach nach dem welche Bedingungen erfüllt sein sollte damit sie wieder zurückkehren würden.

In diesem Kapitel sind die Antworten eher gleichmäßig verteilt, es gibt keine großen Differenzen zwischen den beiden ArbeitnehmerInnen Gruppen und zwischen den Antworten herrscht auch eine Ausgeglichenheit. Der Großteil der beiden ArbeitnehmerInnengruppen ist der Meinung das sie sicher zurückkehren werden aber wissen nicht wann es so weit sein wird. Die Gruppe aus Jugoslawien teilt diese Antwort mit 34% und die Gruppe aus der Türkei gibt dies zu 21% als Antwort an. Das Erreichen des Pensionsalters für die Rückkehr geben bei den türkeistämmigen mit 19,9% an und bei der Gruppe aus Jugoslawien wird dies als Antwort mit 12,5% angegeben. Den Aufbau von Existenz in der Heimat gaben bei den Jugoslawen 21,2% an und bei den Türkeistämmigen wird es mit 19,2% angegeben. Aus diesen Zahlen kann behauptet werden das auch bei der Motivation für die Rückkehr in die Heimat, spielen weiterhin finanzielle und existenzielle Gründe eine wesentliche Rolle für beide Einwanderungsgruppen.[170]

Eine andere Studie die ca. 20 Jahre später durchgeführt wurde, im Vergleich aber auf die ArbeitnehmerInnen aus der Türkei eingeschränkt ist, werden wir hier die Fragen nach der Rückkehrabsicht und die Rückkehrbedingungen angeben.

Auf die Frage ob sie die Absicht haben wieder in die Türkei zurück kehren werden, beantworteten 54% der Befragten mit Ja, 44% meinten das sie nicht zurückfahren werden und 2% hat-

170 vgl.: Bauböck Rainer: Demographische und Soziale Struktur der Jugoslawischen und Türkischen Wohnbevölkerung in Österreich: in Ausländische Arbeitskräfte in Österreich, Hannes Wimmer (Hg.), Campus Verlag, Frankfurt/Main 1986, S. 233

ten keine Ahnung.[171] Es herrscht eigentlich eine Ausgeglichenheit. Ob sie die Absicht wieder zurückzukehren auch verwirklicht werden ist natürlich eine andere Frage. Wenn wir uns die Absichten der ersten Generation bei ihrer Zuwanderung nach Österreich zurück denken, wissen wir das der Großteil von ihnen doch wieder zurückfahren wollte, es aber bis heute nicht geschafft haben.

Die Antworten auf die Frage welche Bedingungen erfüllt gehören um wieder in die Türkei zurückzukehren waren sehr differenziert. Der Großteil, 32%, von ihnen sind der Meinung dass sie in der Pension wieder zurückkehren werden. Kombiniert mit dem Ende der Ausbildung der Kinder und wenn gleichzeitig auch genug gespart wurde, wollen 26% von ihnen zurück. Die Ausbildung der Kinder ist für viele neben der finanziellen Situation ein wichtiger Grund.[172]

3.2.5. Ausländische Bevölkerung in Österreich 2001

Österreich hatte 2001 eine Bevölkerungsanzahl von ca. 8 Millionen, der leichte Aufwärtstrend war auch bei dieser Bevölkerungszählung merkbar. Die Anzahl der im Ausland geboren in Österreich lebenden sind 2001 12,5%. Die Anzahl der ausländischen Staatsbürger sind 8,9%. Ein geringer Anteil der ausländischen Passbesitzer sind mittlerweile im Land geboren. Da das Staatsbürgerschaftsgesetz aber es nicht zu lässt das sie mit der Geburt die Staatsbürgerschaft bekommen sind sie nach wie vor Ausländer.

Wenn wir uns die Verteilung der ausländischen Bevölkerung in Österreich genauer anschauen, können wir feststellen dass es an der Reihung der Herkunftsländer sich nicht besonders viel zur Volkszählung von 1991 verändert hat. Die Reihung ist nach wie vor so das die aus die ausländischen ArbeitnehmerInnen aus Jugoslawien an der ersten Stelle sind, gefolgt von der Gruppe aus der Türkei.

Die türkeistämmigen sind Zahlenmäßig ungefähr gleich geblieben aber Prozentuell haben sie an Anteil verloren. Der Grund dafür ist natürlich an den Kriegsflüchtlingen aus dem Exjugoslawischen Raum zu finden. Durch die Aufnahme der Kriegsflüchtlinge aus Bosnien stieg ihr Anteil, prozentuell wie Zahlenmäßig.

3.2.5.1. Die Verteilung der ausländischen Bevölkerung in Österreich

Die ausländischen ArbeitnehmerInnen aus Jugoslawien und der Türkei wurden in den Ballungszentren Wien und Umgebung, Vorarlberg und Linz beschäftigt. Diese Bundesländer

171 vgl.: Turgut Gümüsoğlu, Murat Batur, Hakan Kalaycı, Zeynep Baraz: Türkische Migranten in Österreich, Peter Lang Verlag, Frankfurt/Main 2009, S. 226

172 vgl.: Turgut Gümüsoğlu, Murat Batur, Hakan Kalaycı, Zeynep Baraz: Türkische Migranten in Österreich, Peter Lang Verlag, Frankfurt/Main 2009, S. 226

hatten in den letzen Jahrzehnten die größten Ausländeranteile. Wirtschaftsbranchen wie die Textilindustrie in Vorarlberg, der Dienstleistungssektor in Wien und die Stahlindustrie in Linz hatten die größten Ausländeranteile und spielten somit eine Magnetrolle für das weitere Ansiedeln von ausländischen Arbeitskräften.

Die ausländische Wohnbevölkerung bei der Volkszählung von 1981 waren in Wien 5,1% in Vorarlberg 8,6% mit ausländischer Staatsbürgerschaft. Wien hatte damals, den größten Anteil der ausländischen Staatsbürger, nämlich 42,1% der Ausländer waren in Wien wohnhaft.[173]

Ohne die Jahre danach in Betracht zu ziehen werde ich hier in das Jahr 2008 überspringen. Die Verteilung der ausländischen Wohnbevölkerung in Österreich hat sich in der Gewichtung nicht viel Verändert. Seit den Anfängen der Arbeitsmigration nach Österreich sind mittlerweile 4 Jahrzehnte vergangen. Deshalb ist es angebracht für diese Jahre auch die zweite Generation der MigrantInnen gesondert zu erwähnen.

Wien blieb auch in den letzten Jahrzehnten als ein Sammelbecken für Zuwanderung aus dem Ausland. Der Anteil der ausländischen Wohnbevölkerung in Wien ist in den letzten Jahrzehnten auf 35,1% gestiegen. Davon sind 8,8% die zweite Generation, d.h. die Kinder der nach Österreich zugewanderten ausländischen ArbeitnehmerInnen. An zweiter stelle Vorarlberg ist, schon wie 1981 das Bundesland mit dem zweithöchsten Ausländeranteil. In Vorarlberg sind 6,6% der zweiten Generation, mit der ersten Generation kommt der Anteil der Ausländer In Vorarlberg knappe 21%. Nach Vorarlberg kommen die Bundesländer Salzburg mit 18,2% und Tirol mit 16,2%. Den niedrigsten Anteil ausländischer Bevölkerung hat Burgenland mit 8,2%.[174] In Relation betrachtet hat nicht Wien sondern Vorarlberg den größten Anteil an türkeistämmigen Wohnbevölkerung.

Bei näherer Betrachtung der Zahlen der Bevölkerung mit Migrationshintergrund in Wien, kann behauptet werden das Wien seiner Rolle als Sammelbecken und Schmelztiegel für MigrantInnen weiterhin gerecht wird. Der Anteil von MigrantInnen von fast 40% ist im internationalen Vergleich sehr hoch. Mehr als jeder dritte auf Wiens Strassen hat Migrationshintergrund von höchstens zwei Generationen.

---

173 vgl.: Bauböck Rainer: Demographische und Soziale Struktur der Jugoslawischen und Türkischen Wohnbevölkerung in Österreich: in Ausländische Arbeitskräfte in Österreich, Hannes Wimmer (Hg.), Campus Verlag, Frankfurt/Main 1986, S. 185

174 vgl.: Arbeit- und Lebenssituation von Migrantinnen und Migranten in Österreich, Modul der Arbeitskräfteerhebung 2008, Statistik Austria, S. 30

3.2.6. Die Erwerbssituation der ausländischen ArbeitnehmerInnen in Österreich bis 2010

3.2.6.1. Ausländische Arbeitskräfte und berufliche Qualifikation

Wenn wir uns an die Anfänge der Arbeitsmigration zurück versetzen sehen wir dass am Anfang der Anwerbeabkommen mit Jugoslawien und der Türkei, wesentliche Qualifikation zur Einwanderung in erster Linie bei körperlicher Gesundheit und berufliche Ausbildung lag. Um näher zu den Arbeitskräften aus der Türkei einzugehen, schauen wir uns die Lage dieser Gruppe der ArbeitnehmerInnen an.

Nachdem das Anwerbeabkommen unterzeichnet war und auch das Anwerbebüro in Istanbul den Betrieb aufnahm wurde die Auswanderungswilligen registrierten ArbeitnehmerInnen auf ihre Gesundheit und auf die berufliche Qualifikation untersucht nachdem diese Kriterien erfüllt waren wurden sie an die jeweiligen Unternehmen weiter vermittelt und sie durften nach Österreich einreisen.

Es ist davon auszugehen, dass die ersten ArbeitsmigrantInnen aus der Türkei genügend berufliche Ausbildung hatten, da sie einen Arbeitsplatz bekommen hatten. In den ersten Jahren der Einwanderung wurden die ArbeitnehmerInnen aus der Türkei in den Sektoren wie Baubranche, Metallindustrie und in der Textilindustrie untergebracht. Sie sind nicht als Facharbeiter eingestellt worden sondern, mussten den Hilfsarbeiterbereich abdecken. Berufe, wie Schneider, Dreher oder Giesser die sie in der Heimat erlernt hatten konnten sie hier nicht praktizieren, weil der Bedarf an ausländischen ArbeitnehmerInnen wie schon erwähnt eher in unteren unqualifizierten Bereichen war. Schneidermeister arbeiteten in der Konfektion, Dreher oder Gießer am Fließband. Die erlernte Qualifikation in der Heimat, war hier nicht mehr viel Wert. Die Gründe dafür lagen in erster Linie am Bedarf in den Unternehmungen, die eher auf Hilfsarbeiter fixiert waren oder daran das die erlernter Beruf hier nicht als Qualifikation genug anerkannt wurde.

Wenn wir uns nach den Anmeldungen bei den Behörden in Österreich richten, schaut die Qualifikation der ArbeitnehmerInnen aus der Türkei ganz anders aus. Die anderen Gruppen unter den ausländischen ArbeitnehmerInnen in Österreich sind hier bewusst raus genommen worden und soll kein Vergleich darstellen. Die Qualifikation wurde im Land nach den formalen Anmeldungen beurteilt, d.h. je nach dem wie die Anmeldungen in den Behörden war, so ist auch die Qualifikation. Nach dieser Beurteilungsmethode ist der grossteil der ausländischen Facharbeiter und angestellten, auch wenn sie in den 1970er Jahren zugenommen hat, die berufliche Qualifikation, im Vergleich zu den Inländern eher gering. In Zahlen ist der Anteil der ausländischen ArbeitnehmerInnen im qualifizierten Bereich z.B. 1979 bei 12,2%, bei den Inländern liegt die Quote im gleichen Jahr bei 50,6%.[175]

Die Qualifikation der ausländischen ArbeitnehmerInnen im Vergleich zu den InländerInnen, war in allen Branchen niedriger und auch nach wie vor ist. Dies werden wir in den kommenden Paragrafen näher betrachten. Hier würde ich noch mal gerne darauf aufmerksam machen dass nach den Zahlen betrachtet, die offiziellen Anmeldungen bei den jeweiligen Behörden, nicht besonders viel aussagen sollten. Die Gründe hier für sind oben aufgezählt. Bei der zweiten und dritten Generation von ausländischen ArbeitnehmerInnen ist das Ergebnis sicherlich schon viel aussagender. Da hier anhand vielen Merkmalen wie die schulische und berufliche Ausbildung alles viel leichter nachzuvollziehen ist und auch werden kann.

Es gab und gibt Branchen in denen die Qualifikation der ausländischen ArbeitnehmerInnen weit weniger als der Durchschnitt unter ihnen auch ist. Die ArbeitnehmerInnen in den Branchen, Reinigung, Bau, Metallerzeugung, Holzbearbeitung haben die niedrigste Qualifikationsquote. Es gibt Branchen in denen der Anteil von Qualifizierten AusländerInnen doch höher ist als der Durchschnitt, wie z.B. Forschung, Filmproduktion, Erzbergbau und die Erdölindustrie. Ein Grund dafür ist natürlich das in diesen Branchen der Anteil der ausländischen ArbeitnehmerInnen viel weniger ist als in vielen anderen Branchen und ein zweiter wichtiger Grund ist sicherlich auch dass keine Hilfskräfte benötigt wurden. Diese Branchen hatten schon eher Bedarf an qualifizierten ArbeitnehmerInnen.

Die darauf folgenden Jahre, also die 1980er und die 1990er Jahre haben nicht allzu viel an diesen Prozentzahlen und an der Verteilung von Fachkräften zu Hilfsarbeitern verändert.

Die Eingewanderten ausländischen ArbeitnehmerInnen waren zum größten Teil als ArbeiterInnen ins Land gekommen. Der Anteil der PflichtschulabsolventInnen lag in den 1980er Jahren bei 36%, einen Universitätsabschluss hatten gar nur 10% Prozent von ihnen. Der Anteil der Pflichtschulabsolventen lag zwischen 2003-2006 bei 32,3% und der Anteil der AkademikerInnen war schon bei 18,1%.[176] Diese Zahlen sollten aber nicht täuschen, an der Qualifikation von ausländischen ArbeitnehmerInnen hat sich nicht viel geändert. Der Grund für den Anstieg der Akademikeranteil liegt darin das in den letzten Jahren sehr viele Studenten aus Deutschland nach Österreich gekommen sind um hier zu studieren. Zu den „numerus clausus"

---

175 vgl.: Gudrun Biffl: Der Strukturwandel der Ausländerbeschäftigung in Österreich, Ausländische Arbeitskräfte in Österreich, Hannes Wimmer (Hg.), Campus Verlag, Frankfurt/Main 1986, S. 53

176 vgl.: Julia Bock-Schappelwein, Christoph Bremberger, Robert Hierländer, Peter Huber, Käthe Knittler, Johannes Berger, Helmut Hofer, Michael Miess, Ludwig Strohner: Die Ökonomische Wirkungen der Immigration in Österreich 1989-2007, Kurzfassung, Institut für Höhere Studien, 2009 Wien, S. 2

Flüchtlingen aus Deutschland kommen auch viele StudentInnen die aus der Türkei nach Österreich gekommen sind. Der Grund für die erhöhte Anzahl der StudentInnen aus der Türkei liegt am liberalen Studiensystem Österreichs und daran dass das Kopftuchproblem in der Türkei noch keine Lösung gefunden hat. Zu der hohen Anzahl der ausländischen StudentInnen muss noch gesagt werden dass es viele der ausländischen Studenten Österreich nach absolviertem Studium wieder verlassen.

Bei der Bildungsstruktur spielt natürlich eine sehr große Rolle wie die Situation in der Türkei ist oder war. Auch wenn in der Türkei seit 1961 Pflichtschule bei 8 Jahren liegt, ist der Anteil der Pflichtschulabsolventen in ländlichen Gebieten sehr niedrig gewesen. In den Großstätten wie Istanbul, Izmir oder Ankara wo auch die notwendige Infrastruktur für Schulen vorhanden war, gab es natürlich mehr PflichtschulabsolventInnen als in den ländlichen Gebieten. Die Fremdenrechtsnovellen von 2002 hat in seiner Wirkung Früchte getragen, die Neuzugewanderten ab 2003 eine deutlich höhere Qualifikation als die Eingewanderten in den Jahren davor.

Wie auch schon oben erwähnt, tun sich MigrantInnen bei der Anerkennung, ihre im Ursprungsland erworbenen Qualifikationen, hier in Österreich sehr schwer. Der Anteil derer die unter ihrem Qualifikationsniveau arbeiten, ist wesentlich höher als bei der inländischen Bevölkerung Österreichs. Bei den AkademikerInnen liegt der Anteil der im Ausland geborenen ArbeitnehmerInnen die unter ihrem Qualifikationsniveau arbeiten bei 47,4%, bei den Inländern liegt der Prozentsatz bei 30,1%. Viel deutlicher sind die Prozentsätze bei den MaturantInnen mit ausländischem Ursprung, hier liegt der Anteil bei 66,8%. Bei den ÖsterreicherInnen sind es 47,3%. Wenn wir uns die Prozentsätze bei den Lehrabsolventen ansehen, können wir beobachten dass auch hier ein großer Unterschied zwischen denen im Auslandgeborenen, 21,5% und den Inländern, 9%, vorhanden ist.[177]

Eine Erklärung für dieses Phänomen der Unterqualifizierten der ausgeübten Arbeit, kann es nur Versucht werden. Eine eindeutige Lösung oder Erklärung ist schwer möglich, da es keine Studie oder auch nur eine Befragung gibt es bis jetzt noch nicht. Seitens der MigrantInnen gibt es Begründungen wie Schikanen, nicht Anerkennen von Qualifikationen aus der Heimat und eine weitere wichtige Begründung ist, dass sie sich nicht auskennen. Weitere Gründe wie fehlende Fremdsprachkenntnisse, die institutionelle Bedingungen des Arbeitsmarktes in Österreich oder auch eine Diskriminierung. Bei fast allen MigrantInnengruppen taucht dieses

177 vgl.: Julia Bock-Schappelwein, Christoph Bremberger, Robert Hierländer, Peter Huber, Käthe Knittler, Johannes Berger, Helmut Hofer, Michael Miess, Ludwig Strohner: Die Ökonomische Wirkungen der Immigration in Österreich 1989-2007, Kurzfassung, Institut für Höhere Studien, 2009 Wien, S. 6

Problem auf, ausgeschlossen sind die Deutschen die nach Österreich gekommen sind. Eine Erklärung dafür kann sein dass diese Gruppe keine Sprachprobleme und natürlich auch dass sie aus dem gleichen Kulturkreis kommen und sich schlichtweg auskennen. Ohne zu sehr in die Psychologie abzudriften, kann sicher auch behauptet werden dass der gleiche Kulturkreis auch eine sehr ausgeprägte Wirkung auf das Selbstvertrauen der MigrantInnen hat. Je länger der Aufenthalt der MigrantInnnen in Österreich ist desto weniger sind sie in einem Unterqualifizierten Arbeitsplatz arbeiten.[178]

Der Handel ist einer der Branchen wo der Anteil der ausländischen ArbeitnehmerInnen in den letzten Jahrzehnten gestiegen ist. Wenn in den 1980er Jahren oder sogar bis zu der ersten Hälfte der 1990er Jahre war der Anteil von Angestellten im Handel sehr gering. In dieser Branche ist es sehr eindeutig zu sehen das die ausländischen ArbeitnehmerInnen sich an den Rändern der Bildungsverteilung bewegen. Von den ausländischen ArbeitnehmerInnen die im Handel angestellt sind haben 10,2% einen Hochschulabschluss und damit liegen sie über dem Durchschnitt der Inländer. Mit einem Anteil von 29,7% mit Pflichtschulanschluss liegen sie ebenfalls über dem inländischen Durchschnitt.[179]

3.2.6.2. Erwerbssituation

Um die Situation in den letzten Jahren am Arbeitsmarkt in Österreich zu analysieren schauen wir uns in diesem Kapitel die Arbeitslosigkeits-, Erwerbs- und Beschäftigungsquoten näher an. Von den Zahlen der Statistik Austria ausgehend werde ich versuchen die Lage am Arbeitsmarkt näher unter die Lupe zu nehmen. Die Statistik Austria hat in seiner Grafik in Geschlechter und auch in Generationen unterteil. Der Grund für die Unterteilung in die Generationen, d.h. erste und zweite Generation der MigrantInnen in Österreich, liegt darin das diese Gruppe verschiedene Quoten in den Bereichen Arbeitslosigkeit, Beschäftigung und im Erwerb aufweisen. Ein Weiterer Grund für diese verschiedenen Erhebungen ist, dass diese Gruppen in wirtschaftspolitischen Diskussionen auch getrennt wahrgenommen werden.[180]

---

178 vgl.: Julia Bock-Schappelwein, Christoph Bremberger, Robert Hierländer, Peter Huber, Käthe Knittler, Johannes Berger, Helmut Hofer, Michael Miess, Ludwig Strohner: Die Ökonomische Wirkungen der Immigration in Österreich 1989-2007, Kurzfassung, Institut für Höhere Studien, 2009 Wien, S. 2

179 Beschäftigung im Handel: Sekundäranalyse im Rahmen einer wifo- IFES Kooperation, Wien Februar 2009, S. 9

180 vgl.: Peter Huber: Die Arbeitsmarktintegration von Migrantinnen und Migranten in Österreich, Working Papers 365/2010, WIFO Wien 2010, S. 4

Arbeitslosenquoten nach Geburtsland und Geschlecht

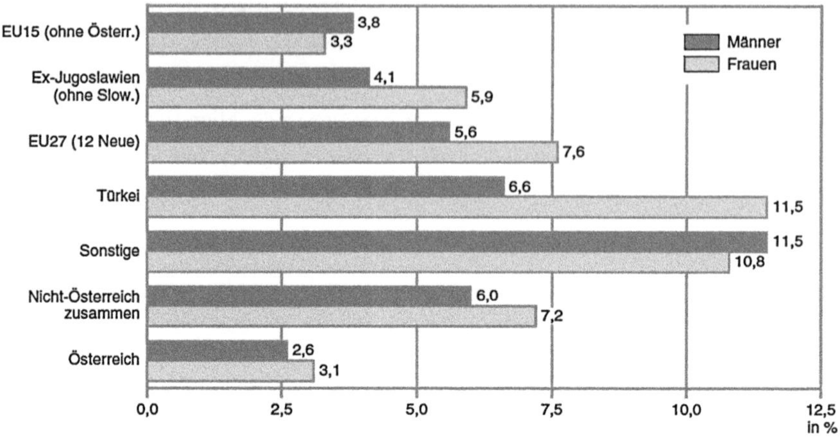

Q: STATISTIK AUSTRIA, MZ-Arbeitskräfteerhebung 2. Quartal 2008. - Bezogen auf die Erwerbspersonen des jeweiligen Herkunftslandes - Arbeitslosenquote.

Laut der Statistik aus dem 2. Quartal 2008 ist die zweite Generation der MigrantInnen bei der Arbeitslosenquote fast doppelt so hoch wie die der ersten Generation. Die erste Generation weist eine Quote von 6,6% auf und bei der zweiten Generation ist es schon 11,2%. Im Vergleich dazu ist die Arbeitslosigkeit bei der ganzen Gruppe bei 2,8%. Der Gesamtdurchschnitt in Österreich war in diesem Quartal bei 3,8%. Nach den Geschlechtern differenziert betrachtet, ist auch ein Unterschied auffällig. Dieser Unterschied ist aber bei weitem nicht so eklatant wie bei der ersten- und zweiten Generation, sie liegt bei rund 1%.[181]

Bei der Beschäftigungsquote schaut es zwischen den Generationen nicht viel anders aus wie bei der Arbeitslosenquote, auch hier sind Differenzen vorhanden. Die erste Generation ist mit 68,9% erwerbstätig wohingegen die zweite Generation eine Beschäftigungsquote von 58,6% aufweist. Eine Differenz von fast 10% ist nicht wenig und sticht auch gleich ins Auge. Die Beschäftigungsquote in der ganzen Gruppe ist im Vergleich dazu bei 74,1%. Bei den Geschlechtern schaut es so aus das die Männer eine Beschäftigungsquote von 63,0% haben, die Frauen zur 54,3% Beschäftigung sind. In der Gruppe der InländerInnen haben die Frauen 68,4% und die Männer eine Beschäftigungsquote von 79,7%.[182]

181 vgl.: Peter Huber: Die Arbeitsmarktintegration von Migrantinnen und Migranten in Österreich, Working Papers 365/2010, WIFO Wien 2010, S. 4

182 vgl.: Peter Huber: Die Arbeitsmarktintegration von Migrantinnen und Migranten in Österreich, Working Papers 365/2010, WIFO Wien 2010, S. 4

Die letzte vergleichbare Quote die in diesem Bereich, ist die Erwerbsquote. In diesem Bereich sind die Unterschiede zwischen den Generation der ausländischen ArbeitnehmerInnen nicht so eklatant unterschiedlich wie bei der Arbeitslosen- und Beschäftigungsquote.

Laut der Tabelle der Statistik Ausria ist die gesamte Erwerbsquote bei der ersten Generation der ausländischen ArbeitnehmerInnen 73,7%, bei der zweiten Generation liegt diese Quote bei 66%. Unter den Geschlechtern sind auch hier Unterschiede zu beobachten, die Frauen haben 60,4% und die Männer zeigen eine Erwerbsquote von 71,7%. Der Durchschnitt liegt somit bei 76,2% und in die Gesamtwirtschaft weist eine Erwerbsquote von 75,2% auf.[183]

Eine Erklärung für den Unterschied bei den Quoten zwischen den Generationen ist nicht vorhanden, es sind einige Faktoren die dabei berücksichtigt werden sollten. Einerseits ist dies zurück zu führen das die erste Generation nach Österreich gekommen ist um zu arbeiten, und ins Land kommen konnte wenn sie zum grossteil einen Arbeitsplatz aufweisen konnten. Die zweite Generation, die schon in Österreich auf die Welt gekommen ist, hat dadurch schon einen anderen Zugang zu Arbeit als die Generation davor.

Ein sehr wichtiger Grund der bei den Türkeistämmigen zum Vorschein kommt, ist, dass die Urbanisierung in Österreich erst angefangen hat statt zu finden. Wie schon erwähnt stammen mehr als die Hälfe der Türkeistämmigen aus ländlichen Gebieten. Die Probleme die daraus resultieren wälzen sich jetzt auf die nachkommende Generation ab. Für den grossteil der ersten Generation war es sehr wichtig so schnell wie möglich, so viel wie möglich Geld zu sparen und danach wieder nach Hause zu fahren. Als die Familien nach geholt wurden, wurde diese Maxime ein wenig verändert, zwar damit dass die nicht mehr so sehr daran gedacht wurde so schnell wie möglich nach Hause zu fahren, sondern so viel wie möglich an „Vermögen" in der Türkei anzusammeln. Aus diesem Grund wurde die Kinder, die zweite Generation gleich nach der Schule zum Arbeiten geschickt, wie und was für eine Ausbildung sie dabei bekamen war eher sekundär. Es gibt ein Ausbildungs- und Bildungsproblem das sich seit zwei Generationen bei der Türkeistämmigen Gruppe in Österreich aufgestaut hat. Heute sind es die Kinder dieser Generation die im Land auf die Welt gekommen sind. Bei dieser Generation ist die Erwerbs- und Beschäftigungsquote niedriger und die Arbeitslosenquote höher als bei der ersten Generation.

Der zweite wichtige Grund für die Erklärung der niedrigen Erwerbs- und Beschäftigungsquoten bzw. für die hohe Arbeitslosenquote ist das niedrigere Bildungsniveau in der zweiten Ge-

183 vgl.: Peter Huber: Die Arbeitsmarktintegration von Migrantinnen und Migranten in Österreich, Working Papers 365/2010, WIFO Wien 2010, S. 4

neration. Daraus resultierend kann gesagt werden dass die zweite Generation sich schlechter in den Arbeitsmarkt integrieren konnten, als die Generation davor. Der Bedarf am Arbeitsmarkt an Arbeitskräften hat sich in den letzten Jahrzehnten sehr gewandelt. Wenn es früher sehr viel Bedarf an HilfarbeiterInnen in verschiedenen Branchen herrschte, ist dieser Bedarf heute nicht mehr vorhanden. Der Strukturwandel und das sich nicht angepasst haben der ArbeitnehmerInnen aus der Türkei, in der Arbeitswelt bzw. am Arbeitsmarkt ist eine weiter Erklärungsmöglichkeit.[184]

3.2.6.3. Beschäftigungsarten

Ausländische ArbeitnehmerInnen arbeiten im Vergleich zu ihren inländischen KollegInnen viel mehr als HilfsarbeiterInnen. Sie sind vom Qualifikationsniveau her in den niedrigeren Stufen aufzufinden als die inländischen ArbeitnehmerInnen. Mittlerweile werden einige Branchen fast nur mit ausländischen ArbeitnehmerInnen besetzt, weil sich die ÖsterreicherInnen dafür nicht interessieren, wie z.B. Reinigungsbranche und KrankenpflegerInnen.

Ausländische ArbeitnehmerInnen sind im Vergleich zu inländischen ArbeitnehmerInnen auch viel mehr als atypische ArbeitnehmerInnen beschäftigt. Die Teilzeitquote ist unter den ausländischen ArbeitnehmerInnen (erste und zweite Generation) und bei den InländerInnen ungefähr gleich hoch. Als Leiharbeiter sind die ausländischen ArbeitnehmerInnen mehr als die ÖsterreicherInnen beschäftigt. ArbeitnehmerInnen mit Migrationshintergrund der ersten Generation sind viel öfter als inländische ArbeitnehmerInnen in Schicht-, Wechsel- und auch Turnusdiensten beschäftigt. Nach den Branchen betrachtet ist es die Sachgüterproduktion und Hilfsberufe in diversen Branchen.[185]

Um noch mehr Einblick in die Berufswelt bzw. den Arbeitsplatz der ausländischen ArbeitnehmerInnen bekommen zu können, sollten wir uns noch einige Zahlen der Arbeitskräfteerhebung vom II. Quartal 2008, näher anschauen. Arbeitskräfte der ersten Generation mit ausländischen Wurzeln, arbeiten deutlich höher als die inländischen KollegInnen, regelmäßig am Abend, zwischen 20:00 und 22:00 Uhr, oder gänzlich in der Nacht, zwischen 22:00 und 06:00 Uhr. Zwischen der zweiten Generation und den inländischen ArbeitnehmerInnen besteht hier fast kein Unterschied, sie weisen die gleichen Prozentsätze auf. Die Gruppe der Türkeistäm-

184 vgl.: Peter Huber: Die Arbeitsmarktintegration von Migrantinnen und Migranten in Österreich, Working Papers 365/2010, WIFO Wien 2010, S. 8

185 vgl.: Peter Huber: Die Arbeitsmarktintegration von Migrantinnen und Migranten in Österreich, Working Papers 365/2010, WIFO Wien 2010, S. 8

migen arbeiten aufgrund ihrer hohen Anteil in der Sachgüterproduktion, am häufigsten in Schicht-, Wechsel- oder Turnusdiensten und auch in der Nacht.[186]

Es ist noch zu erwähnen dass die im Ausland erworbenen Qualifikationen und der Grund für die Zuwanderung nach Österreich haben einen Einfluss auf die Arbeitsbedingungen der ersten Generation von MigrantInnen. Zugewanderte die auf Grund von Arbeit eingewandert sind, sind selten in Arbeitsbedingungen wie Teilzeit oder Befristungen ausgesetzt. Wegen Familiennachzug Zugewanderte sind Arbeitsbedingungen wie Teilzeit oder Befristung viel mehr konfrontiert und arbeiten auch viel mehr unter diesen Umständen. Ähnlich geht es auch Personen die wegen Weiterbildung eingereist sind, auch sie arbeiten viel mehr als Teilzeitkräfte und haben befristete Arbeitsverträge. Der Grund dafür liegt darin, dass sie sich ihre Weiterbildung auch finanzieren müssen und deshalb nebenbei als Teilzeitkräfte tätig sind.[187]

3.2.6.4. Löhne und Gehälter

Das Einkommen der ausländischen ArbeitnehmerInnen ist sowie in vielen anderen Ländern auch in Österreich unter dem Einkommen der inländischen ArbeitnehmerInnen. Allerdings sind die Informationen in diesem Bereich in Österreich nicht besonders ausgeprägt. Die Zahlen die hier verwendet werden, beziehen sich auf die regelmäßig erhobenen Daten aus dem Hauptverband der österreichischen Sozialversicherungsträger. Genauere Auswertungen, die anderen Bereichen wie bei der Erwerbs-, Beschäftigungs- und Arbeitslosenquote, auch zwischen den Generationen möglich waren, sind im Bereich der Löhne und Gehälter nicht möglich. Der Hauptverband der österreichischen Sozialversicherungsträger unterscheidet bei den Beitragspflichtigen nur zwischen österreichischen Staatsbürgern und nicht- Staatsbürgern. Auch wenn die Überschrift in Löhne und Gehälter differenziert, sind im Detail bzw. in den Tabellen nur Löhne angegeben, d.h. darunter fallen auch die Gehälter.

186 vgl.: Peter Huber: Die Arbeitsmarktintegration von Migrantinnen und Migranten in Österreich, Working Papers 365/2010, WIFO Wien 2010, S. 9

187 vgl.: Peter Huber: Die Arbeitsmarktintegration von Migrantinnen und Migranten in Österreich, Working Papers 365/2010, WIFO Wien 2010, S. 9

Übersicht 8: Median der beitragspflichtigen Monatseinkommen (inkl. Sonderzahlungen) 2008

	Insgesamt			ArbeiterInnen			Angestellte		
	Gesamt	Männer	Frauen	Gesamt	Männer	Frauen	Gesamt	Männer	Frauen
					in €				
ÖsterreicherInnen	2.235	2.665	1.732	2.030	2.352	1.374	2.459	3.383	1.959
Alle Ausländer	1.848	2.067	1.492	1.766	1.987	1.382	2.243	2.905	1.865
Deutsche	2.090	2.241	1.833	1.923	2.036	1.639	2.664	3.424	2.140
Tschechien & Slowakei	1.773	1.955	1.557	1.628	1.852	1.347	2.532	3.348	2.285
Ehem. Jugoslawien	1.870	2.151	1.463	1.867	2.129	1.424	1.886	2.439	1.621
Polen	1.757	1.968	1.471	1.637	1.889	1.284	2.149	2.702	1.936
Rumänien	1.523	1.752	1.377	1.464	1.680	1.316	1.962	2.681	1.712
Türkei	1.795	2.016	1.307	1.814	2.014	1.282	1.652	2.064	1.404
Ungarn	1.773	1.948	1.434	1.715	1.902	1.350	2.313	3.100	1.996
					in % der ÖsterreicherInnen				
Alle Ausländer	82,7	77,5	86,1	87,0	84,5	100,6	91,2	85,9	95,2
Deutsche	113,1	108,4	122,9	108,9	102,5	118,6	118,8	117,9	114,7
Tschechien & Slowakei	84,8	87,2	84,9	84,7	91,0	82,2	95,0	97,8	106,8
Ehem. Jugoslawien	105,5	110,0	94,0	114,7	115,0	105,7	74,5	72,8	70,9
Polen	94,0	91,5	100,5	87,7	88,7	90,2	113,9	110,8	119,4
Rumänien	86,7	89,0	93,6	89,4	88,9	102,5	91,3	99,2	88,4
Türkei	117,9	115,1	94,9	123,9	119,9	97,4	84,2	77,0	82,0
Ungarn	98,8	96,6	109,7	94,5	94,4	105,3	140,0	150,2	142,2

Q: Hauptverband der Österreichischen Sozialversicherungsträger.

Die ausländischen Arbeitskräfte verdienen im Durchschnitt weniger als ihre inländischen KollegInnen. Der Unterschied laut den Zahlen aus dem Jahr 2008, der Durchschnitt bei nicht-ÖsterreicherInnen liegt bei 1.848 € und ÖsterreicherInnen bei 2.235€, ist doch ekletant. Prozentuell verdienten die nicht- österreichischen ArbeitnehmerInnen in Österreich um 17,3% weniger als die ÖsterreicherInnen. Wenn wir uns auf der Tabelle den Unterschied zwischen den Geschlechtern und der Staatsbürgerschaft anschauen, können wir feststellen dass der Unterschied zwischen den ausländischen Arbeitern höher ist als der Unterschied zwischen den Ausländerinnen und den Inländerinnen.[188]

3.2.7. Türkeistämmige Bevökerung in Österreich

3.2.7.1. Geographische Herkunftsgebiete der ArbeitsmigranInnen

In Österreich eingewanderte türkeistämmige ArbeitnehmerInnen und ihre Heimatregionen im Ursprungsland sind Thema dieses Kapitels. Diese Bevölkerungsgruppe, in der ersten Generation in den Anfängen der Migrationswällen der 1960er 1970er Jahre, ist im Gegensatz zu vielen Annahmen großteils im urbanen Leben verankert gewesen. Laut den Erhebungen aus den ersten Einwanderungsjahrzehnten hatten rund 35%[189] der türkeistämmigen ArbeitnehmerInnen in Österreich, schon in der Stadt gelebt bevor sie nach Österreich eingewandert sind.

188 vgl.: Peter Huber: Die Arbeitsmarktintegration von Migrantinnen und Migranten in Österreich, Working Papers 365/2010, WIFO Wien 2010, S. 14

189 vgl.: Gudrun Biffl: Der Strukturwandel der Ausländerbeschäftigung in Österreich, Ausländische Arbeitskräfte in Österreich, Hannes Wimmer (Hg.), Campus Verlag, Frankfurt/Main 1986, S. 195

Wenn wir uns die Binnenwanderung in der Türkei ein wenig näher betrachten, kommen wir darauf dass es dort eine große Wanderung aus ländlichen Gebieten in die Großstädte herrscht. In der Türkei findet eine Wanderung von Osten nach Westen statt. Dabei sind Städte wie Izmir, Istanbul und Ankara die größten Aufnahmestädte von Binnenmigration. Im Laufe der letzten Jahrzehnte, genauer ab den 1990er Jahren, kamen auch andere Großstädte wie Bursa, im Westen der Türkei, Gaziantep, Adana und weitere Städte dazu. In diesen Jahrzehnten spielte für die Binnenwanderung die Auseinandersetzungen der türkischen Armee mit der kurdischen PKK eine wesentliche Rolle. Besonders in der ersten Hälfte des 1990er Jahre waren heftige Auseinandersetzungen an der Tagesordnung. Wegen dieser kriegerischen Auseinadersetzungen war die ländliche Bevölkerung in diesen Gebieten, Südosten der Türkei, gezwungen ihre Dörfer zu verlassen.

In Österreich lebende Gruppe der Türkeistämmigen hatten schon zu 35% in der Türkei in einer Stadt gelebt. Eine kleine Gruppe, die 16,1% ausmacht, sind über die Städte nach Österreich gekommen. Somit hatten rund die Hälfte von ihnen ein Stadtleben hinter sich. Aus ländlichen Gebieten stammten rund 48,5%. Wenn wir die Gruppe die über ein zwischen Stopp über eine Stadt ausgewandert sind dazu rechnen, kann behauptet werden das ein sehr großer Teil der ArbeitsmigrantInnen aus der Türkei aus ländlichen Gebieten bzw. vorher im agrarischen Bereich tätig waren.[190]

Bei der Niederlassung in Österreich spielt auch die geographische Herkunft in der Türkei auch eine Rolle. Demnach ist es so dass die Stadtstämmigen sich zu 40% in Wien niedergelassen haben, also in einer Stadt. Von der ländlichen Bevölkerung sind es 30% und von denen die einen zwischen Stopp in einer Stadt gemacht hatten, haben sich 37% in Wien niedergelassen.[191]

---

190 vgl.: Gudrun Biffl: Der Strukturwandel der Ausländerbeschäftigung in Österreich, Ausländische Arbeitskräfte in Österreich, Hannes Wimmer (Hg.), Campus Verlag, Frankfurt/Main 1986, S. 195

191 vgl.: Gudrun Biffl: Der Strukturwandel der Ausländerbeschäftigung in Österreich, Ausländische Arbeitskräfte in Österreich, Hannes Wimmer (Hg.), Campus Verlag, Frankfurt/Main 1986, S. 195

3.2.7.2. Gründe für die Einreise nach Österreich[192]

Die Statistik Austria hat 2008 zum ersten Mal für die Altersgruppe 15-74 Jährigen eine für ganz Österreich repräsentative Umfrage durchgeführt. Befragt wurde nur die erste Generation, im Ausland geborene die nach Österreich eingewandert sind und hier leben. Die Zahlen sind aus dem zweiten Quartal von 2008.

Für die Meisten war der Eingereisten war die Zuwanderung als Kind entweder gemeinsam Eltern oder der Eltern nachgereist, der Grund für die Einreise. Bei den Frauen ist als der häufigste Grund für die Einreise die Familienzusammenführung. In den ersten Jahren der Einwanderung von ausländischen Arbeitskräften nach Österreich, so wie auch in anderen Aufnahmestaaten Europas, war der Anteil der männlichen Arbeitskräfte viel mehr als die Frauen. Aus diesem Grund ist es nicht so verwunderlich wenn der Anteil der Frauen bei dieser Frage viel höher ist als die der Männer. Bei der Begründung mit Heirat als Einreisegrund ist der Anteil der Frauen wesentlich höher als die der Männer.

Genau wie das historische Migrationsmuster bei den Geschlechter auch war, so ist auch die Dominant der Männer nicht zu übersehen. Von den Befragten allgemein gaben 18,5% als Grund für die Migration nach Österreich an, davon sind 62,8% Männer.

Differenzen gibt es wenn wie die Antworten auf die Gruppe der Türkeistämmigen ArbeitnehmerInnen einengen. Von dieser Gruppe wird die Familienzusammenführung mit 40,9% als Grund für ihre Einreise erwähnt. Im Gegensatz dazu ist von dieser Gruppe die Begründung dass sie ins Land kommen um eine Ehe einzugehen, angegeben. Bei den Zuwanderern aus den EU- Staaten wird es mit 18,4% angegeben. Als Kind sind auch viele, rund ein Drittel mit 30%, dieser Gruppe nach Österreich gekommen.

3.2.8. Demographie[193]

Der Anteil der türkeistämmigen Bewohner in Österreich liegt im Jahr 2010, liegt bei rund 183.000 Menschen. Durch die Zuwanderung aus der Bundesrepublik Deutschland die sich in den letzten Jahren sehr gesteigert hat, ist diese Gruppe an die erste Stelle der ausländischen Bevölkerung im Land gestiegen. Die deutsche Gruppe besteht aber nicht nur aus ArbeitnehmerInnen sondern auch aus vielen StudentInnen, die das numerus clausus System in Deutschland umgehen wollen.

192 vgl.: Statistik Austria: Arbeit- und Lebenssituation von Migrantinnen und Migranten in Österreich, Modul der Arbeitskräfteerhebung, Wien 2008

193 Die Zahlen in diesem Kapitel sind aus Statistik Austria: Arbeit- und Lebenssituation von Migrantinnen und Migranten in Österreich, Modul der Arbeitskräfteerhebung, Wien 2008

In der Statistik sind die türkeistämmigen in Österreich an die dritte Stelle zurück gefallen, obwohl sich Zahlenmäßig nicht besonders viel zu der letzten Volkszählung von 2001 verändert hat. An die zweite Stelle sind die Staatsbürger Serbiens zurück gefallen, auch bei ihnen hat sich an der Zahl nicht besonders viel getan.

Da sich in den letzten Jahren die Beizeichnung von ausländischen ArbeitnehmerInnen zu Bevölkerung mit Migrationshintergrund umgewandelt hat, ist es zu definieren was mit dieser neuen Definition auch gemeint ist. Hier für nehme ich die Definition der Statistik-Austria heran, demnach sind *„Personen mit Migrationshintergrund werden hier Menschen bezeichnet, deren beide Elternteile im Ausland geboren wurden. Diese Gruppe lässt sich in weiterer Folge in Migrantinnen und Migranten der ersten Generation (Personen, die selbst im Ausland geboren wurden) und in Zuwanderer der zweiten Generation (Kinder von zugewanderten Personen, die aber selbst im Inland zur Welt gekommen sind) unterglieder n."*[194]

Wenn wir uns die Zahlen näher anschauen und die Definition von Migrationshintergrund dabei in betracht ziehen kommen wir darauf, dass die Gruppe der türkeistämmigen in Österreich rund 247.500 sind. Zu der oben erwähnten Zahl von 183.000, die entweder noch in der Türkei geboren sind oder noch die türkische Staatsbürgerschaft haben, kommen noch die im Besitz der Staatsbürgerschaft besitzen oder hier auf die Welt gekommen sind, dazu.

Die Verteilung der türkeistämmigen ist auf die Ballungszentren wie Wien, Wr.Neustadt und Linz aufgeteilt. Früher spielte auch Vorarlberg eine wichtige Rolle als noch die Textilindustrie ansässig war. Seit aber die Textilfirmen abgezogen sind oder teilweise auch in die Insolvenz gegangen sind, verliert Vorarlberg immer mehr an Bedeutung. Wien hat den größten Anteil mit rund 73.205, gefolgt von Niederösterreich mit 25.268 und Oberösterreich mit 22.904 Personen. Bundesländer wie Kärnten oder Burgenland spielen kaum eine Rolle bei der Verteilung der türkeistämmigen ArbeitnehmerInnen.

Der Zuzug aus der Türkei spielt im Vergleich zu anderen Ländern fast keine Rolle mehr. Hier ist auch noch zu erwähnen das in den letzten Jahren die Bedeutung der österreichischen Universitäten für türkische StudentInnen eine sehr bedeutende Rolle spielen. Die Zahl der türkischen StudentenInnen sind in Österreich in den letzten zehn Jahren sehr gestiegen.

194 vgl.: Statistik Austria: http://www.statistik.at/web_de/statistiken/bevoelkerung/bevoelkerungsstruktur/bevoelkerung_nach_migrationshintergrund/index.html, am 22.02.11

Im Jahr 2009 sind aus der Türkei knappe 5.000 Personen eingewandert. Die Alterstruktur dieser Gruppe ist unter dem österreichischen Durchschnitt. Der Durchschnitt Inländer liegt bei 41,5 Jahren und bei den Türkeistämmigen liegt der Durchschnitt bei 35,1 Jahre.

3.2.9. Arbeitsmarktsituation der türkeistämmigen Bevölkerung in Österreich 2010

In diesem Kapitel geht es darum die Arbeitsmarktsituation der türkeistämmigen ArbeitnehmerInnen in Österreich näher unter die Lupe zu nehmen. Wie die Lage am Arbeitsmarkt für diese Gruppe in den vorangegangenen Jahrzehnten war, ist in anderen Kapiteln erklärt worden. Wie sich die Arbeitsmarktsituation in den letzten Jahren, d.h. die letzten 1-2 Jahre (2009-2010), entwickelt hat und wie es Heute ist. In vielen Untersuchungen bzw. Studien die Seitens der Statistik Austria oder Forschungsinstitute getätigt wurden, sind die ausländischen ArbeitnehmerInnen allgemein Themen dieser Untersuchungen, auch wenn es ganz wenige Studien dazu gibt, werden besonders seitens der Statistik Austria die Gruppe der türkeistämmigen als Zielgruppe behandelt. Seit einigen Jahren, genauer gesagt seit 2006 gibt es ein Statistisches Jahrbuch über Migration & Integration, in dem Zahlen, Daten und Indikatoren, wieder gegeben werden. Dieses Jahrbuch wird seitens des Integrationsfonds, das dem Innenministerium unterliegt, mit der Unterstützung der Statistik Austria, Bundesministerium für Inneres, der EU-Kommission und der Österreichischen Akademie der Wissenschaften, heraus gegeben. Ich werde in diesem Kapitel vom Jahrbuch über Integration und Integration einen wesentlichen gebrauch machen. Eine andere Quelle über die wesentlichen Zahlen über die MigrantInnen in Österreich im speziellen über die Gruppe der Türkeistämmigen gibt es leider nicht. Alle Quellen die ich heranziehen konnte, hatten als Primärquelle die Statistik Austria herangenommen.

3.2.9.1. Situation am Arbeitsmarkt[195]

Wenn wir uns die Zahlen über die Situation am Arbeitsmarkt anschauen, ist es festzustellen dass die ZuwandererInnen es am Arbeitsmarkt besonders schwer haben. Die Situation in den letzten Jahren, verursacht auch natürlich durch die Wirtschaftkrise, zeigt dass die Erwerbstätigkeit bei den ImmigrantInnen, 64%, niedriger ist als die der Bevölkerung ohne Migrationshintergrund, 74%. Der Unterschied beträgt 10%, das ist eine eher eine hohe Zahl. Wenn wir einen noch genaueren Blick in die Gruppe der ImmigrantInnen machen und uns die Gruppe der Türkeistämmigen unter die Lupe nehmen, sehen wir das die Erwerbstätigkeit in dieser Gruppe um nochmalige 10% Punkte niedriger ist als die allgemeine Gruppe der ImmigrantIn-

195 Die Zahlen in diesem Kapitel sind aus: Statistik Austria: Arbeit- und Lebenssituation von Migrantinnen und Migranten in Österreich, Modul der Arbeitskräfteerhebung, Wien 2008

nen und bei 54% liegt. Im Vergleich zu der Erwerbstätigkeit der ÖsterreicherInnen liegt die Erwerbstätigkeit um ganze 20% Punkte niedriger.

Die Ursache kann natürlich auch mit der Krise begründet werden. Denn in Krisenzeiten, war schon immer die Gruppe der ImmigrantInnen jene Gruppe die als erster von Krisen betroffen war. En wesentliche Merkmal dafür ist sicherlich die geringe Qualifikation, die nach wie vor in dieser Gruppe vorhanden ist. Als ein weiteres Merkmal ist auch die geringe Bildung im Vergleich zu den Österreicherinnen der ImmigrantInnen, ein ausschlaggebender Faktor. Der Bildung ImmigrantInnen ist ein eigener Kapitel gewidmet.

Die ausländischen ArbeitnehmerInnen waren am Anfang der Anwerbeabkommens eher für Arbeiten im produzierenden Sektor angeworben worden. Auch wenn sie im Ursprungsland eine Qualifikation erworben hatten, worauf auch beim Auswahlverfahren auch wert gelegt wurde, mussten sie im Land Arbeiten tätigen die unter ihrer Qualifikation waren und eher für unqualifizierte Arbeiten eingestellt wurden. Gerade diese Bereiche sind die Bereiche die zu Krisenzeiten die ersten ArbeitnehmerInnen kündigen. Es muss noch erwähnt werden das natürlich ein Wandel und verteilen in andere Branchen gefunden hat. Aber ein Großteil von ausländischen ArbeitnehmerInnen arbeitet nach wie vor im produzierenden Sektor und hat keine hohe Qualifikation. Das Wiedereinsteigen in den Beruf ist für diese Gruppe wesentlich schwieriger als der gelernten Fachkräfte.

Nach dieser kurzen Exkursion wieder zurück zu den türkeistämmigen ArbeitnehmerInnen am österreichischen Arbeitsmarkt. Bei den Frauen schaut es so aus dass die Türkinnen, 39%, einen noch viel geringeren Anteil am Erwerbsleben haben als andere Gruppen. Einen bestimmten Grund dafür ist nicht leicht anzugeben, es gibt leider keine fundierte Studie darüber wieso die Türkinnen weniger im Arbeitsleben vertreten sind.[196] Es kann auf jeden fall behauptet werden, das sich in den letzen Jahrzehnten doch einiges verändert hat, die Erwerbstätigkeit bei den Frauen aus der Türkei, wenn wir uns die Zahlen der vorangegangenen Jahrzehnte anschauen, ist, wenn auch nur leicht, gestiegen.

Diese Gruppe der ArbeitnehmerInnen sind von ihrem Arbeitsplatz zu 88% zufrieden, der Rest von 12%, sind mit ihrem Arbeitsplatz nicht zufrieden. Der Hauptgrund für die Unzufriedenheit sind die Arbeitsbedingungen, ein weiterer Grund ist der geringe Lohn oder Gehalt. Diese Zahlen stammen aus einer Studie die 2008 von einer türkeistämmigen Arbeitsgemeinschaft

196 vgl.: Migration & Integration, zahlen.daten.indikatoren 2010: Statistik Austria, Kommission für Migrations- und Integrationsforschung der Österreichischen Akademie der Wissenschaften, S. 51

durchgeführt wurde. Aus dieser Befragung geht auch hervor dass von den Befragen Ausländerfeindlichkeit nicht als Unzufriedenheit angegeben wurde.[197]

Die Schulungsmaßnahmen des Arbeitsmarktservices haben den Sinn die in die Arbeitslosen wieder in den Arbeitsmarkt zu integrieren bzw. auch durch Umschulungen in andere Branchen weiter zu vermitteln. In den letzten Jahren sind die türkeistämmigen Arbeitslosen durch Schulungs- und Umschulungsmaßnahmen fortgebildet worden. Die Quote bei den türkeistämmigen Arbeitssuchenden in die diesen Maßnahmen unterzogen waren ist in den letzten zwei Jahren, 2008-2009, gestiegen. Die türkeistämmigen Arbeitsuchenden haben im Vergleich zu den Jahren davor um 33% [198]mehr die Schulungs- und Umschulungskurse des AMS besucht. Eine der Gründe ist sicherlich auch die erhöhte Arbeitslosigkeit bei dieser Gruppe und die steigende Langzeitarbeitslosigkeit.

3.2.9.2. Die Jugend am Arbeitsmarkt

Wie oben auch schon angegeben ist die Arbeitslosenrate bei den türkeistämmigen ArbeitnehmerInnen im Vergleich zu den anderen Arbeitnehmergruppen in Österreich viel höher. Bei den Jugendlichen schaut es nicht anders als allgemeine Arbeitslosenquote in dieser Bevölkerungsgruppe.

Die Arbeitserwerbsquote bei den türkeistämmigen Jugendlichen, Jugendliche der Gruppe zwischen 14-24 Jahren, ca. um 6% Punkte weniger als der österreichische Durchschnitt. Der Durchschnitt bei der Jugenderwerbsquote der Österreicher liegt bei 56% und die türkeistämmigen Jugendlichen zeigen eine Quote von 50%.[199]

Von einer Studie aus dem Jahr kann heraus gelesen werden, dass bei den türkeistämmigen Arbeitslosen aus der Türkei 81% nicht länger als 6 Monate Arbeitslos gewesen. Für die Gründe der Arbeitslosigkeit gaben 13% an dass sie keine Arbeit finden konnten und 6% von ihnen gaben an das sie freiwillig Arbeitslos sind.[200]

---

197 vgl.: Turgut Gümüsoğlu, Murat Batur, Hakan Kalaycı, Zeynep Baraz: Türkische Migranten in Österreich, Peter Lang Verlag, Frankfurt/Main 2009, S. 65

198 vgl.: Migration & Integration, zahlen.daten.indikatoren 2010: Statistik Austria, Kommission für Migrations- und Integrationsforschung der Österreichischen Akademie der Wissenschaften, S. 57

199 Migration & Integration, zahlen.daten.indikatoren 2010: Statistik Austria, Kommission für Migrations- und Integrationsforschung der Österreichischen Akademie der Wissenschaften, S. 57

200 vgl.:Turgut Gümüsoğlu, Murat Batur, Hakan Kalaycı, Zeynep Baraz: Türkische Migranten in Österreich, Peter Lang Verlag, Frankfurt/Main 2009, S. 65

3.2.9.3. Situation am Arbeitsplatz

Damit wir auch einen Einblick über das Leben am Arbeitsplatz von türkeistämmigen ArbeitnehmerInnen haben, machen wir einen kleinen Exkurs an die Arbeitsstätten von ihnen. Die Zahlen stammen über die Situation am Arbeitsplatz von der oben erwähnten Studie. Aus dieser Studie geht hervor das 64,7% der Befragten großteils ÖsterreicherInnen als Kollegen am Arbeitsplatz haben. Eine Anzahl von 39,3% haben großteils türkeistämmige Kollegen am Arbeitsplatz.[201]

Bei der Sprache schaut es so aus dass 50,6% sehr oft Deutsch als Kommunikationssprache, 22,1% von ihnen meinen das sie Deutsch oft benutzen. Es gibt auch eine Gruppe von 14,4% die Deutsch eher selten verwenden.[202]

Es gibt eine Gruppe von türkeistämmigen ArbeitnehmerInnen mit 14,4% die Deutsch eher selten am Arbeitsplatz verwenden. Ob es einen Zusammenhang dazu gibt das als Grund am Arbeitsplatz für Probleme mit 17,5% die fehlenden Sprachkenntnisse angegeben werden, kann nicht genau beantwortet werden. Das Ausländersein auch ein Problem darstellen kann und auch ist behaupten immerhin 16,8%. Es werden auch andere Probleme wahrgenommen wie z.B. die Gesundheit, immerhin sind 10,4% der Meinung dass ihre Arbeit für sie Gesundheit gefährdend sei. Für 9,6% sind die Arbeitsbedingungen schwierig.[203]

Über das Verhältnis zu ihren österreichische Arbeitskollegen gefragt, antworteten 71,6% mit sehr gut oder gut. Der Meinung dass ihr Verhältnis zu den österreichischen Arbeitskollegen sehr schlecht ist oder dass sie kein Verhältnis zu ihnen hätten, antworteten lediglich 3,7%. Auf die Frage wie das Arbeitsverhältnis zu ihren türkeistämmigen Arbeitskollegen ist, antworteten 76,5% mit sehr gut oder gut.[204] Es ist sehr erstaunlich dass hier zwischen den zwei Antworten kein großer Abstand ist. Darüber kann gesagt werden, dass es am Arbeitsplatz sehr kollegial ist. Die Belegschaft sieht sich als Kollegen und differenziert nicht mit Nationalitäten oder Staatenzugehörigkeit.

Wenn wir ein wenig ausschweifen und uns die Situation über die Erfahrungen der InländerInnen mit den zugewanderten Bevölkerungen anschauen, kann behauptet werden dass der Kontakt dieser zwei Bevölkerungsgruppen mehr da ist als vielleicht angenommen wird. Österrei-

---

201 vgl.:Turgut Gümüsoğlu, Murat Batur, Hakan Kalaycı, Zeynep Baraz: Türkische Migranten in Österreich, Peter Lang Verlag, Frankfurt/Main 2009, S. 66

202 vgl.:Turgut Gümüsoğlu, Murat Batur, Hakan Kalaycı, Zeynep Baraz: Türkische Migranten in Österreich, Peter Lang, Verlag Frankfurt/Main 2009, S. 66

203 vgl.:Turgut Gümüsoğlu, Murat Batur, Hakan Kalaycı, Zeynep Baraz: Türkische Migranten in Österreich, Peter Lang, Verlag Frankfurt/Main 2009, S. 66

204 vgl.:Turgut Gümüsoğlu, Murat Batur, Hakan Kalaycı, Zeynep Baraz: Türkische Migranten in Österreich, Peter Lang Verlag, Frankfurt/Main 2009, S. 66

cherInnen haben in ihrem Alltag relativ viel Kontakt mit ihren zugewanderten Mitbürgern, in Zahlen sind es 53%.[205] Es gibt einen Unterschied zwischen den Männern und Frauen, Männer haben mehr Kontakt mit den zugewanderten MitbürgerInnen als Frauen. Nach Alter differenziert ist es so dass Jüngere mehr Kontakt haben als die älteren Personen. Über 60 jährige haben kaum Kontakt zu zugewanderten, es sind mehr als 60% die angaben dass sie keinen Kontakt haben. Der Prozentsatz wir bei den jüngeren, 15-19 jährige, viel weniger es sind nur noch 32%. Dies sagt auch dass diese Generation viel mehr mit Zugewanderten zu tun hat und die Entwicklung sich in diese Richtung bewegt. Sie werden mit den Zugewanderten alt werden. Je höher die schulische Bildung ist desto häufiger ist auch der Kontakt mit den ausländischen Mitbürgern. Die Befragten mit höherer Schulbildung kennen auch mehr Migranten die benachteiligt wurden. Die diskriminierung von MigrantInnen nehmen die besser Gebildeten eher war oder findet in dieser Bildungsniveau mehr disriminierungen statt. Diese Frage ist anhand dieser Befragung leider nicht zu beantworten.

Bei der subjektiven Wahrnehmung von Benachteiligung, ich würde das Wort auch mit diskriminierung ersetzten. Aus dem Grund weil das Wort Benachteiligung für mein Verständnis zu neutral klingt. Da Benachteilung laut der gängigen wissenschaftlichen Lehre eine Diskriminierung ist, werde ich dieses Wort mit diskriminierung ersetzen. Um noch mal zurückzukommen, das subjektive Wahrnehmen von Diskriminierung der ausländischen Bevölkerung in Österreich ist mit 47%[206] bejaht worden. Es gibt aber große Unterschiede zwischen den ausländischen Bevölkerungsgruppen. Subjektiv fühlen sich die türkeistämmigen am meisten, 55%, diskriminiert. Von der Gruppe aus dem ehemaligen Jugoslawien sind 28,5% der Meinung dass immer oder eher schon diskriminiert werden. Von den befragten Gruppen ist die Gruppe der PolenInnen und RumänInnen die sich am wenigsten, 19%, die sich einer diskriminierung ausgesetzt fühlen. Die Wahrnehmung von diskriminierung ist in den niedrigeren Bildungsschichten am Höchsten. Personen ohne Pflichtschuleabschluss fühlen sich am meisten diskriminiert, 60% Prozent antworteten mit immer und eher schon. Je höher die schulische Bildung ist, desto weniger wird diskriminierung wahrgenommen oder diskriminierungsfälle werden weniger. Nach den Geschlechtern differenziert betrachten, ist fast kein Unterschied zu sehen, lediglich 0,01% ist der Unterschied zwischen Mann und Frau. Von den Männern gaben 33,7% an dass sich immer oder eher schon disriminiert werden, bei den Frauen sind es 33,6%.

205 vgl.: Migration & Integration, zahlen.daten.indikatoren 2010: Statistik Austria, Kommission für Migrations- und Integrationsforschung der Österreichischen Akademie der Wissenschaften, S. 91

206 vgl.: Migration & Integration, zahlen.daten.indikatoren 2010: Statistik Austria, Kommission für Migrations- und Integrationsforschung der Österreichischen Akademie der Wissenschaften, S. 91

3.2.9.4. Eheschließungen in der türkeistämmigen Community

Ein sehr wichtiges Phänomen das sich Verdient in einem eigenen Kapitel behandelt zu werden, sind die Eheschließungen in der türkeistämmigen Gruppe. Familienzusammenführungen haben in dieser Gruppe einen höheren Prozentsatz als bei den jugoslawischen Staatsbürgern. Bei diesen Familienzusammenführungen ist es angebracht und auch wert die Eheschließungen in dieser Gruppe auch als Thema für sich zu behandeln. Es gibt zwei Möglichkeiten einen Ehepartner zu finden, entweder sucht man sich den oder die Partnerin aus der zweiten Generation in der gleichen Gruppe aus oder man wendet den zweiten Weg an. Der zweite Weg ist der, dass die Eltern einen Partner oder Partnerin aus der Heimat vorschlagen, der dann meistens auch angenommen werden muss.

Der ausgesuchte Partner oder die Partnerin wird geheiratet und er/sie kommt durch die Familienzusammenführung entweder gleich oder je nach gesetzlicher Lage nach einer erfüllten Frist von Jahren, mit nach Österreich. Dieser Weg wird mittlerweile als der Weg der „Importierten Ehepartner“ bezeichnet. Auch wenn keine genauen Studien dafür gibt gehen im letzten Jahrzehnt solche Ehe bald wieder auseinander. Die Differenzen in der Mentalität der zweiten und dritten Generation hier in Österreich und den Türken in der Türkei ist nicht mehr die gleiche der Eltern bzw. Großeltern die vor etlichen Jahren nach Österreich eingewandert sind.

Von den Befragten der Studie über den Weg der Eheschließung antworteten 24,9%[207] mit ja. Dieser Weg der Eheschließung ist also nach wie vor gegeben und die Ehepartner oder Ehepartnerin ist eine Zugereiste aus der Türkei. Damit endet die Zuwanderung der ersten Generation nicht und es gibt immer eine erste Generation die nach Österreich einreist. Gründe für die Eheschließung mit jungen AnwärterInnen aus der Türkei kann von vielen Faktoren abhängen. Zum einen sind die nach wie vor engen Familienbindungen, der Einfluss der Eltern beim aussuchen der EhepartnerInnen und sicherlich auch die starke Bindung in die Türkei. Bei diesen Eheschließungen werden meistens aus dem Verwandtenkreis die AnwärterInnen ausgesucht. Aus den ländlichen Gebieten stammende spielt der Einfluss der Eltern beim Aussuchen der EhepartnerIn ein sehr große Rolle, da auch der Großteil der türkeistämmigen ArbeitnehmerInnen aus ländlichen Gebieten gekommen sind, ist diese Art der Eheschließung keine Überraschung.

---

207 vgl.: Bauböck Rainer: Demographische und Soziale Struktur der Jugoslawischen und Türkischen Wohnbevölkerung in Österreich: in Ausländische Arbeitskräfte in Österreich, Hannes Wimmer (Hg.), Campus Verlag, Frankfurt/Main 1986, S. 198

3.2.10. Der Einfluss von Arbeitsmigration auf die Gesellschaft in Österreich

In der Migrationsforschung ist der Hauptschwerpunkt in Effekten angesammelt, dazu zählen die Steuern, Pensionssystem, Wirtschaftsbereiche oder Arbeitsmarkt. Die sozialen Aspekte der Arbeitskräfteimmigration in Österreich ist auf wenige Bereiche wie die Situation am Wohnungsmarkt oder wie die Wohnsituation der EinwanderInnen ist. Weitere Aspekte der Zuwanderung auf die österreichische Gesellschaft sind in den letzten Jahren Thema von Studien oder Forschungen geworden. Aus diesem Grund ist die Literatur in diesem Bereich sehr dünn angesiedelt.

Das Hauptmerkmal in der Forschung konzentriert sich im Bereich der Wirtschaftswachstums, die Produktivität und den technischen Fortschritt. Dem Arbeitsmarkt ist dabei noch ein weiters Augenmerk gerichtet. Aus nationalstaatlicher Sicht betrachtet, tut der Staat mit all seinen dazu gehörenden Institutionen oder als Auftraggeber für Forschungen, das notwendige um die Auswirkungen der Arbeitskräftemigration in Österreich aus zu forschen. Dabei wird der Effekt auf den Arbeitsmarkt mit seinen Unterthemen wie Arbeitsmarktsegmentation, die Beschäftigungschancen der Einheimischen und der Einfluss auf die Löhne und die Arbeitslosigkeit untersucht. In den letzten Jahren ist das Thema der Sozialensicherheit mit einer starken Gewichtung dazu gekommen. Die Ostöffnung und die Aufnahme der osteuropäischen Staaten in die Europäische Union war ein wesentlicher Grund dafür dass dieses Thema in den letzten Jahren seitens der populistischer Politiker sehr strapaziert wurde und mitunter auch deshalb in der Forschung seinen Platz gefunden hat. Ein weiterer sehr wichtiger Grund der sowohl die Politik als auch die Öffentlichkeit in den letzten Jahren, genauer gesagt seit der Neoliberalen Politik der Schwarz- Blauenregierung beschäftigt ist das Pensionssystem. Daraus resultierend geht es darum welche Rolle die Immigration nach Österreich bei der Sicherung des Pensionssystems spielt.[208]

3.2.11. Einzahlungen in das Sozialversicherungssystem und Steuern

In den ersten Jahrzehnten, in den 1960er und 1970er Jahren, der Arbeitskräftemigration nach Österreich waren die Auswirkungen auf das Sozialsystem und die Steuereinnahmen seitens des Staates, noch kein Thema von Studien oder Untersuchungen. Ein Grund dafür war kann gewesen sein, dass es das Rotationsprinzip für die ArbeitsimmigrantInnen vorgesehen war. In

208 vgl.: Gudrun Biffl: in Der Einfluss von Immigration auf Österreichs Wirtschaft, in Nationaler Kontaktpunkt Österreich im Europäischen Migrationsnetzwerk: Der Einfluss von Immigration auf die österreichische Gesellschaft. Österreichischer Beitrag im Rahmen der europaweiten Pilotstudie "The Impact of Immigration on Europe's Societies", Wien, 2004, http://gudrun.biffl.wifo.ac.at/fileadmin/files/NCP-PILOT-ECON-DE_09_2004.PDF, S. 1, download am 24.03.2011

diesen Jahrzehnten war die Betroffenheit noch nicht vorhanden, was auch ein weiterer Grund dafür gewesen sein kann.

In den kommenden Jahren danach, also in den 1980er Jahren änderte sich die Situation am Arbeitsmarkt in Österreich. Infolge von technologischen Entwicklungen, wirtschaftlichen Strukturwandel und sinkendem Wirtschaftswachstum stieg die Arbeitslosigkeit in Österreich und in den anderen westeuropäischen Staaten an. In diesen Jahren war es relevant geworden sich über die Kosten und Nutzen der Einwanderung Gedanken zu stellen. Es waren auch die Jahre in denen es anfing klar zu werden, dass sich die Arbeitskräfteimmigration nach Österreich, nicht nach dem Rotationssystemfunktioniert und es sich ganz anders Entwickelt hat als es erwartet und geplant wurde. Mittlerweile waren aus den einzelnen ArbeitsimmigrantInnen ganze Familien geworden. Im Laufe der 1970er Jahre, besonders am der zweiten Hälfte und in den ersten Jahren der 1980er Jahre stieg die Zahl der ImmigrantInnen in der Bevölkerung stark an. Der Anteil der Frauen und Kinder unter ihnen waren wesentlich höher als ein Jahrzehnt vorher.

Plötzlich standen die Behörden und die Politik vor Gegebenheiten an die sie gar nicht hätten denken können und auch nicht wollen. Aus dem Grund weil durch das Rotationssystem sie es nicht zu lassen wollten dass sich die ArbeitsmigrantInnen nicht langfristig im Land aufhalten, geschweige den überhaupt niederlassen. Es war genau das Eingetreten, was sie nicht zulassen wollten. Die Zunahme der Einwanderungen in den 1990er Jahren, auf Grund der Kriege im ehemaligen Jugoslawien, war ein weiterer Grund wieso sich die Forschung doch dieser Thematik annahm.

ArbeitsimmigrantInnen zahlen in Form von Sozialversicherungsbeiträgen, sowie Lohn- und Mehrwertsteuer ein, Die Einzahlungen der ImmigrantInnen in das Sozialversicherungssystem und die Auszahlungen daraus an sie, sich in den 1990er Jahren etwa in der Waage hielten. Die ImmigrantInnen sind im Schnitt schlechter qualifiziert (die Gründe dafür sind oben angegeben), sie sind in den Niedriglohnbranchen eingesetzt, außerdem sind sie viel mehr als InländerInnen als Saisonarbeitskräfte beschäftigt und gehören viel weniger als ihre inländischen KollegInnen zum Kernbelegschaft der Betriebe. Diese Faktoren führen dazu dass die ImmigrantInnen von betrieblichen Aufstiegschancen wenig bis gar nicht profitieren können. Daraus kann abgeleitet werden das sie auch dem entsprechend weniger verdienen und dadurch auch das Jahreseinkommen auch weniger ist als die der InländerInnen. Das sind die Gründe wieso die ausländischen ArbeitnehmerInnen unter dem Durchschnitt der Gesamtösterreichischen Einzahlungen nicht erreichen können.[209]

Die Einzahlungen in die Arbeitslosenversicherung seitens der ausländischen Arbeitskräfte sind im Zeitrahmen von 1989-1999, im Vergleich um 16,3% niedriger gewesen als der österreichische Durchschnitt. Die Begründung dafür ist dass die ausländischen ArbeitnehmerInnen in Billiglohnsegmenten tätig sind. Die hohe Betroffenheit von der Arbeitslosigkeit führt dazu dass die Auszahlungen für die ausländischen ArbeitnehmerInnen aus dem Arbeitslosenversicherungsfonds höher ist als für die InländerInnen. Ein weiter Grund für die hohen Auszahlungen und für die Betroffenheit von der Arbeitslosigkeit ist das Ausländerbeschäftigungsgesetz. Nach dem vorhandenen Gesetz besteht das Beschäftigungsschutz für die InländerInnen. Demnach haben die österreichischen ArbeitnehmerInnen den Vorzug am Arbeitsplatz, was sich auf die Arbeitslosenquote der ausländischen ArbeitnehmerInnen negativ auswirkt. Die Arbeitslosigkeit dauert im Durchschnitte bei den ausländischen ArbeitnehmerInnen kürzer als die der inländischen ArbeitnehmerInnen. Hier für liegt der Grund dabei dass nur AusländerInnen mit Befreiungsschein oder mit einem Niederlassungssichtvermerk den ÖsterreicherInnen gleichgestellt sind und Leistungen aus der Notstandshilfe beziehen können. Deshalb liegen die Auszahlungen bei der Arbeitslosenunterstützung zwischen den ausländischen ArbeitnehmerInnen und den InländerInnen sich nur ganz wenig von einander Unterscheiden.[210]

Die Einzahlungen im Bereich der Wohnbauförderungsfonds schaut es anders aus als im Bereich der Arbeitslosenversicherung aus. Die ausländischen ArbeitnehmerInnen zahlen in den Wohnbauförderungsfonds mehr ein als sie aus dem Fonds herausbezahlt bekommen. Der Wohnbau liegt in der Zuständigkeit der Länder und es gibt keine gleichen gesamtösterreichischen Vergaberichtlinien. Nach dem die EU- Richtlinien ab 2006[211] umgesetzt werden musste, kamen ausländische ArbeitnehmerInnen in den Genuss von Gemeindewohnungen. Die Richtlinie sieht vor dass nicht EU- Staatsbürger nach fünf Jahren Aufenthalt das Recht auf eine Gemeindewohnung haben. Die Bedingungen dafür sind, wie auch bei den InländerInnen, ein ausreichendes Einkommen und eine Krankenversicherung. Durch die EU- Richtlinie ist

---

209 vgl.: Gudrun Biffl: in Der Einfluss von Immigration auf Österreichs Wirtschaft, in Nationaler Kontaktpunkt Österreich im Europäischen Migrationsnetzwerk: Der Einfluss von Immigration auf die österreichische Gesellschaft. Österreichischer Beitrag im Rahmen der europaweiten Pilotstudie "The Impact of Immigration on Europe's Societies", Wien, 2004, http://gudrun.biffl.wifo.ac.at/fileadmin/files/NCP-PILOT-ECON-DE_09_2004.PDF, S. 3, download am 24.03.2011

210 vgl.: Gudrun Biffl: in Der Einfluss von Immigration auf Österreichs Wirtschaft, in Nationaler Kontaktpunkt Österreich im Europäischen Migrationsnetzwerk: Der Einfluss von Immigration auf die österreichische Gesellschaft. Österreichischer Beitrag im Rahmen der europaweiten Pilotstudie "The Impact of Immigration on Europe's Societies", Wien, 2004, http://gudrun.biffl.wifo.ac.at/fileadmin/files/NCP-PILOT-ECON-DE_09_2004.PDF, S. 3, download am 24.03.2011

211 vgl.: http://oesterreich.orf.at/wien/stories/69524/, am 26.03.11

die Diskriminierung der ausländischen ArbeitnehmerInnen, bei der Vergabe von Gemeindewohnungen abgeschafft worden.

Bei den ausländischen Arbeitnehmerinnen ist die Geburtenrate höher als bei den Inländerinnen. Daraus ist abzuleiten dass die Höhe bei den Kinderbeihilfen im Vergleich auch höher sind als bei den InländerInnen. Die Geburtenrate der ausländischen Bevölkerung Österreich war bei den rund 76.000 Neugeborenen die 2009 auf die Welt gekommen sind, höher als die der Österreicherinnen. Es ist eigens zu erwähnen dass die bei der Geburtenrate die Türkinnen mit 14,9% im Vergleich zum österreichischen Durchschnitt und andere Gruppen mit Migrationshintergrund deutlich höher ist. Im Durchschnitt brachten die Österreicherinnen 2009 1,27 Kinder auf die Welt. Bei den Ausländerinnen war der Durchschnitt bei 1,84 Kindern und bei den Türkinnen 2,41 Kinder. Diese Mehrausgabe seitens des Staates ist wegen der geringen Nutzung des Bildungssystems durch die ImmigrantInnen wieder kompensiert, da der Anteil der Kinder mit Migrationshintergrund über die Pflichtabschulabschluss führende Schulen weniger ist als die der ÖsterreicherInnen.[212]

Im Bereich der Gesundheit sind die ImmigrantInnen in zwei Phasen aufzuteilen. Im Zeitpunkt der Einreise nach Österreich ist ihr gesundheitlicher Zustand im Durchschnitt gesunder als die ÖsterreicherInnen. Die Gesundheit der ausländischen ArbeitnehmerInnen verschlechtert sich im Laufe ihres Aufenthaltes in Österreich. Im Laufe der Jahre kommen sie in die Gruppe der gefährdeten Personen. Die Gründe dafür liegen in der starken mentalen und psychischen Belastungen am Arbeitsmarkt und am Arbeitsplatz, denen sie im Laufe der Jahre ausgesetzt sind. Im Alter ist ihre Gesundheit schwächer als die der ÖsterreicherInnen.[213]

Zusammenfassend kann gesagt werden, dass die ArbeitnehmerInnen mit Migrationshintergrund in das Sozialbudget fast genau so viel einzahlen als was sie daraus entnehmen. Das ist auf die Umverteilungswirkung des österreichischen Sozialversicherungssystem zurück zu führen. Vom Funktionieren der Umverteilung bei den ausländischen ArbeitnehmerInnen kann nicht gesprochen werden.

---

212 vgl.:Migration & Integration, zahlen.daten.indikatoren 2010: Statistik Austria, Kommission für Migrations- und Integrationsforschung der Österreichischen Akademie der Wissenschaften, S. 36,42 ff.

213 Gudrun Biffl: in Der Einfluss von Immigration auf Österreichs Wirtschaft, in Nationaler Kontaktpunkt Österreich im Europäischen Migrationsnetzwerk: Der Einfluss von Immigration auf die österreichische Gesellschaft. Österreichischer Beitrag im Rahmen der europaweiten Pilotstudie "The Impact of Immigration on Europe's Societies", Wien 2004, S. 5

4. Deutschland

4.1. Ausländische Arbeitskräfte in Deutschland

Die Bundesrepublik Deutschland war in den 1960er und 1970er Jahre des letzten Jahrhunderts, zahlenmäßig viel mehr der Immigration von ausländischen Arbeitkräften ausgesetzt als es Österreich der Fall war. Ausgehend von 1960 bis 1994 Immigrierten in Deutschland 27,85 Millionen Menschen ein, davon hatten 21,29 Mill. Menschen keinen Deutschen Reisepass. Im gleichen Zeitraum reisten aber 18,12 Mill. Menschen wieder aus, 15,3 Millionen von ihnen waren nicht im Besitz der deutschen Staatsbürgerschaft. Unterm Strich blieben von den Immigrierten in diesem Zeitraum 9,73 Mill. Menschen in der BRD. Die Anzahl der ausländischen Arbeitskräfte in Deutschland sind rund 5,84 Millionen Menschen.[214]

4.2. Der DGB und die ausländischen Arbeitskräfte

Durch die Einwanderung von ausländischen Arbeitskräften und dadurch dass ihre Zahlen immer mehr wurden, war es auch der Fall dass auch die Anzahl der Gewerkschaftsmitglieder unter ihnen immer mehr wurde, war der DGB gezwungen den 1967 zu gesperrten Referat „Ausländische Arbeitnehmer“ ab Juli 1971, besonders durch den Druck der IG-Metall wieder aufzusperren. Die kommenden zwei Jahrzehntelang sollte das Referat für „ausländische Arbeitnehmer“ in Zentralbüros aktiv als Kontakt-, Informations-, Vermittlungs- Und Beratungszentren agieren. Wie schon in anderen Kapiteln auch erwähnt wurde das „Türkische Zentralbüro“ am 1. August 1971 eröffnet. Die Absicht in diesem Zentralbüro war;[215]

- *Den DGB-Bundesvorstand, die Landesbezirke und Kreise beraten und ihnen bei der Lösung von Problemen im Zusammenhang mit türkischen Arbeitnehmern behilflich sein;*
- *Die Gewerkschaften, falls sie es wünschen, beraten und bei der Lösung von Problemen behilflich sein;*
- *Seminare für türkische Vertrauensleute der Gewerkschaften durchführen;*
- *Je nach Bedarf spezielle Informationen für türkische Vertrauensleute in den Gewerkschaften des DGB erarbeiten;*

214 vgl.: Andreas Treichler: Arbeitsmigration und Gewerkschaften, Dietrich Thränhardt (Hrsg.), LIT Verlag, Münster 1998, S. 183

215 Abt. Ausländische Arbeitnehmer, Türkisches Zentralbüro, Düsseldorf, 19. März 1975, AA/At-ev, S.2;DGB-Archiv „Abteilung Ausländische Arbeitnehmer, Box Deutsch-Türkische Gewerkschaftskommission 1975-1977 (215), provisorisches Eingangsverzeichnis lfd. Nr. 215“, in Andreas Treichler: Arbeitsmigration und Gewerkschaften, Dietrich Thränhardt (Hrsg.), LIT Verlag, Münster 1998, S. 183

- *Die Werbung von türkischen Arbeitnehmern für die Gewerkschaften des Deutschen Gewerkschaftsbundes (übernehmen);*
- *Den türkischen Gewerkschaftsbund TÜRK-İŞ über alle wichtigen gewerkschaftlichen und sozialpolitischen Ereignisse informieren.*

Dem Bereich „Migration" wurden durch die Wiedereröffnung des Referats „Ausländische Arbeitnehmer" beim DGB-BV und den Nationalitätenbüros, ein immer steigendes Gewicht zugeordnet. Der DGB und seine Gewerkschaften äußerten sich zur Arbeitsmigration von ausländischen Arbeitskräften und deren Beschäftigung in der BRD gegen die Benachteilung aus. Sie akzeptierten auch die aufenthalts- und arbeitserlaubnisrechtliche Sonderstellung der Immigranten und die damit verbundene Vorläufigkeit ihres Aufenthaltes in der BRD. Für den DGB kritisierten die eingeschränkten Möglichkeiten der politischen Betätigung und den freien Meinungsäußerung von Personen.[216]

Für die Gewerkschaften war eine widersprüchliche Doppelgleisigkeit in der formulierten arbeits- und sozialrechtlichen Gleichstellung der ausländischen mit einheimischen Arbeitnehmern und deren weitgehender Rechtlosigkeit und ihrem Unterworfen sein unter behördliches Ermessen sein andererseits. Auch wenn sie dieser Ansicht waren, sprachen sie sich für eine arbeitsmarktpolitische Steuerung im Sinne der strikten Anwendung und Durchsetzung des Inländerprimates. Der DGB und die Gewerkschaften waren für ein Gleichbehandeln in Sachen Tarif- und Sozialrecht und für eine Übereinstimmung der Interessen von ausländischen und einheimischen Arbeitskräften.

Zur gleichen Zeit war der DGB mit der illegalen Beschäftigung konfrontiert. Am 31. Juli 1970 wurden 78 aus der Türkei stammende ArbeitnehmerInnen ausgewiesen. Diese Ausweisung, wurde auch in der Türkei registriert und mit Missfallen beobachtet. Außerdem hatte es auch Bundesweit für viel Aufmerksamkeit gesorgt. Es gab daraufhin Gespräche des DGB-BV mit dem damaligen türkischen Arbeitsminister, mit dem Ziel wie man diesem Phänomen der illegalen Beschäftigung von türkischen ArbeitnehmerInnen legalisiert werden kann. Weiters gab es auch Gespräche einer DGB-Delegation mit dem Türkischen Gewerkschaftsbund, TÜRK-İŞ. Um das Problem der illegalen ArbeitnehmerInnen aus der Türkei zu beseitigen wurde von den Bünden eine Initiative für eine politische Lösung gestartet:

„DGB:30.000 illegale Türken. In der Bundesrepublik halten sich gegenwärtig schätzungsweise 30.000 türkische Gastarbeiter illegal auf. Das wurde jetzt anlässlich eines Besuchs einer

216 vgl.: Andreas Teichler: Arbeitsmigration und Gewerkschaften, LIT Verlag, Münster 1998, S. 164

DGB-Delegation in Ankara bekannt. Das geschäftsführende Mitglied des DGB, Franz Woschech, teilte mit, dass sich der DGB um Aufenthalts- und Arbeitsgenehmigungen für die Illegalen bemühte. Ein entsprechender Antrag ist bereits gestellt. Innerhalb einer Dreimonatsfrist (1.Oktober bis 31. Dezember 1970) sollen die betroffenen Türken bei den zuständigen Arbeitsämtern die entsprechenden Genehmigungen holen können. Die Aktion soll einmalig sein und nicht wiederholt werden."[217]

Mit dieser Aktion richtete sich das DGB an die Ministern für Arbeit und Soziales, sowie für Inneres. Dieser Vorstoß wurde im Parlament in einer Sitzung behandelt und der Innenminister gab Auskunft auf Verlangen über die Aktionen die in diesem Zusammenhang schon stattgefunden hatten.[218]

Die Mehrheit der Bundesländer äußerte sich gegen eine generelle Legalisierung. Die Bundesländer Rheinland-Pfalz und Hessen hatte vorübergehende, zeitlich begrenzte Duldungsbescheinigungen ausgestellt. Die Mehrheit sowie die Bundesbehörden waren gegen diese Aktion und gegen die Verlängerung der Duldungsbescheinigungen.

Für die Gewerkschaften und den DGB war es kein Thema die Beschäftigungsmöglichkeiten für ausländische ArbeitnehmerInnen auszuweiten oder die restriktiven Zugangsbedingungen zu lockern. Mit der Forderung nach der Legalisierung der illegal Beschäftigten ArbeitnehmerInnen aus der Türkei, wollte man eher ein Unterlaufen der tarif-, arbeits-, und sozialrechtlichen Standarts verhindern.

Nach dem der DGB mit dieser Aktion eher gescheitert ist, die illegalen ArbeitnehmerInnen aus der Illegalität zu holen, wagte sie es nicht noch mal dagegen etwas zu unternehmen. Danach hatte der DGB eine neue Linie eingelegt und favorisierte eine weitergehende Strafverfolgung von Arbeitgebern, die illegal ArbeitnehmerInnen beschäftigten.[219]

Der Überwiegende Anteil von ausländischen Beschäftigten in der BRD stammten aus der Türkei. Es ist davon auszugehen das die beiden Gewerkschaftsbünde der DGB und der TÜRK-İŞ in diesem Bereich auch gleiche Ansichten teilten. Sie gingen davon aus die Tatsache der Arbeitsmigration aus den Mittelmeerländern, die zu diesem Zeitpunkt der Großteil von ImmigrantInnen stellten, sowohl den Entsendeländer als auch dem Empfängerland von volkswirtschaftlichen nützen ist. Hier ist zu erwähnen dass sich die DİSK von dieser Ansicht distanzierte und diese Ansicht auch nicht teilte.

---

217 DGB-BV (Hg.) in: Andreas Teichler: Arbeitsmigration und Gewerkschaften, LIT Verlag, Münster 1998, S. 6
218 vgl.: Andreas Teichler: Arbeitsmigration und Gewerkschaften, LIT Verlag, Münster 1998, S. 166
219 vgl.: Andreas Teichler: Arbeitsmigration und Gewerkschaften, LIT Verlag, Münster 1998, S. 167

In Belgrad fand vom 24. bis 26. April 1972 die „Gewerkschaftskonferenz der Emigrations- und Immigrationsländer für Arbeitskräfte“ statt. An dieser Konferenz haben 26 Organisationen, aus 15 verschiedenen Länder Europas und Nordafrika, teilgenommen. Hier wurden erstmals seit der Internationalen von 1907 versucht multilaterale Probleme transnationaler Migrationen zu erörtern. Eine sehr wichtige Frage, die auch einen gewichtigen Platz bei der Konferenz einnahm, war der makroökonomische Nutzen der Arbeitsmigration für die jeweils beteiligten Länder. Der DGB war nicht der gleichen Auffassung wie die Organisationen aus den Ländern, Jugoslawien, Italien, Marokko, die LO aus Schweden und NVV aus Holland das in der Arbeitsmigration in die reicheren Industriestaaten eine umgekehrte Entwicklungshilfe und das diesen Ländern ein weitaus größerer makroökonomischer Nutzen dem Aufnahmeland zugute kommt. Die Gewerkschaftsbünde aus Schweden und aus Holland waren die einzigen westlichen Organisationen die diese Meinung auch teilten. Italien, das damals auch ein Entsendeland von Arbeitskräften in die Industriestaaten war, ist natürlich nicht dazu zu zählen. Es zeichnete sich verschiedene Standpunkte ab, das sich dann auch bei der Forderung von Regelungsbedarf transnationaler Arbeitsmigration und zur Verbesserung der Arbeits- und Lebenssituation zu verabschieden, zeigte. Es war am Anfang der Konferenz eine Perspektive diesbezüglich einen gemeinsamen Standpunkt abzugeben, wozu es dann doch nicht kam.[220]

Ein Jahr später veranstaltete die türkische Gewerkschaftskonföderation TÜRK-İŞ vom 7. Bis 10. November 1973 in Istanbul den 2. Internationalen Gewerkschaftstag über Fragen der Emigration. Teilgenommen hatten damals 21 Organisationen aus 14 verschiedenen Ländern, die DİSK war aber nicht eingeladen. Das Motto der Konferenz „Gleichheit der Rechte und der Behandlung im Betrieb in der Gesellschaft und in der Gewerkschaft“, hatte sehr wenig bzw. gar nichts mit der internationalen Arbeitskräfte Emigration gemein. Auf dieser Konferenz war die engere Zusammenarbeit zwischen den Organisationen der Abgabe- und Aufnahmeländer vorgesehen. Es gab aber vorbehalte seitens der westeuropäischen Aufnahmeländern. Sie waren eher gegen eine intensivierte Zusammenarbeit um eine Angleichung der Arbeitsmarktbedingungen und eine echte Arbeitsmarktpolitik auf europäischer Ebene zu erreichen. Geplant war auch eine 3. Emigrationskonferenz, was auch beschlossen wurde. Hier hatte aber der DGB seine eigenen Vorstellung in denen es keinen Platz für eine weitere Institutionalisierung des DİSKurses zwischen den Abgabe- und Aufnahmeländer, führen sollte. Karl Schwab aus dem DGB-BV Abteilung Ausländische Arbeitnehmer begründete diese Denkweise wie folgt:

220 vgl.: Andreas Teichler: Arbeitsmigration und Gewerkschaften, LIT Verlag, Münster 1998, S. 168

„Zum Abschluss der Konferenz sollte unbedingt durchgesetzt werden, dass solche Konferenzen ständige Einrichtungen sind, und dazu sollte auch ein Kontaktbüro gebildet werden. Unser massives Auftreten, unterstützt durch Schweden und Österreich, hat diese Absichten verhindert (...). Wir können uns aus politischen Gründen nicht leisten, die Ausrichtung der 3. Konferenz abzulehnen, weil wir dann in den Ruf kommen würden, internationale Maßnahmen zu Gunsten der Wanderarbeiter zu boykottieren, und zum anderen können wir nur durch Teilnahme an der Konferenz und durch die Ausrichtung verhindern, dass andere Gewerkschaftsbünde solche Konferenzen zu einer ständigen Einrichtung machen, etwa mit dem Ziel einer neuen Internationalen."[221]

4.2.1. Stellungnahmen der deutschen Gewerkschaften zur Einwanderung von Arbeitskräften aus der Türkei

Wie auch die anderen Institutionen in der BRD und auch in anderen Ländern Westeuropas gingen die Gewerkschaften davon aus dass die eingewanderten Arbeitskräfte das Land nach einigen Jahren wieder verlassen würden. Für die Gewerkschaften war die Bundesrepublik kein Einwanderungsland, außerdem wurde auch auf politischer Ebene etwas auf die Beine gestellt. Akzeptiert bzw. Verständnis hatten die Gewerkschaften in der Bundesrepublik nur dafür wenn die ausländischen Arbeitskräfte keinem deutschen Bürger den Arbeitsplatz wegnehmen würden. Das Inländerprimat hatte natürlich für die Gewerkschaften seine Geltung, wenn ein Deutscher Arbeitslos werden sollte, konnte oder sollte für ihn ein ausländischer Arbeitskollege den Platz räumen.

Seitens der Gewerkschaften ist die Arbeitsmigration auf wenig Gegenliebe gestoßen, für sie waren die größeren Probleme auf der sozial- integrativem Gebiet, wie die Wohnsituation der ausländischen ArbeitnehmerInnen. Die ausländischen Arbeitskräfte wurden seit Beginn der Immigration in betriebseigenen Unterkünften untergebracht. Diese Unterkünfte entsprachen nicht den üblichen baulichen- und hygienischen Wohnstandarts der Bundesrepublik. Seitens der Betriebe waren diese Unterkünfte natürlich viel Kostengünstiger und wurden deshalb auch forciert.

Die Wohnsituation der ausländischen ArbeitnehmerInnen wurde seitens der Gewerkschaften kritisch betrachtet. Sie engagierten sich für die ImmigrantInnen um die Situation in den Unterkünften zu verbessern. Das Thema wurde in die Öffentlichkeit seitens der Gewerkschaften getragen, womit es leichter geworden in diesem Bereich positive Veränderungen zu erzwin-

221 Karl Schwab, Abteilung Ausländische Arbeitnehmer, in einem Schreiben an die Mitglieder des Geschäftsführenden Vorstandes, Düsseldorf, den 1.4.1974, Rr/Bu, S.3 f; DGB-Archiv 5/DGAZ 330, in: Andreas Teichler: Arbeitsmigration und Gewerkschaften, LIT Verlag, Münster 1998, S. 169

gen. Mit der Zeit stiegen die Erwartungen und die Ansprüche der ImmigrantInnen, die Zahl der Betriebsunterkünfte die in Anspruch genommen wurden ging dementsprechend auch zurück. Die Wohnungsstätten der ausländischen ArbeitnehmerInnen verlagerten sich mittlerweile eher in die Städte. Durch die beschränkten finanziellen Möglichkeiten wurden nur bestimmte Stadtteile angesiedelt. So entstanden im Laufe der Jahre Stadtteile in denen fast nur ImmigrantInnen ansässig waren. Ein weiter Grund dafür war sicherlich der Zustand dass in diesen Stadtteilen viele aus den Heimatländern anzutreffen waren. Somit hatten sie ein wenig Heimatgefühlt mit hinein in diese Stadtteile rein gebracht. Die Gewerkschaften betrachteten diese Entwicklungen eher skeptisch, für sie war das Bilden von eigenen Stadtteilen eine Inakzeptable Entwicklung. Außer Acht wurden bei diesen Entwicklungen der Zustand der Diskriminierungen am Wohnungsmarkt gelassen. Die Gewerkschaften äußerten Bedenken wegen der Zunahme und Entwicklung solcher Stadtteile. Für Andreas Treichler ist dieses Bedenken einerseits Begründet andererseits aber ein Zeichen von begrenzten Horizontes;[222]

„Die im Zusammenhang mit der Herausbildung dieser Viertel geäußerte Befürchtung der Zunahme internationaler sozialer Ungleichheit war einerseits angemessen. Gleichzeitig wurde von Seiten der Gewerkschaften soziale Ungleichheit mit neuen Formen sozio- kultureller Pluralität verwechselt, was nicht nur aus Unkenntnis resultierte, sondern auch Ausdruck eines ethnozentristisch begrenzten Horizontes war.“

Für den DGB war die weitere Entwicklung dieser Stadtteile eine dramatische Situation. Auch wenn an einige Maßnahmen gedacht wurden, konnte es die Entwicklung und das Voranschreiten der Stadtviertel mit zunehmendem Anteil von Arbeitskräften die in die BRD immigrierten, nicht verhindern.

4.2.2. DGB und Familiennachzug

Eingewanderte türkische Arbeitskräfte in Deutschland, mussten bei einer Rückkehr in die Türkei einen neuen Antrag auf Aufenthalt stellen. Da dies nach dem Anwerbestopp nicht mehr so einfach möglich war verlagerten sie ihren Lebensmittelpunkt immer mehr in die Bundesrepublik, was nicht beabsichtigt war. Als Folge des Anwerbestopps war, dass jetzt viel mehr Familienzusammenführung statt gefunden hatte. Auch wenn der DGB für eine Familienzusammenführung war, sollte es ihrer Meinung nach an einen Nachweis von ausreichendem Menschenwürdigem Wohnraum abhängig gemacht werden. Unter menschenwürdigen Wohnraum verstand der DGB, den ein vergleichbarer deutscher Arbeitnehmer an eine Woh-

222 vgl.: Andreas Teichler: Arbeitsmigration und Gewerkschaften, LIT Verlag, Münster 1998, S. 172

nung entsprechend der Größe der Familie stellt. Wenn diese Bedingung erfüllt sein sollte, sollten die türkischen Arbeitskräfte auch ihre Familien nachholen dürfen.[223]

Zu dieser Zeit war für den DGB der Tatbestand der Familienzusammenführung weniger gewichtig als es innenpolitischen Interesse der Anwerbestopp der Fall war. Die Möglichkeit der Familienzusammenführung sollte in den kommen Jahren aber viel mehr von der Situation am Arbeitsmarkt in der BRD abhängig sein. Seitens dem DGB, der Bundesregierung und auch der BDA wurde befürchtet dass die Familienzusammenführung als Vorwand benutzt werden konnte um den Anwerbestopp zu unterlaufen. Um hier vorzubeugen wurde 1974 eine restriktive Maßnahme von der Bundesregierung ins Leben gerufen, dass auch vom DGB unterstützt wurde. Demnach sollte auf veränderte Rechtlicher Grundlage keine Arbeitserlaubnis an in der BRD lebende Ausländer für eine erstmalige Beschäftigungsaufnahme erteilt werden. Ausnahmen waren Branchen in denen ein Arbeitskräftemangel gemeldet war.

Die Folge dieser restriktiven Haltung der bundesdeutschen Behörden am Arbeitsmarkt für ausländische Arbeitskräfte waren, das immer mehr zugewanderte ImmigrantInnen in die illegale Beschäftigung gedrängt wurden. Betroffen waren davon vor allem die Frauen der Türkei stammenden Arbeitskräften. Auf der anderen Seite waren auch Jugendliche davon betroffen die nach 1974 eingereist waren, nach dem die Bundesregierung den Verbot für die erstmalige Beschäftigungsaufnahme erlassen hatte. Die Bund-Länder-Kommission erarbeitete im Februar 1977 ein Vorschlag der die restriktive Politik der Regierung noch weiter verschärfen sollte. Demnach sollten künftig Ehegatten und Jugendliche bereits im berufsschulpflichtigen Alter kein Arbeitserlaubnis erhalten. Weiters sollte der abgeleitete Anspruch nicht mehr auf Erteilung einer Arbeitserlaubnis für nachziehende Ehegatten anfallen. Der DGB unterstützte diese restriktive Politik der Bundesregierung im Zusammenhang mit der Familienzusammenführung und veröffentlichte 1983 eine Erklärung in dem sie ihren Standpunkt bei der Familienzusammenführung klar darstellte:[224]

- *Begrenzung des Familiennachzuges auf Kinder unter 16 Jahren;*
- *Ausschluß des Nachzuges von Kindern, wenn sich nur ein Elternteil in der Bundesrepublik aufhält (Ausnahmen: Halbwaisen und Kinder von Geschiedenen und Ledigen);*
- *Ausschluß des Familiennachzuges für Angehörige von Ausländern, die sich in der Bundesrepublik Deutschland zur Aus- und Fortbildung sowie als Werkvertragsarbeitnehmer aufhalten;*

223 vgl.: Andreas Teichler: Arbeitsmigration und Gewerkschaften, LIT Verlag, Münster 1998, S. 181
224 vgl.: Andreas Teichler: Arbeitsmigration und Gewerkschaften, LIT Verlag, Münster 1998, S. 182 ff.

- *Auschluß des Nachzugs der Ehegatten von Ausländern, die als Kinder von Ausländern in die Bundesrepublik Deutschland eingereist oder hier geboren sind, wenn diese das 18. Lebensjahr noch nicht vollendet haben.“*

Der DGB forderte die Verfestigung des Aufenthaltstitels nachziehender Familienmitglieder. Nach ihren Vorstellungen sollten ausweisungsrelevante Tatbestände wie der Bezug von Arbeitslosen- oder Sozialhilfe, entfallen. Nach ununterbrochenem legalem Aufenthalt von 10 Jahren in der Bundesrepublik sollte Schutz vor Ausweisung gewährleistet werden. Für den DGB war die Bundesrepublik Deutschland kein Einwanderungsland, sondern teilten die Meinung dass die bereits im sich im Land befinden der Aufenthalt verfestigt werden sollte. Sie sprachen sich auch gegen das Rückkehrförderungsgesetz aus und die damals in der Öffentlichkeit sehr verbreitete These dass die zunehmende Arbeitslosigkeit im Zusammenhang mit der Ausländerbeschäftigung stehe. In den Folgejahren hielt der DGB an konditionierten Bedingungen für Familiennachzug fest. Auf dem Bundeskongress 1990 wurde beschlossen, dass der Ehegattennachzug ohne Ehebestandszeit bei einem Mindestaufenthalt von drei Jahren des rechtsmäßig in der Bundesrepublik lebenden Ehepartners zu gestatten sei und der Familiennachzug von Kindern in der Bundesrepublik lebenden Ausländern zu ihren Eltern oder Elternteil bis zum vollendeten 18. Lebensjahr ebenfalls gestatten werden sollte. In der Haltung zum Familiennachzug hat beim DGB keine Veränderung stattgefunden, die Quotierung dabei wurde weiterhin abgelehnt. Der Grund für die Ablehnung der Quotierung lag im sozialen Bereich. Mit der bestehenden rechtlich-restriktiven Zuwanderungspolitik wurden die potenziellen zuwanderungswilligen ausgegrenzt bzw. die Möglichkeiten eingeschränkt in die Bundesrepublik einzureisen. Seit Beginn der 1980 er Jahre ging der Trend in diese Richtung, begründet wurde es mit arbeitsmarktökonomischen und sozialpolitischen Gründen. Diese Maßnahmen waren besonders durch die oben erwähnten Gründe an die türkeistämmigen ArbeitnehmerInnen gerichtet. Damit wollte man den Familiennachzug nicht zu einem generösen Recht werden lassen. Somit entsprach der DGB natürlich den internationalen Gegebenheiten und dem herrschenden Trend. Die eingewanderten türkischen Arbeitskräfte hatten sich von den ersten Tagen weg angefangen im DGB zu engagieren, ihre Anzahl stieg natürlich im Laufe der Jahre. Sie sprachen sich mehrheitlich für die Möglichkeit eines weitgehend unkonditionierten Familiennachzuges aus.

Die restriktive Haltung des DGB in der Ausländerfrage und ihre Position bei der Durchsetzung des Anwerbestopps kam bei den Mitgliedern aus der Türkei nicht gut an. Dies ist von ihrer Haltung zum Familiennachzug deutlich herauszulesen. Die wachsende Anzahl der türkeistämmigen Mitglieder im DGB und seine Teilgewerkschaften, verunsicherte den DGB weitgehend. Aus dem Grund weil hier seitens der DGB ein Rekrutierungsbedarf von weiteren Mitgliedern besteht, natürlich auch deshalb weil ein generell unterstütztes Familiennachzugsverbot seitens der Gewerkschaften den Unmut der türkeistämmigen ArbeitnehmerInnen gegenüber der ArbeitnehmerInnenorganisationen entstehen lassen würde. Für den DGB und ihre Gewerkschaften war es nicht sehr leicht hier eine klare Stellung einzunehmen. Einerseits waren die Interessen der Bereits im Land arbeitenden Zuwanderern, den Bundesbürgern und andererseits die potenziellen Arbeitskräften die im Ausland auf die Chance warteten ins Land einwandern zu können. Die Einhaltung einer notwendigen Balance war für sie nicht sehr leicht.

Die eingewanderten Arbeitskräfte aus der Türkei, deren Familien noch nicht ins Land gekommen sind, hatten ein großes Interesse daran die Familien nach zu holen. Für den DGB und die Gewerkschaften stellte sich hier die Frage wie sie agieren sollten. Es war nicht mehr so einfach eine Stellung einzunehmen, da mittlerweile sehr viele Mitglieder aus den Reihen der türkeistämmigen ArbeitnehmerInnen rekrutiert wurden und noch immer ein großes Potenzial vorhanden war.

Ob der DGB und die Gewerkschaften durch seine restriktive Haltung zu dieser Zeit an potenziellen Mitgliedern verloren hat oder nicht, kann nicht eindeutig beantwortet werden. Da aber bis in die frühen 1980 er Jahre die Mitgliederquote bei den ausländischen ArbeitnehmerInnen durchschnittlich ca. 25% betrug, könnte die Behauptung aufgestellt werden das die restriktive Haltung seitens der Gewerkschaften und dem DGB doch einige Prozentpunkte an Mitgliedern gekostet haben könnte. Der Organisationsgrad unter der gleichen Bevölkerungsgruppe stieg 1985 auf 36%, womit ein vorläufiger Höhepunkt erreicht war. In diesen Jahren war aber der Organisationsgrad unter den türkeistämmigen ArbeitnehmerInnen 34% und 50%, somit lag der Organisationsgrad unter ihnen jeweils höher als der Durchschnitt. Im Jahr der deutschen Vereinigung war der Organisationsgrad bei den ausländischen ArbeitnehmerInnen bei 33,9% und der bei den türkeistämmigen bei 41,7%. Es gibt sicher auch andere Gründe für den Rückgang des Organisationsgrades in den späten 80er Jahren, als die restriktive Haltung der Gewerkschaften und des DGB.[225]

Der Anwerbestopp seitens der Bundesrepublik Deutschland ist vom türkischen Gewerkschaftsbund TÜRK-İŞ am Anfang mit Verständnis betrachtet worden. Die TÜRK-İŞ hatte

225 vgl.: Andreas Teichler: Arbeitsmigration und Gewerkschaften, LIT Verlag, Münster 1998, S. 184-185

einige male für eine Erleichterung bei der Familienzusammenführung plädiert aber es spielte in den Beziehungen zum DGB in diesen Jahren eher eine untergeordnete Rolle. Auch für die deutsch-türkische Gewerkschaftskommission war dieses Thema eher belanglos oder von sekundärer Bedeutung. Die Gründe seitens der TÜRK-İŞ dafür waren, die sich für die türkischen ArbeitnehmerInnen ab 1973 verschlechternde Situation auf dem Arbeitsmarkt in der Bundesrepublik und beide Gewerkschaftsbünde sowohl die TÜRK-İŞ als auch der DGB gingen davon aus der Aufenthalt der türkischen ArbeitnehmerInnen in der Bundesrepublik eher von kurzer Dauer sein würde. Die sich verschlechternde Situation am bundesdeutschen Arbeitsmarkt bot für die TÜRK-İŞ keine besondere Voraussetzung für eine Familienzusammenführung, womit die Haltung erklärt wäre. Andererseits hatte die TÜRK-İŞ in einer möglichen Freizügigkeit im Rahmen einer EWG-Mitgliedschaft sowie der Gleichstellung von in der Bundesrepublik lebenden türkischen Staatsbürgern den EWG-Staatsangehörigen, mehr Interesse gezeigt. Diesbezüglich machte der TÜRK-İŞ einen Vorschlag, der aber seitens der DGB auf taube Ohren gestoßen ist. Für den DGB wandte sich zu diesem Zeitpunkt gegen eine Gleichstellung von Drittstaatsangehörigen und EG-Ausländern, insbesondere aber auch gegen die volle Freizügigkeit von türkischen ArbeitnehmerInnen im Rahmen der EWG-Assozierungsabkommen.[226] Für den DGB lagen die Gründe auf der Hand, sie war der Meinung dass das Arbeitslosenproblem in der Türkei nicht in der BRD zu lösen sei. Denn mit der Freizügigkeit für die türkischen Arbeitskräfte würden Zahllose Arbeitslose aus der Türkei in die Bundesrepublik einwandern und somit den Arbeitsmarkt überschwemmen. Der bundesdeutsche Arbeitsmarkt hatte zu diesem Zeitpunkt schon ca. eine Million Arbeitslose, durch die Erdölkrise wurde die Lage am Arbeitsmarkt noch schlimmer. Außerdem sollte sich nach der Meinung des DGB die Zahl der ausländischen Arbeitskräfte in einem von der deutschen Gesellschaft verkraftbare Anzahl einpendeln.[227]

Die TÜRK-İŞ war zu diesem Zeitpunkt, wie auch schon erwähnt, einer anderen Meinung. Sie plädierte für eine volle Arbeitnehmerfreizügigkeit die auch zu einem möglichst raschen Termin realisiert werden sollte. Außerdem sollte der Auffassung vom Vorsitzenden der TÜRK-İŞ Halil Tunç die Türkei so schnell wie möglich in die EG aufgenommen werden. Also herrschte in der Frage der Freizügigkeit von türkischen ArbeitnehmerInnen in der BRD sowie der Aufnahme der Türkei in die EG, zwischen den beiden Gewerkschaftsbünden Uneinigkeit. Der

226 vgl.: Deniz Vardar.: In:Türk Dış Politikasının Analizi,Sönmezoğlu Faruk (Derl.), DerYayınları, İstanbul 1994, S. 121 ff.
227 vgl.: Andreas Teichler: Arbeitsmigration und Gewerkschaften, LIT Verlag, Münster 1998, S. 186

DGB war weiterhin für das strikte Aufrechterhalten der restriktiven Politik gegenüber von türkischen ArbeinehmerInnen in der Bundesrepublik.[228]

Hierzu gab es am 6. September einen Beschluss seitens der DGB-BV in dem es hieß:
„Bei Beitrittsverhandlungen zu Europäischen Gemeinschaft ist die Freizügigkeit der Arbeitnehmer nur nach einer längeren Übergangszeit zu akzeptieren. In diesem Zusammenhang muß mit der Türkei über die Freizügigkeitsregelung nach dem Assozierungsabkommen neu beraten werden. Die Einführung der Freizügigkeit für die Arbeitnehmer aus der Türkei innerhalb der EG ist nicht verkraftbar."[229]

Wie oben schon erwähnt hatte die Türkei mit der Europäischen Gemeinschaft ein Assoziierungsabkommen Unterzeichnet. Demnach sollte zwischen dem 12. Und 22. Jahr nach der Unterzeichnung des Abkommens die Freizügigkeit der türkischen ArbeitnehmerInnen in der EG im Sinne der Römischen Verträge, gewährleistet werden. Dazu sollte es zwischen den Jahren 1976 und 1986 kommen.[230] Die Bundesregierung der Bundesrepublik und der DGB hatten ein Jahr bevor das Abkommen in Kraft treten sollte ihre Meinung darüber geändert, sie hatten bedenken. Das Abkommen hatte völkerrechtliche Gültigkeit, ganz konnte sie nicht umgegangen werden. Der türkische Gewerkschaftsbund, die TÜRK-İŞ, hatte auch angefangen Druck auszuüben, die Zeit um das Abkommen zu verwirklichen war schon gekommen. Es wurde nach einem Ausweg bzw. einer Lösung gesucht, der auch bald gefunden war. Die Lösung die, die vom DGB auch favorisiert wurde, war die „kleine Freizügigkeit." Nach dieser Lösung, der sogenannten „kleinen Freizügigkeit" sollten die bereits in der Bundesrepublik lebenden und Arbeitenden türkischen Staatsbürger, rechtliche den übrigen EG-Staatsangehörigen gleichgestellt werden.[231]

In den Jahren danach unterstützte der DGB das neue Modell der „kleinen Freizügigkeit." In einer Stellungnahme aus dem Jahr 1991 heißt es seitens des DGB:

„Der DGB ist der Auffassung, dass rechtmäßig in einem EG-Staat lebende Arbeitnehmer aus Nicht-EG-Staaten und ihre Familienangehörigen in den Prozess der europäischen Einheit einbezogen werden müssen. Dies bedeutet, dass nach dem Wegfall der Binnengrenzen in der

---

228 vgl.: Andreas Teichler: Arbeitsmigration und Gewerkschaften, LIT Verlag, Münster 1998, S. 186

229 Erklärung des DGB zu Ausländerpolitik, beschlossen ab 6. September 1983 vom BV; abgedruckt in: DGB (Hg.) o.J., S. 59 in vgl.: Andreas Teichler: Arbeitsmigration und Gewerkschaften, LIT Verlag, Münster 1998, S. 187

230 vgl.: Deniz Vardar: In:Türk Dış Politikasının Analizi, Sönmezoğlu Faruk (Hrsg.), DerYayınları, İstanbul 1994, S. 126 ff.

231 DGB-BV, Abt. Ausländische Arbeitnehmer, Sitzung „Ständigen deutsch-türkischen Gewerkschaftskommission" vom 04. bis 07. Dezember 1985, Düsseldorf, 27.11.1985; Top 5: Einschätzung der künftigen Entwicklung der Beschäftigung türkischer Arbeitnehmer in der Bundesrepublik Deutschland; DGB-Archiv 5/DGAZ 346, in: Andreas Teichler: Arbeitsmigration und Gewerkschaften, S. 187, LIT Verlag, Münster 1998

EG mit dem 1.1.1993 der freie Verkehr von Personen auch für Drittstaatangehörige gewährleistet sein muss. Konkret fordert der DGB, dass Arbeitnehmer und ihre Familienangehörige aus Drittstaaten ohne Beschränkungen innerhalb der EG reisen können müssen, wenn sie die Aufenthaltserlaubnis eines EG-Staates besitzen. Weiterhin sollten alle Arbeitnehmer und ihre Familienangehörigen aus Nicht-EG-Staaten die Arbeitnehmerfreizügigkeitsrechte der EG erhalten. Ziel des DGB ist es, dass Arbeitnehmer und ihre Familienangehörigen aus Nicht-EG-Staaten gleichberechtigt sind und damit eine Situation verhindert wird, die ausländische Arbeitnehmer verschiedenen Rechts innerhalb der EG schafft."[232]

Die Verbandinterne Anforderungssituation im DGB und in ihren Gewerkschaften führte dazu das sie im Unterschied zu den Regierungen in der Bundesrepublik und der BDA seit den 1980 er Jahren eine andere Politik gegenüber der türkeistämmigen ArbeitnehmerInnen verfolgte. Der DGB und die Teilgewerkschaften wollten den sozialen und demokratischen Gründen der Einwanderung bzw. den Einwanderern entgegenkommen. Außerdem wollte man den Mobilitätsbedürfnisse der türkeistämmigen Arbeitskräften berücksichtigen und die Lage Verbessern, aus diesem Grund votierten die Gewerkschaften für eine Erweiterung der positiven Freizügigkeits- und mobilitätsrechte unterhalb des Rechts auf uneingeschränkte EU-Freizügigkeit. Die Gewerkschaftsmitglieder aus der Türkei hatten ganz andere Interessen als die anderen Mitglieder. Vor allem das Verlangen des Rechts der Freizügigkeit in der EU, die mit den Interessen der anderen Mitglieder gar nicht identisch war. Die türkeistämmigen ArbeitnehmerInnen waren dadurch im Vergleich zu den anderen ArbeitnehmerInnen sehr unterprivilegiert. Das führte dazu dass die Gewerkschaften sich in einen Dilemma hinein schlitterten. Sie mussten sich zwischen den Interessen der Bevölkerungsmehrheit die auch die größte Gruppe der Gewerkschaftsmitglieder stellten und der unterprivilegierten Gruppe der türkeistämmigen ArbeitnehmerInnen entscheiden. Eine dritte Alternative hat es nicht existiert. Die Diskussionen fanden in diese zwei Richtungen statt. Wenn die Gewerkschaft den Interessen der Arbeitskräften aus der Türkei nach gehen würden, ist die Gefahr ausgegangen das sich die übrigen Mitglieder benachteiligt fühlten und sich sogar einer gruppenspezifischen Gleichstellungs- und Freizügigkeitspolitik widersetzen. Falls sie aber den Interessen der Mehrheitsbevölkerung nachgehen und die Unterstützung der türkeistämmigen ArbeitnehmerInnen verweigern, läuft die Gefahr aus die Türkeistämmigen ArbeitnehmerInnen die Mobilitätsrechte die die Mehr-

232 DGB-BV, Abt. Ausländische Arbeitnehmer, Manuskript zur Sitzung der „Ständigen deutsch-türkischen Gewerkschaftskommission" vom 9.-12. Juli in Izmir, Düsseldorf, 13. Juni 1991, aan-mz/ch, S. 2; Standort:DGB-BV, Internationale Abteilung, Referat Migration, in: Andreas Teichler: Arbeitsmigration und Gewerkschaften, LIT Verlag, Münster 1998, S. 187

heit besitzt, weiterhin nicht zuerkannt bekommen. Hier stellt sich auch die Frage, ob dadurch nicht exklusion in der Gesellschaft stattfindet, wenn sie nicht die gleichen Rechte, in diesem Fall Mobilitätsrechte, bekommen wie andere Teile der Gesellschaft. Das waren die wesentlichen Punkte worin sich die Gewerkschaften und der DGB schwer getan hatten. Sie waren gedrängt einen andere Lösung zu finden als die oben erwähnte, man wollte keine der Seiten kränken, enttäuschen oder beleidigen. Die Lösung war die Erweiterung der positiven Freizügigkeits- und Mobilitätsrechte unterhalb des Rechts auf uneingeschränkte EU- Freizügigkeit. Damit kamen die Gewerkschaften den Forderungen der Gewerkschaftsmitglieder mit türkeistämmiger Herkunft.

Die „kleine Freizügigkeit" sah vor, dass die Möglichkeit besteht in ein anderes EG/EU Land zu reisen und sich dort, auf die Dauer von drei Monaten, nach Arbeit umzusehen.[233]

Die türkischen Gewerkschaftskonföderationen TÜRK-İŞ und die DİSK, forderten die Aufnahme der Türkei als Vollmitglied in die EU. Die Begründung waren die völkerrechtlichen Vereinbarungen die Türkei mit der Europäischen Gemeinschaft schon abgeschlossen hatte. Ridvan Budak der damalige Vorsitzende der DİSK beschrieb die Lage 1995, die nicht Aufnahme der Türkei in die EU, als ein Konsequenz bestehender sozialer und demokratischer Defizite des „Europäischen Einigungsprozesses."[234]

Für Ridvan Budak hätten die europäischen Gewerkschaften, unter menschenrechtlichen Geboten und Forderungen nach internationaler Solidarität, die Aufgabe, jenseits von nationalstaatlicher bzw. staatengemeinschaftlicher Grenzen Freizügigkeit von Arbeitnehmer und ihren Familien herzustellen. In der EU bestanden schon damals soziale Freizügigkeiten von Personen sowie die Niederlassungsfreiheit für Angehörige eines EG/EU- Staates innerhalb des staatengemeinschaftlichen Raums, diese Rechte galten aber nicht für die türkeistämmigen ArbeitnehmerInnen in den EU/EG- Staaten. Arbeitsmigration ist für Ridvan Budak ein soziales Problem und der politische Umgang der Europäischen Union mit damit ist rückschrittlich.[235]

Die Forderung nach sozialen Mobilitätsschanchen war ein Ergebnis der multilateralen staatlichen Politik und nicht ein Ergebnis von Forderungen der Gewerkschaften, auch wenn sie auf ihren Fahnen groß Internationale Solidarität schrieben haben. Deshalb kann leicht die Behauptung aufgestellt werden das gewerkschaftliche Migrationspolitik hinsichtlich der Freizügigkeitrechte der ArbeitsnehmerInnen weniger fortschrittlich ist.

233 vgl.: Andreas Teichler: Arbeitsmigration und Gewerkschaften, LIT Verlag, Münster 1998, S. 190
234 vgl.: Ridvan Budak: in: Andreas Teichler: Arbeitsmigration und Gewerkschaften, LIT Verlag, Münster 1998, S. 189
235 vgl.: Ridvan Budak: in: Andreas Teichler: Arbeitsmigration und Gewerkschaften, LIT Verlag, Münster 1998, S. 189

Der Europäische Gewerkschaftsbund (EGB) hat sich in seinem 7. Ordentlichen Kongress vom 13. – 17. Mai 1991 in Luxemburg mit der beschäftigt und forderte:

- *Die Abschaffung geltender Visabestimmungen für die diejenigen Drittstaatsangehörigen, die sich in der EG/EU niedergelassen haben, die als Touristen oder in familiären Angelegenheiten auf staatengemeinschaftlichem Territorium reisen oder ihren Aufgaben als Arbeitnehmervertreter (vor allem in transnationalen Unternehmen) nachkommen können, sollen oder müssen;*
- *Die sogenannte „kleine Freizügigkeit", d.h. die Möglichkeit in ein anderes Land der EG/EU zu reisen und dort auch nach Arbeit zu suchen. Dies soll für einen Zeitraum von maximal drei Monate gestattet werden."*[236]

Die Frage der Freizügigkeit der türkeistämmigen ArbeitnehmerInnen auch in der zweiten Hälfte der 1990 er Jahre vorrangig im nationalen Kontext entwickelt, die dann Gegenstand von bi- und multilateraler gewerkschaftlicher Konsultationen wurden. In diesen Jahren waren die ersten Ansätze der gesamt europäischen gewerkschaftlichen Migrationspolitik zu beobachten. Der Beschluss der EGB in der Frage der Freizügigkeit der türkeistämmigen ArbeitnehmerInnen in der Europäischen Union ging aber trotzdem nicht viel weiter als die Forderungen der DGB. Für den EGB und DGB die mit „kleinen Freizügkeit" eine Lösung vorgeschlagen hatten, war weder auf nationaler sowie auf EU Ebene keine Ansprechpartner vorhanden. Die Lösung dafür war, dass weiterhin immigrationspolitische Themen auf nationaler Ebene behandelt werden sollten, somit blieb aber der Demokratiedefizit bei Immigrationspolitik auf EU-Ebene weiterhin bestehen. Das ist zugleich auch ein Beweis für die geringen Interventionsmöglichkeiten der Gewerkschaften auf EU-Ebene. Es gab im Laufe der 1990er Jahre seitens der EGB keine Beschlüsse bezüglich der Ein- und Zuwanderung in die EG/EU und somit auch keine gemeinsame Linie in der Europäischen Union und seine Gewerkschaften. Hier traten die nationalen Interessen zu sehr auseinander um zu einer gemeinsamen Linie zu finden. Die Folge oder Folgen davon waren, dass in diesem Rahmen eine Weiterentwicklung der Freizügigkeitsrechte von drittstaatangehörigen Einwanderern nicht möglich war.[237]

Der DGB und die Gewerkschaften kritisierten Anfang der 1990er Jahre das Ausländergesetz und forderten die Zulassung der Doppelstaatsbürgerschaft. Unterstütz wurde die Novellierung des Ausländerrechts vom 1.1.1991. Mit der Novellierung sollte der Zugang zu einem Bundesdeutschen Pass erleichtert werden. Damit war klar zu sehen dass die Gewerkschaften nun auf

236 vgl.: Andreas Teichler: Arbeitsmigration und Gewerkschaften, LIT Verlag, Münster 1998, S. 190
237 vgl.: Andreas Teichler: Arbeitsmigration und Gewerkschaften, LIT Verlag, Münster 1998, S. 190

den Weg des Einbürgern einen Wert legten und es auch für Notwendig sahen. Das deutsche Staatsbürgerschaftsgesetzt ging vom „Ius Sanguinis“ aus, demnach verleiht ein Staat die Staatsbürgerschaft an Kinder, deren Eltern oder mindestens ein Elternteil selbst Staatsbürger dieses Staates sind. Das hatte die Folge dass der zweiten und dritten Generation im Land geborener Kinder von ArbeitsmigrantInnen die Staatsbürgerschaften vorenthalten wurden.

Mit dieser Haltung hatte die Bundesrepublik die Kinder in der zweiten und dritten Generation der ArbeitsmigrantInnen, die Aufnahme in die Gesellschaft der Bundesbürger verweigert, somit wurde die Exclusion in der Gesellschaft systematisch von staatlicher Seite Jahrzehntelang vollzogen.

Diese Haltung der Bundesrepublik gegenüber der Kinder der zweiten und dritten Generation der ArbeitsimmigrantInnen in die Gesellschaft, kann die Einwanderer und ihre Familien daran hindern, eine positive Identifikation gegenüber der Aufnahmegesellschaft zu entwickeln. Daraus kann natürlich ein Desinteresse an der Übernahme der Staatsbürger heraus resultieren. Weitere Folge davon wäre unerwünschte Entwicklungen, wie türkisch Nationalistische oder islamistische Bewegungen, die sich auf Bundesdeutschen Boden realisieren würden. Die Möglichkeit dass diese Generationen in die Hände dieser Gruppierungen ausgeliefert wären war damit ein Faktum geworden. Um diesen Möglichkeiten den Wind aus den Segeln zu nehmen, ist die Möglichkeit des leichteren Zuganges an die Staatsbürgerschaft eine positive Entwicklung. Wie wichtig die Staatsbürgerschaft für die Identifikation mit dem Land in dem man lebt für die Identifikation ist, ist das Thema von vielen wissenschaftlichen Theorien.[238]

4.3. Der Anwerbestopp durch die Bundesdeutsche Regierung

Die sozialdemokratisch- liberale Regierungskoalition war am Anfang der 1970er Jahre an der Macht in der BRD. Die Koalitionsregierung war in der Frage der Ausländer- und Zuwanderungspolitik auf der gleichen Linie wie die Gewerkschaften und dem DGB, sowohl die Gewerkschaften als auch der Ministers für Arbeit und Soziales waren für eine restriktive Ausländer- und Zuwanderungspolitik. Demnach sollte zukünftig es schwerer werden einzuwandern und auch einen Arbeitserlaubnis zu bekommen. Es wurde auch an Alternativen geschmiedet, die Bundesbürger sollten für den Arbeitsmarkt aktiviert werden, sowie die Intensivierung von Teilzeitarbeit, Bau von Kindergärten, eine verstärkte Fortbildungspolitik sollte die bisher benachteiligten Gruppen auf den Arbeitsmarkt lotsen. Das Hauptaugenmerk dabei war an die Frauen gerichtet, bisher war der Anteil der Arbeitnehmerinnen sehr gering, mit

238 vgl. : Marshall, Thomas H.: Klassengesellschaft und Bürgerrechte in Staatsbürgerschaft, Jürgen Mackert, VS Verlag für Sozialwissenschafte, Wiesbaden 2006, S. 30 ff.

diesen Maßnahmen sollte der Anteil der arbeitenden Frauen erhöht werden. Die Errichtung von Kindergärten sollte dabei eine wesentliche Rolle Spielen um die Frauen leichter auf den Arbeitsmarkt zu bekommen.[239]

Bereits 1971 wurden Maßnahmen getroffen um die Zuwanderung von ausländischen Arbeitskräften zu zügeln bzw. zu stoppen. Einer dieser Maßnahmen, noch vor dem Anwerbestopp, war die Verteuerung von ausländischen ArbeitnehmerInnen für die Bundesdeutschen Unternehmen. Einige dieser Maßnahmen:[240]

- *Im April 1971 wurden die Richtlinien für eine angemessene Unterbringung ausländischer Arbeitnehmer durch Arbeitgeber in Betriebsunterkünften mit entsprechenden Mindestforderungen versehen.*
- *Seit November 1972 wurde die Einreise von Staatsangehörigen aus Anwerbeländern mit Einreisesichtvermerk- also unter Auslassung der Anwerbekommission der BA-grundsätzlich gesperrt. Bei Einschaltung der BA sollten ausländische Arbeitnehmer nur dann vermittelt werden, wenn der Arbeitgeber dem anzuwerbenden Arbeitnehmer durch einen schriftlichen, zweisprachig abgefassten Arbeitsvertrag eine angemessene Unterkunft und für vergleichbare Arbeiten den gleichen Lohn wie für Angehörige deutscher Nationalität zusicherte.*
- *Am 1. Mai 1972 wurde die Vermittlungsgebühr für Arbeitgeber von 165 DM auf 300 DM erhöht. Das Gesetz zur gewerbsmäßigen Arbeitnehmerüberlassung sah zudem die Erhöhung der Geldbußen für Arbeitgeber, die ausländische Arbeitnehmer ohne Arbeitserlaubnis beschäftigten, auf 1.000 M Mindest-, bzw. 10.000 DM Höchstbuße vor.*

Es schien nur noch eine Frage der Zeit zu sein das Anwerbestopp zu Stande zu bringen. Der DGB war sich in diesem Thema durch die Machtpolitische Verteilung und mit dem BMAS einig und es war nur noch eine Frage der Zeit zu sein, es zu verwirklichen. Durch den arabisch-israelischen Krieg entstand die Ölkrise und das sich die Krise auf Deutschland ausweitet war nur noch eine Frage der Zeit. Bei einem Spitzengespräch zwischen dem Bundesvorstand des Deutschen Gewerkschaftsbundes und der Bundesvereinigung der Deutschen Arbeitgeberverbände wurde vereinbart, die Anwerbung von weiteren ausländischen Arbeitskräften zu stoppen. Die Begründung dafür war die Ölkrise und damit verbundene Krise um die Arbeitsplätze in der Bundesrepublik.[241]

239 vgl.: Andreas Teichler: Arbeitsmigration und Gewerkschaften, LIT Verlag, Münster 1998, S. 172
240 vgl.: Andreas Teichler: Arbeitsmigration und Gewerkschaften, LIT Verlag, Münster 1998, S.173
241 vgl.: Andreas Teichler: Arbeitsmigration und Gewerkschaften, LIT Verlag, Münster 1998, S. 73

Es dauerte eine Woche, am 23. November 1973 sprach der Bundesminister für Arbeit- und Sozialordnung den Anwerbestopp aus. Es gab aber zwischen dem BMAS und dem Bundeswirtschaftsministerium, Arbeitgeber- und Unternehmensverbänden sowie Gewerkschaften grundsätzlich keine Meinungsverschiedenheit darüber das trotz der Krise die Bundesrepublik zukünftig weiterhin ausländische Arbeitkräfte brauchen würde. Die einzige Meinungsverschiedenheit gab es nur an der Anzahl der notwendigen ausländischen Arbeitskräfte.[242]

Durch den Anwerbestopp entstanden kurze Zeit später in einigen Branchen wie Saisonarbeitsplätzen, Personalengpässe. Die BDA forderte daraufhin die Lockerung des Anwerbestopps, was aber seitens der DGB und BMAS abgelehnt wurde und sie sich auch durchsetzten.

Die Notwendigkeit des Anwerbestopps war durch die sich anzeichnende Rezession in der Wirtschaft, verursacht durch die Erdölkrise, unausweichlich geworden. Die Begründung der Gewerkschaften und des BMAS war eher aber auf die Umstände des städtisch- infrastrukturellen Siedlungsverhaltens des ausländischen Bevölkerung und damit verbundener Probleme der sozialen Integration begründet. Das der Anwerbestopp sich offensichtlich gegen die türkischen Arbeitskräfte richtete war nicht zu übersehen. Zur dieser Zeit waren im Anwerbebüro des BA in Istanbul mehr als eine Million interessierte bzw. zum Auswandern bereite Arbeitskräfte, registriert. Diese zum Auswandern bereites junges Arbeitskräftepotenzial, die jünger als 35 Jahre war, stellte sowohl für die Gewerkschaften als auch für den Staat, in den Augen der Behörden, eine Gefahr für den Arbeitsmarkt und auch für die Integration dar.

Die Ausländerbeschäftigung hatte zu dieser Zeit seinen Höchststand erreicht und der Anwerbestopp verlangte dadurch auch umgesetzt zu werden. Andererseits hatte nun das Inländerprimat angewandt zu werden. Es war für den Präsidenten der notwendig geworden die Arbeitserlaubnisse der schon im Land arbeitenden ausländischen Bevölkerung musste laut dem Präsidenten näher zu prüfen. Bei der Überprüfung war das Hauptaugenmerk auf die Lage und Entwicklung des Arbeitsmarktes zu richten. Laut dem Präsidenten sollten bei der Überprüfung einen strenges Maßstab angewendet werden, egal ob die Anträge erstmalige waren oder ob sich um Verlängerungen handeln sollte. Maßstäbe dabei sollten sein,

- ob Vermittlungsmöglichkeiten für deutsche und ihnen gleichgestellte nichtdeutsche Arbeitnehmer durch die Erteilung der Arbeitserlaubnis beeinträchtigt werden oder künftig beeinträchtigt werden könnten.

242 vgl.: Andreas Teichler: Arbeitsmigration und Gewerkschaften, LIT Verlag, Münster 1998, S. 175

- Weiters sollte geprüft werden durch die Mobilisierung inländischer Reserven der Arbeitskräftebedarf geweckt werden kann.
- Der Arbeitserlaubnis sollte auf den erteilten Bezirk beschränkt werden.
- Der Arbeitserlaubnis sollte maximum auf ein Jahr beschränkt sein.
- Es sollte auf jeden Fall darauf geschaut werden das die Gültigkeit der ausgegebenen Arbeitserlaubnisse nicht überschritten.[243]

Durch die neuen bzw. strengeren Maßnahmen war es sicher nicht sehr leicht an ein Arbeitserlaubnis oder die Verlängerung der bereits Erteilten durch zu bringen. Die von der Bundesregierung erteilte neue Politik bei der Ausländerbeschäftigung wurde vom DGB in diesem Rahmen auch unterstützt. Der DGB gab eine Erklärung zu diesem Thema ab, in dem es klar und deutlich zu verstehen ist, wie seine Haltung dazu ist. Bei dieser Erklärung hielten sie am rigiden Anwerbestopp der ohne Ausnahmen einzuhalten ist, fest.[244]

Seit 1973 wurde der Anwerbestopp praktiziert, zwei Jahre später hatte aber der Anteil der ausländischen Arbeitskräfte in der BRD einen neuerlichen Höhepunkt erreicht. Gründe dafür waren, dass viele der ausländischen Arbeitskräfte bereits schon mehr als fünf Jahre in der Bundesrepublik tätig waren und dadurch das Recht auf uneingeschränkten Zugang auf den Arbeitsmarkt bekommen hatten. Ein weiterer wichtiger Punkt waren die vielen Eheschließungen zwischen türkischen Staatsbürgern und Bundesdeutschenbürgern, womit ihnen auch der Zugang zum Arbeitsmarkt geöffnet wurde. Die Anzahl der türkischen Arbeitskräfte sollte sich ab 1978 noch mal anfangen zu steigern.

243 vgl.: Andreas Teichler: Arbeitsmigration und Gewerkschaften, LIT Verlag, Münster 1998, S. 180
244 vgl.: Andreas Teichler: Arbeitsmigration und Gewerkschaften, LIT Verlag, Münster 1998, S. 180

5. Der ÖGB und die ausländischen ArbeitnehmerInnen

In diesem Kapitel werde ich versuchen den Österreichischen Gewerkschaftsbund und seine Haltung bzw. die Politik der Teilgewerkschaften gegenüber den ausländischen ArbeitnehmerInnen zu analysieren. Der Ausgangspunkt dabei ist natürlich der Anfang der Arbeitskräfteimmigration nach Österreich und die Haltung des ÖGB seit den Anfängen bis in die Gegenwart.

Ein wesentlicher Schwerpunkt dabei ist das passive Wahlrecht und die Entwicklung bis zum Jahr 2006, als die ausländischen ArbeitnehmerInnen das passive Wahlrecht zugesprochen bekamen.

Weiters geht es darum die Teilgewerkschaften, der Branchen wo der Großteil der ausländischen ArbeitnehmerInnen beschäftigt ist, zu analysieren. Der ÖGB und seine Teilgewerkschaften hatten, wie auch in der Historie der Arbeitskräfteimmigration erwähnt, ab den Anfängen einen Berührungspunkt mit den ausländischen Arbeitskräften. In den Jahren bzw. Jahrzehnten seit der ersten Welle der Zuwanderung von Arbeitskräften aus dem Ausland, war der ÖGB ein wesentlicher Faktor mit seinem Einfluss auf die Immigrationsgeschichte Österreichs. Seine Rolle in der Paritätischen Kommission und die Rolle bei der Festlegung der Zuwanderungsquote, war nicht die Einzige Möglichkeit als ein Gestalter in diesem Feld zu agieren. Im Rahmen dieser Arbeit ist es für mich ein Anliegen die Aktivitäten des ÖGB und der Teilgewerkschaften zu wieder geben.

5.1. Gastarbeiter die zu Einwanderern werden

„Österreichische Arbeitskräfte wanderten ins Ausland ab und ausländische wurden nach Österreich geholt. Anhaltendes hohes Wirtschaftswachstum, Schrumpfen der industriellen Arbeitskraftreserven unter der Landbevölkerung, Stagnieren oder Sinken der Geschlechterbarrieren und schließlich eine verlängerte Bildungsphase für Jugendliche Bewirken wie in anderen westeuropäischen Staaten zusätzliche Nachfrage am Arbeitsmarkt; die zeitliche Verzögerung dieser Entwicklungen in Österreich erklärt die Abwanderung in die Schweiz und BRD.“[245]

Die Gewerkschaften hatten von Anfang an sich auf die Arbeitsmarktlage im Inland gekümmert, sie waren an das Anwerbesystem bzw. Anwerbebüros im Ausland gar nicht eingebunden. Ob die Gewerkschaften bzw. der ÖGB es in Betracht gezogen hatten beim Anwerbesys-

245 vgl.: Heinz Fassmann und Rainer Münz: Einwanderungsland Österreich? Historische Migrationsmuster, aktuelle Trends und politische Maßnahmen, Jugend und Volk , Wien 1995, S. 47

tem eine Rolle zu spielen geht leider aus der Literatur die mir zur Verfügung stand nicht hervor. Die Kontrolle über die Anwerbebüros und das Anwerbesystem hatte die Bundeswirtschaftskammer von Anfang an geleitet.

Dass die ausländischen ArbeitnehmerInnen nach den InländerInnen gereiht waren und im Falle von Entlassungen und sie vor den InländerInnen gekündigt gehören, war schon in den vorangegangenen Kapiteln Thema gewesen. Die Arbeitsgenehmigungen sollten in den 1960er Jahren generell nur für ein Jahr ausgeteilt werden. Der am Anfang der Anwerbeabkommen vorgesehene Rotationsprinzip hatte die Absicht dass die Zahl der ausländischen ArbeitnehmerInnen der Bedürfnissen der Arbeitgeber angepasst werden. Wie schon erwähnt waren die Arbeitserlaubnisse für ein Jahr beschränkt, damit war beabsichtigt dass es nicht die Möglichkeit besteht dass die ausländischen ArbeitnehmerInnen nicht in die Arbeitslosigkeit fallen und somit ein Pool für die Unternehmer darstellen. Denn dadurch hätten die UnternehmerInnen die Möglichkeit in diesem Pool Lohndrücker, die die erkämpften Niveau de Gewerkschaften wieder in Frage stellen bzw. nichtig machen könnten. Das wäre natürlich nicht im Sinne der Gewerkschaften und langfristig wäre auch nicht im Sinne der allgemeinen ArbeitnehmerInnenbewegung, aus der Sicht der Gewerkschaften in Österreich gewesen.

Es stellte sich im Laufe der Jahre heraus dass das System mit der Rotation doch nicht so funktioniert wie es am Anfang angenommen wurde. Die ausländischen ArbeitnehmerInnen wurden von den Unternehmen ein- bzw. umgeschult, somit hatten sie in sie investiert und dies war nur dann für die Unternehmen rentabel wenn sie langfristig die ausgebildeten bzw. umgeschulten ausländischen ArbeitnehmerInnen beschäftigen könnten. Auf der anderen Seite waren die kurzen Aufenthalte auch nicht im Sinne der eingewanderten ArbeitnehmerInnen . Sie hatten nicht in der kurzen Zeit die Möglichkeit die Chance die Menge an Geld auf die Seite zu legen die sie sich erhofft und erwartet hatten. Die gründe hier für kann vieles sein, ein wesentlicher Grund ist natürlich das die Lebenserwartungskosten in Österreich höher waren als in den Heimatländern. Damit war den ausländischen ArbeitnehmerInnen klar geworden das sie mehr Zeit brauchten um die Menge an Kapital auf die Seite legen zu können. Mittlerweile hatten die Gewerkschaften und die Arbeitsämter kein Interesse daran das die bestehenden Beschäftigungszustände gekündigt würden.[246]

In diesen Jahren waren auch die Anfänge für die dauerhafte Niederlassung der ausländischen ArbeitnehmerInnen. Ein Schritt der nicht geplant war sich aus den Verhältnissen ergeben hat

---

246 vgl.:Rainer Bauböck, Bernhard Perchinig: Migrations- und Integrationspolitik in Österreich, überarbeiteter und erweiterter Text und aktualisierte Fassung von Rainer Bauböcks: „Migrationspolitik“ in Herbert Dachs et al. (Hg.) Handbuch des politischen Systems Österreichs, 3. Überarbeitete Auflage, Verlag Manz, Wien 1997, S. 8

und den Betroffenen sollte erst Jahre später, bei manchen sogar Jahrzehnte, bewusst werden das sie doch gekommen waren um zu bleiben. Den ersten Schritt zu der dauerhaften Niederlassung hatten sie mit dem Nachholen der Familien aus den Heimatländern gemacht. Der Familiennachzug war ein subjektiver menschliches Bedürfnis, daraus resultierte aber auch das die Frauenerwerbsquote unter den ausländischen ArbeitnehmerInnen mit der Zeit angestiegen ist. Das hier die Textilindustrie ein Reservoir an Arbeitskräfte bekommen und auch davon gebrauch machte, zeigen uns die Zahlen in dieser Branche. Es kann auch behauptet werden das durch den steigenden Bedarf der Textilindustrie an Arbeitnehmerinnen mehr weibliche Arbeitskräfte ins Land kamen. Welche dieser Behauptungen die Richtige ist lässt sich natürlich auch diskutieren. Ich würde sagen dass beides ein natürlicher Prozess war, sowohl die ausländischen Arbeitnehmerinnen und die Unternehmen waren am richtigen Zeit am richtigen Ort.

Den Prozess von der Gastarbeiterbeschäftigung beschreibt Rainer Bauböck;
„Die Mikrorationalität der Migranten und ihrer Arbeitgeber hatte sich gegen die sozialpartnerschaftliche Makrosteuerung durchgesetzt – aus Gastarbeitern waren Einwanderer geworden. Dies ist keineswegs ein Prozess, der sich grundsätzlich der politischen Kontrolle entzieht. Es sind die Rahmenbedingungen der Marktwirtschaft einerseits und der liberalen Verfassungsdemokratie andererseits, welche die Steuerung erschweren. Je stärker die Migranten in den Schutz allgemeiner Menschen- und Bürgerrechte einbezogen werden, umso wahrscheinlicher ist es, dass aus temporärer Arbeitsmigration permanente Immigration hervorgeht.“[247]

Je mehr sich die Menschen- und Bürgerrechte etablieren, desto leichter werden es die Zugewanderten haben, sich in den Einwanderungsländern niederzulassen. Wenn wir hier noch mal zurück denken und die Theorien über die Integration durch den Kopf gehen lassen, könnten wir daraus ableiten das die Gewährung und die Ausweitung der Menschen- und Bürgerrechte einen wesentlichen Teil dazu beitragen würden dass sich die Immigrierten sich mit ihrer neuen Heimat identifizieren können, womit ein starker Schritt in Richtung der Integration gemacht werden könnte.

In Österreich waren die Rechte der ausländischen ArbeitnehmerInnen schwächer bzw. schlechter gewährleistet als in den anderen westeuropäischen Ländern. Es betraf besonders den sicheren Aufenthalt und die Freizügigkeit am Arbeitsmarkt. Aus diesem Grund konnten

247 vgl.: Rainer Bauböck, Bernhard Perchinig: Migrations- und Integrationspolitik in Österreich, http://www.okayline.at/file/656/osterr_migr_integr_politik.pdf, am 28.02.2011, S. 8

ausländische Arbeitskräfte in den Krisenjahren von 1974-1976 sehr leicht abgebaut werden. In diesen Jahren verloren rund 55.000 ausländische Arbeitskräfte ihren Arbeitsplatz und mussten wieder die Heimreise antreten. In den 1980er Jahren, genauer zwischen 1982-1984, wurden noch mal ca. 33.000 ausländische Arbeitskräfte abgebaut. Trotz dieser Maßnahmen hatte sich die Zahl der ausländischen Staatsbürger in Österreich in diesen Jahren nicht verringert. Der Familiennachzug und das Recht auf Niederlassung hat dazu geführt das sich ihre Zahl weiterhin steigerte. Verursacht durch die restriktive Politik, wodurch die ausländischen ArbeitnehmerInnen ihr Recht auf Wiederkehr nach Österreich verloren hätten, wenn sie nach Hause zu ihren Familien gefahren wären, im Falle des Verlustes des Arbeitsplatzes, blieben sie im Land und holten ihre Familien nach.[248]

Durch das Ausländerbeschäftigungsgesetz (AuslBG) von 1975 wurde der Einfluss der Sozialpartner bei der Gestaltung der Ausländerpolitik weiter gestärkt. Der Grund dafür war das durch das Ausländerbeschäftigungsgesetz die Einrichtung paritätisch besetzter Kommissionen vollzogen wurde. Die konnten auf allen Ebenen, von der Festlegung der Kontingente bis zu den Arbeitsbewilligungen mit reden. Ausländische ArbeitnehmerInnen durften nach dem neuen Gesetz, nur dann auf den Arbeitsmarkt zugelassen werden, wenn der Arbeitsmarkt in der Lage war und die Entwicklungen des Marktes, sowie wichtige öffentliche und gesamtwirtschaftliche Interessen es zulassen würden. Eine Beschäftigungsbewilligung, der auf zwei Jahre befristet war, konnten sie nach ununterbrochenem Arbeitsverhältnis von acht Jahren bekommen. Dieser Befreiungsschein den sie nach acht Jahren ununterbrochenem Arbeitsverhältnis bekommen hatten, gab ihnen die Möglichkeit selber auf Arbeit suche zu gehen.[249]

Die Folgen des neuen Ausländerbeschäftigungsgesetzes waren statt den Neuzugang zu regeln und die seit Jahren in Österreich lebenden ausländischen Staatsbürgern die Integration zu erleichtern, sie weiterhin als Vorschubmasse am Arbeitsmarkt behandelt wurden. Die Gastarbeiterpolitik war gescheitert, die Rotation hatte nicht statt gefunden. Mittlerweile war eine ethnische Segmentierung des Arbeitsmarktes und die extreme Abhängigkeit der ausländischen Arbeitskräfte von den Arbeitgebern war im Gange. Der befürchtete Effekt der Gewerkschaften des Lohndampings und die Verschlechterung der Arbeitsverhältnisse durch die ausländischen Arbeitskräfte hatte somit eingesetzt. Der Österreichische Gewerkschaftsbund war wie der Deutsche Gewerkschaftsbund, der sich ca. zehn Jahre davor in der gleichen Lage befun-

248 vgl.: Rainer Bauböck, Bernhard Perchinig: Migrations- und Integrationspolitik in Österreich, http://www.okay-line.at/file/656/osterr_migr_integr_politik.pdf, am 28.02.2011, S. 9

249 vgl.: Rainer Bauböck Bernhard Perchinig: Migrations- und Integrationspolitik in Österreich, http://www.okay-line.at/file/656/osterr_migr_integr_politik.pdf, am 28.02.2011, S. 9

den hatte, in einem Dilemma. Sie musste sich entscheiden zwischen der Aneignung der Interessen der ausländischen Arbeitskräfte und das solidarische Beseitigen von Interessenskonflikte zwischen den ausländischen- und inländischen ArbeitnehmerInnen oder seinen Einfluss auf die Zulassung von Ausländern auf den Arbeitsmarkt als Druckmittel in sozialpartnerschaftlichen Verhandlungen einsetzen um damit den Inländervorrang bei Neueinstellungen und den Ausländerabbau bei Arbeitslosigkeit forcieren. Welche der beiden Strategien der Österreichische Gewerkschaftsbund damals eingeschlagen hatte, zeigte sich beim Beschluss des neuen Arbeitsverfassungsgesetzes von 1974. Mit dem neuen Arbeitsverfassungsgesetzes wurde den ausländischen ArbeitnehmerInnen das aktive Wahlrecht zu erkannt aber das passive Wahlrecht sollte noch Jahrzehntelang auf sich warten lassen.[250]

Das Bild der politischen Landschaft hatte sich in den 1980er Jahren sehr verändert. Bundeskanzler Bruno Kreisky war zurückgetreten, statt ihn war Fred Sinowatz Bundeskanzler geworden. Durch den Verlust der absoluten Mehrheit war die SPÖ gezwungen eine Koalitionsregierung zu Bilden. Entscheidung ist zugunsten von FPÖ gefallen. Nachdem aber Jörg Haider durch einen Sturz den Parteivorsitz für sich entscheiden konnte, war auch die Koalition der SPÖ mit der Haider FPÖ auseinander gebrochen. Mittlerweile waren auch die Grünen im Österreichischen Parlament vertreten. Sowohl die Grünen (damals noch die Grünalternativen) als auch die FPÖ waren im sozialpartnerschaftlichen gestützten Konkordanzdemokratie nicht eingebunden und konnten ungehindert und ohne das sie Rücksicht auf die Sozialpartnerschaft nehmen mussten, das Thema über die Einwanderungspolitik in die Öffentlichkeit tragen. Ab diesem Zeitpunkt war die Einwanderung von Ausländern nach Österreich nicht mehr von der politischen Öffentlichkeit Österreichs nicht mehr wegzudenken und die ausländische Bevölkerung spielt seit dem eine wichtige Rolle bei Parteienpolitik mit. Die Einwanderungspolitik wird seit dem vor Wahlen immer aus der Schublade ausgepackt und bildet für die politischen Parteien einen Ball den sich nach belieben treten können.

Es führte dazu dass sich vorübergehend ein Umdenken in der Arbeitsmarktpolitik einpendelte, es ging in Richtung langfristige bevölkerungspolitische Planung. Ein weiterer Grund dafür war auch der Geburtenrückgang und die immer steigende Lebenserwartung, die dazu führte das die Bevölkerung überaltete. Damit waren auch DİSKussionen um die Sicherung der Pensionen entbrannt, mit der Zuwanderung hatte man gedacht dagegen zu steuern. Es kamen nun Vorschläge, z.B. die Zuwanderung über Jahreskontingente wie in klassischen Einwanderungs-

250 vgl.: Rainer Bauböck, Bernhard Perchinig: Migrations- und Integrationspolitik in Österreich, http://www.okayline.at/file/656/osterr_migr_integr_politik.pdf, am 28.02.2011, S. 9

ländern zu regeln. Dabei sollten natürlich die Interesse des Einwanderungslandes Österreichs mit denen der Einwanderer regeln. Es sollte größere Rechtssicherheit über den Aufenthalt sowie mehr Freizügigkeit der Beschäftigten auszugleichen. Damit hätten aber die Gewerkschaften ihren Einfluss bei der Festlegung der Kontingente verloren. Aus diesem Grund hatte sie, aus ihrer subjektiven Wahrnehmung berechtigt, einbußen ihrer Kontrollkompetenz befürchtet. Das starre System des Ausländerbeschäftigungssystems konnte dennoch erhalten bleiben. Durch einige Veränderungen konnten auch Jugendliche ab 1988 einen Befreiungsschein erlangen. Das Gesetz konnte aber dennoch weiter verschärft werden, es wurde eine Ausländerquote am heimischen Arbeitkräftepotenzial verschärft. Somit gab es Bundesweit eine Höchstzahl an die nicht überschritten werden durfte. Auch mit diesen Veränderungen am Ausländerbeschäftigungsgesetz wurde der Neuzugang von ausländischen Arbeitskräften am heimischen Arbeitsmarkt geregelt, es ging eher in die Richtung die flexible Kontingentierung des Bestandes ausländischer Arbeitskräfte. Diese Variante wäre eigentlich eine für die Arbeitsmarktengpässe weitgehend irrelevant war.[251]

In den 1990er Jahren wurde Höchstzahlenregelung weiterhin als Steuerungsmittel eingesetzt, diese Quote wurde stufenweise von 10% auf 9% und danach 8% runtergesetzt. Ausnahmen hat es bei ausländischen Managern, Jugendliche und bei bosnischen Flüchtlingen gegeben.[252]

Rainer Bauböck meint zu den Veränderungen am Ausländerbeschäftigungsgesetz:
„In der Wirkung bedeutet dies jedoch eine Zugangssperre für zahlreiche Ausländer, die sich legal im Inland aufhalten. Vor allem ausländische Frauen, die neu oder nach einer Karenzzeit in den Arbeitsmarkt eintreten, waren davon betroffen.“[253]

Die politischen Veränderungen des Jahres 1989, der Fall des „eisernen Vorhangs“, also die Öffnung der Grenzen Österreichs zu seinen östlichen Nachbarn, Tschechoslowakei und Ungarn, sowie die Krise am Balkan verursachten wesentlichen Druck in der Innenpolitik. Einige Jahre später trat Österreich dem Europäischen Wirtschaftsraum (EWR) und dann auch der Europäischen Union (EU). Somit war Österreichs Ostgrenze auch die europäische Außengrenze.

Durch den Beitritt in die EU wurden die türkeistämmigen Ausländischen Arbeitskräfte nun Drittstaatsausländer oder Bürger von nicht EU-Mitgliedern. Durch den EU-Beitritt kam es

251 vgl.: Rainer Bauböck, Bernhard Perchinig: Migrations- und Integrationspolitik in Österreich, http://www.okay-line.at/file/656/osterr_migr_integr_politik.pdf, am 28.02.2011, S. 11

252 vgl.: Bauböck Rainer, Bernhard Perchinig: Migrations- und Integrationspolitik in Österreich, http://www.okay-line.at/file/656/osterr_migr_integr_politik.pdf, am 28.02.2011, S. 11

253 vgl.: Rainer Bauböck, Bernhard Perchinig: Migrations- und Integrationspolitik in Österreich, http://www.okay-line.at/file/656/osterr_migr_integr_politik.pdf, am 28.02.2011, S. 11

dazu dass die EU-Ausländer in Österreich freien Zugang auf den Arbeitsmarkt hatten und auch das Wahlrecht auf kommunaler und auf europäischer Ebene bekamen. Die Möglichkeit bei dieser Gelegenheit auch die gleichen Rechte den „Drittstaatangehörigen" zu zugestehen ist nicht wahrgenommen worden. Stattdessen sind die mittlerweile seit Jahrzehnten im Land lebenden ausländischen ArbeitnehmerInnen zu „Drittstaatenangehörigen" degradiert worden.

Die 1990er Jahre waren zu ihren Anfängen der Zeitraum wo die Zuwanderung nach Österreich starke Steigerungen zeigte. Die Gründe dafür wie auch oben schon erwähnt, die Öffnungen der Grenzen zu den östlichen Nachbarn, bedingt durch die Auflösung der Sowjet Union und der Krieg am Balkan in Jugoslawien. Österreich war durch die gemeinsamen Grenzen von beiden Entwicklungen unmittelbar betroffen.
Die Zahl der ausländischen Staatsbürger erhöhte sich zwischen 1987 und 1994 von 326.000 auf 713.000, das ist der fast doppelte Wert. Von diesen Entwicklungen profitierte natürlich auch die Wirtschaft, die zu dieser Zeit ein Wachstum von 4,5% zeigte.[254]
In diesem Jahrzehnt wurden am Ausländerbeschäftigungsgesetz zweimal Veränderungen durchgeführt. Die erste Veränderung war 1993, als das Fremdengesetz und das Aufenthaltsgesetzt neu beschlossen wurden. Das neue Aufenthaltsgesetz regelte weiterhin durch eine jährliche Gesamtquote die Zuwanderung. Die im Inland geboren Kinder von ausländischen Staatsbürger wurden in diese Gesamtquote mit hineingenommen. Dies sollte bis so lange der Fall bleiben bis zwei Jahre später die eine Novellierung des Aufenthaltsrechts durchgeführt wurde. Da die Absicht es war den Übergang vom Touristenstatus zur Niederlassung zu unterbinden, wurde die Möglichkeit der Einwanderung nur dann möglich gemacht, wenn der Antrag dafür im Ausland gestellt wurde. Eine Erneuerung zu den vorigen Fremdenrechtspaketen war im neuen Aufenthaltsrecht die Möglichkeit zu einer unbefristeten Arbeitsbewilligung nach fünf Jahren ununterbrochenem arbeiten.[255]

Weitere Punkte des neuen Aufenthaltrechts dass den ausländischen ArbeitnehmerInnen wesentliche Probleme bereitete, war die Fristenregelung. Wenn die Frist der Einreichung für die Verlängerung der Arbeitsbewilligung von vier Wochen versäumt wurde, durfte der Antragsteller nicht mehr damit rechnen das er die Verlängerung zu bekommen. Nun ging der ganze Prozess von Vorne los, weil sie alle Rechte durch das Versäumen der Frist verloren hatten.

254 vgl.: Rainer Bauböck, Bernhard Perchinig: Migrations- und Integrationspolitik in Österreich, http://www.okayline.at/file/656/osterr_migr_integr_politik.pdf, am 28.02.2011, S. 13
255 vgl.: Rainer Bauböck, Bernhard Perchinig: Migrations- und Integrationspolitik in Österreich, http://www.okayline.at/file/656/osterr_migr_integr_politik.pdf, am 28.02.2011, S. 15

Die frühen 1990er Jahre wurden auch sehr von Jörg Haiders „Ausländervolkbegehren“ geprägt. Haiders Absicht war die Themenherrschaft über die Ausländer im Land der SPÖ bzw. der Regierung strittig zu machen, weil seiner Meinung nach die Gesetze nicht den Wohl der Österreicher bedenke. Das Ausländervolkbegehren wurde im November 1992 durchgeführt. Der erwartete Erfolg hat das Ausländervolkbegehren nicht zeigen können, es wurde von 7,4% der Österreicher unterzeichnet. Jörg Haider aggressive Kurs gegen die ausländische Bevölkerung in Österreich hatte für ihn innerparteiliche Konsequenten. Seine langjährige Weggefährtin Haide Schmidt trennte sich mit einigen Abgeordneten von der FPÖ und gründete das Liberale Forum (LIF). Zu dieser Zeit gab es in Deutschland Anschläge gegen Wohnheime, Wohnungen und Häusern von türkeistämmigen Bevölkerung Deutschland, die auch zur Tötung von einigen Personen führte. Es organisierte sich ziviler Widerstand in Deutschland gegen diese Anschläge, Ausdruck fand dieser Widerstand in Form von Lichterketten die fast in allen deutschen Städten mit großer Beteiligung stattfanden. Diese Parallelität sorgte in Österreich dazu das am 23.1.1993 auch ein Lichterkette in Wien organisiert wurde. Diese Lichterkette wurde in Wien zu einem Lichtermeer, es hatten ca. 200.000 Personen dabei teilgenommen. Es wurde zu der größten Kundgebung der Zweiten Republik. Auch wenn so viele Personen ihren Unmut über die Ausländerpolitik der Regierung, die Ausländerhetze der FPÖ unter der Führung von Jörg Haider kund getan hatten und auch das Ausländervolksbegehren der FPÖ viel weniger Unterstützung bekommen hatte als erwartet wurde, hatte es an der erwarteten Änderung des Kurses der Regierung nicht geführt. Ein Jahr später wurde die Bundeshöchstgrenze auf 8% runtergesetzt. Mit der Herabsetzung der Bundeshöchstgrenze wurde Ausländern der Zugang auf den Arbeitsmarkt weiter verschärft.[256]

Die Kritik durch Organisation wie die Amnesty International oder UNHCR am österreichischen Migrations- und Asylrecht nahm in den Jahren danach sehr zu. Das Verfassungsgerichtshof hob 1995 eine Reihe von negativen Aufenthaltsbescheiden als Menschenrechts- und verfassungswidrig auf, womit zur gleichen Zeit auch die Kritik der Menschrechtsorganisation wie die Amnesty International und auch der UNHR. Nach der Nationalratswahlen von 1994 kam es zu einer kleinen Trendwende der aber auch nicht allzu lang gedauert hat. Die SPÖ hat bei den Wahlen im Oktober 1994 erhebliche einbußen hinnehmen müssen. Im Gegensatz dazu sind die Stimmen der FPÖ unter Jörg Haider sehr stark angestiegen. In der neu gegründeten Koalitionsregierung SPÖ/ÖVP wurde Caspar Einem Innenminister, der ein Jahr später eine Reform im Fremdenrecht vor hatte und dies in seinem „Integrationspaket“ präsentierte. Ein

256 vgl.: Rainer Bauböck, Bernhard Perchinig: Migrations- und Integrationspolitik in Österreich, http://www.okay-line.at/file/656/osterr_migr_integr_politik.pdf, am 28.02.2011, S. 15

wesentlicher Punkt des Paketes war die Verknüpfung der Aufenthaltsgenehmigung am Zugang in den Arbeitsmarkt. Basierend auf mehr Rechtssicherheit mit wachsender Dauer des Aufenthaltes im Land sollte nach den Vorstellungen des damaligen Innenministers Caspar Einem der Aufenthalt in Österreich für die ausländischen ArbeitnehmerInnen verfestigt werden. Es ist aber ganz anders gekommen als es sich der Innenminister gewünscht hatte, das „Integrationspaket" wurde seitens des Koalitionspartners ÖVP sehr kritisiert, die sogar damit drohten aus dem zuständigen Innenausschuss des Parlaments auszusteigen. Widerstand kam natürlich auch von der Oppositionspartei FPÖ. Es gab nicht nur Gegenwehr, die Grünen und viele NGO´s die in diesem Bereich aktiv waren hatten die Pläne des Innenministers unterstützt. Die damalige Koalition scheiterte 1995 und das „Integrationspaket" konnte nicht verwirklicht werden. Nach den Wahlen kam es wieder zu einer großen Koalition zwischen der SPÖ und ÖVP. In der neuen Regierung wurde Karl Schlögl, der dem Rechtenflügel in der Partei angehörte, Innenminister. In dieser Legislaturperiode, 1997, wurde der Fremdengesetzt neu beschlossen, der inhaltlich eine Verbesserung bei der Aufenthaltsverfestigung. Von Caspar Einem´s „Integrationspaket" wurde keine anderen Punkte mehr übernommen.[257]

Die 1990er Jahre wegen auch anderen Vorfälle sehr Brisant. Die Ausländerfeindlichkeit bzw. der Rassismus in Österreich bekam neue Formen an. Die Briefbombenserie, einer ihrer prominenten Opfer auch der damalige Bürgermeister Wiens Helmut Zilk war und dabei auch eine Hand verlor, Paketbombe die vier Menschen in Oberwart das Leben kostete, führte dazu das die Illusion es gäbe in Österreich kein Rassismus mehr seit dem Ende des Nationalsozialismus nicht mehr stand hielt. Der Versuch den vorhandenen Rassismus mit der Aussage es gibt nur „Ausländerfeindlichkeit" zu neutralisieren durfte somit nicht mehr lange halten.[258]

Im Gegensatz zu der offiziellen harten Linie in der Ausländerthematik bildeten in diesen Jahren in sehr viele Nichtregierungsorganisationen, NGO´S, die im Bereich der Migrationspolitik und fremdenrechtlichen Themen sich spezialisierten. Einer von ihnen war „SOS-Mitmensch", sie entstand während der Vorbereitungen zum Lichtermeer von 1993. Der Beitritt Österreichs in die EU, führte natürlich dazu dass die NGO´s international im speziellen innerhalb der Europäischen Union sehr leicht und sehr schnell Vernetzen konnten. Die NGO´s standen der Europäisierung der Migrationspolitik Österreichs positiv gegenüber. Im Gegensatz dazu ver-

257 vgl.: Rainer Bauböck, Bernhard Perchinig: Migrations- und Integrationspolitik in Österreich, http://www.okay-line.at/file/656/osterr_migr_integr_politik.pdf, am 28.02.2011, S. 16

258 vgl.: Rainer Bauböck, Bernhard Perchinig: Migrations- und Integrationspolitik in Österreich, http://www.okay-line.at/file/656/osterr_migr_integr_politik.pdf, am 28.02.2011, S. 16

suchten die Regierungen in Österreich, die rechtlichen Konsequenzen des österreichischen EU-Beitritts so lange wie möglich rauszuzögern.[259]

5.2. Gewerkschaften[260]

Die ArbeitnehmerInnenbewegung konnte sich nach der gescheiterten bürgerlichen Revolution von 1848, bis zur Aufhebung des Koalitionsverbotes 1870 in unpolitischen Arbeiterbildungsvereinen, organisieren. Nach der Aufhebung des Koalitionsverbotes wurden die ersten Gewerkschaften gegründet.

Die Entstehung und der Aufstieg der Gewerkschaftsbewegung Vollzog sich aus dem Bedürfnis, die unumschränkte Verfügungsgewalt der Kapitalseigner und Produktionsmittelbesitzer über den Menschen einzuschränken.

Demnach sind Gewerkschaften Vereinigungen von Arbeitnehmern zur Durchsetzung ihrer Interessen. Das Prinzip der Gewerkschaften ist die Organisation vieler Menschen, also das Organisieren der Massen. Hierbei vereinigen die Gewerkschaften zwei Gedanken:

- Solidarität
- Effektive Interessenwahrung

Hauptziel der gewerkschaftlichen Aktivitäten ist die Hebung der Lebensstandards aller Arbeitnehmer. Um dies zu erreichen, obliegen Gewerkschaften folgende Funktionen:

- Gestaltungsfunktion
- Gegenmacht
- Schutzfunktion

In über 150 Jahren gingen die Gewerkschaften einen weiten Weg. Von der Illegalität bis zur Staatstragenden Kraft. Heute ist die Gewerkschaftsbewegung eine Interessensvertretung, deren Notwendigkeit und Nützlichkeit grundsätzlich allgemein anerkannt ist – auch von der Organisation der früher „bekämpften" Arbeitgeber, der Bevölkerung und allen politischen Parteien.[261]

5.2.1. Gewerkschaften in Österreich[262]

Nach der Eigendefinition, laut der Statuen des Österreichischen Gewerkschaftsbundes sind die Gewerkschaften, das ÖGB, eine überparteiliche Interessensvertretung unselbstständiger

259 vgl.: Rainer Bauböck, Bernhard Perchinig: Migrations- und Integrationspolitik in Österreich, http://www.okay-line.at/file/656/osterr_migr_integr_politik.pdf, am 28.02.2011, S. 17

260 vgl.: Martin Bolkovac/Michael Vlastos, Was sind Gewerkschaften?, VÖGB/AK, Jänner 2005

261 vgl.: Emmerich Talos: Sozialpartnerschaft. Kooperation-Konzertierung-politische Regulierung in Handbuch des Politischen Systems Österreichs, Manzsche Verlag, Wien 1997, S. 432 ff.

262 http://www.oegb.at/servlet/ContentServer?pagename=OEGBZ/Page/OEGBZ_Index&n=OEGBZ_2 , 27.07.2010

Erwerbstätiger mit rund 1,2 Millionen Mitgliedern. Die Einzelgewerkschaften und das ÖGB vertreten die wirtschaftlichen, politischen, sozialen und kulturellen Interessen aller ArbeitnehmerInnen gegenüber den Arbeitgebern, Staat und den Parteien. Eine weiter wichtiger Arbeitsbereich des ÖGB und seinen Einzelgewerkschaften die Betreuung seiner Mitglieder im Arbeitsleben sowie das jährliche Verhandeln der Kollektivverträge.

Die wichtigsten Aufgaben des ÖGB sind:

- Wahrnehmung der Interessen aller ArbeitnehmerInnen durch Initiativen für Generalkollektivverträge und rechtliche Regelungen sowie Stellungnahmen zur Sozialpolitik und arbeitnehmerrelevanten Gesetzesentwürfen;
- überbetriebliche Mitbestimmung im Rahmen der Wirtschafts- und Sozialpartnerschaft;
- Durchsetzung sozialer Verbesserungen, Absicherung und Ausweitung der sozialen Sicherheit;
  Wiedererlangung der Vollbeschäftigung, Sicherung der Reallöhne,
- Bemühungen um Preisstabilität und Wirtschaftswachstum;
  Bemühungen zur Humanisierung der Arbeitswelt.

Die wichtigsten Grundlagen des ÖGB somit auch den Einzelgewerkschaften sind;

- Überparteilich aber nicht unpolitisch
- Demokratische Willensbildung und die Kontrolle
- Freiwilligkeit der Mitgliedschaft
- Branchenübergreifender Zusammenschluss nach Wirtschaftsbereichen.

5.2.2. Ausländische Arbeitskräfte in der innerbetrieblichen Interessensvertretung

Wenn wir uns die ausländischen Arbeitskräfte selber anschauen, was ihre Erwartungen oder wie sich mit dem passiven Wahlrecht auseinander gesetzt haben, kann man nicht besonders viel sagen. In diesem Bereich gibt wenig bis gar nichts Wissenschaftliches. In der Mitte der 1980er Jahre gab es eine Studie von Hannes Wimmer[263], in dem ausländische ArbeitnehmerInnen über ihre Lage, Arbeitssituation usw. befragt wurden. In dieser Studie wurden die ausländischen Arbeitskräfte mit unter auch über ihre Zufriedenheit über den Betriebsrat befragt. Bei den Antworten war auffallend das die Gruppe der türkeistämmigen ArbeitnehmerInnen unzufriedener waren als die Gruppe ArbeitnehmerInnen aus Jugoslawien.

263 vgl.: Wimmer Hannes: Arbeitswelt der Ausländischen Arbeitnehmer, in Ausländische Arbeitskräfte in Österreich (Hannes Wimmer, Hg.), Campus Verlag, Frankfurt/Main 1986, S. 260

Die Zufriedenheit über den Betriebsrat waren die türkeistämmigen ArbeitnehmerInnen eher nicht zufrieden, 14,9% gaben an das sie mit der Arbeit des Betriebsrates zu frieden sind. Der Durchschnitt aller ausländischen ArbeitnehmerInnen liegt bei 25,9%. Ein viertel der Befragen sind bei dieser Frage unschlüssig, 25,2%, somit kommen wir auf einen Prozentsatz von 51,1%. Rund die Hälfte der Befragten sind mit der Arbeit des Betriebsrates nicht zufrieden. Als Grund wurde angegeben, dass die Betriebsräte nur die Interessen der inländischen Arbeitskollegen wahrnehmen und vertreten. Weiters auch das sie ihre Probleme nicht kennen würden.[264]

Mit dem ändern der Betriebsgröße ändern sich auch die prozentuellen Anteil. Je größer der Betrieb ist desto besser die Meinung der ausländischen ArbeitnehmerInnen mit der Arbeit des Betriebsrates. In den Großbetrieben ist die Meinung über den Betriebsrat am Besten. Ein weiterer auffallender Punkt ist, das mit der zunehmenden Anteil von ausländischen Arbeitskräfte in den Betrieben, die Meinung über die Interessensvertretung auch schlechter wird.[265]

Die Antwort zur Frage über das Informationsniveau der ausländischen ArbeitnehmerInnen über das aktive und passive Wahlrecht bei den Betriebsratswahlen, war auffallend mit Unwissenheit behaftet. Bei den Männern wussten knapp mehr als die Hälfte darüber bescheid, bei den Frauen war der Anteil noch niedriger. Wie es sich auswirken würde, wenn das passive Wahlrecht für ausländische ArbeitnehmerInnen gelten würde, waren 52,2% der Meinung dass sich die Lage für sie bessern würde. Bei der türkeistämmigen Gruppe ist der Prozentsatz wesentlich höher und liegt bei rund 75%. Ein kleiner Teil, 17% der Befragten waren der Meinung das sich nicht verändern würde. Auch bei dieser Frage spielt die Größe des Betriebes, sowie der Anteil der ArbeitnehmerInnen im Betrieb, eine große Rolle. In Betrieben in denen der Anteil der ausländischen ArbeitnehmerInnen höher waren Anworteten 63,3% mit ja, es würde sich im positiven für sie ändern.[266]

Bei der Bereitschaft zu Kandidieren wenn sie die Möglichkeit dazu hätten, wären 18% dafür bereit. Die türkeistämmige Gruppe liegt auch hier über den Durchschnitt.[267]

---

264 vgl.: Hannes Wimmer: Arbeitswelt der Ausländischen Arbeitnehmer, in Ausländische Arbeitskräfte in Österreich (Hannes Wimmer, Hg.), Campus Verlag, Frankfurt/Main 1986, S. 260

265 vgl.: Hannes Wimmer: Arbeitswelt der Ausländischen Arbeitnehmer, in Ausländische Arbeitskräfte in Österreich (Hannes Wimmer, Hg.), Campus Verlag, Frankfurt/Main 1986, S. 260

266 vgl.: Hannes Wimmer: Arbeitswelt der Ausländischen Arbeitnehmer, in Ausländische Arbeitskräfte in Österreich (Hannes Wimmer, Hg.), Campus Verlag, Frankfurt/Main 1986, S. 260

267 vgl.: Hannes Wimmer: Arbeitswelt der Ausländischen Arbeitnehmer, in Ausländische Arbeitskräfte in Österreich (Hannes Wimmer, Hg.), Campus Verlag, Frankfurt/Main 1986, S. 260

5.2.3. Das passive Betriebsratswahlrecht und die ImmigrantInnen

Der Österreichische Gewerkschaftsbund hatte am Anfang der Arbeitsimmigration nach Österreich schon begonnen die ausländischen ArbeitnehmerInnen als Mitglieder zu rekrutieren und die gewerkschaftliche Unterstützung zu gewähren. Das passive Wahlrecht für ausländische ArbeitnehmerInnen war aber kein Punkt wo sie mit der Unterstützung seitens des ÖGB rechnen konnten. In diesem Punkt hatte der ÖGB bis in die 1990er Jahre eine Linie vertreten die gegen das passive Wahlrecht von ausländischen Arbeitskräften war. Die ausländischen Arbeitskräfte waren für den ÖGB ein Druckmittel um bei den Verhandlungen mit den Arbeitgeberverbänden Anliegen wie die Zulassung von Ausländern zum Arbeitsmarkt und den Inländervorrang bei Neueinstellungen und den Ausländerabbau bei Arbeitslosigkeit zu forcieren. Als das Arbeitsverfassungsgesetz (ArbVG) 1974 beschlossen wurden, hatten die ausländischen Arbeitskräfte das aktive Wahlrecht bekommen aber durften nicht gewählt werden.[268] An diesem Paragraf sollte sich bis in das Jahr 2006 nichts ändern. Österreich war im Vergleich zu anderen EWR- Staaten in diesem Passus sehr konservativ. August Gächter vertretet nach mehreren Untersuchungen die Meinung, dass es für den ÖGB und die Gewerkschaften die ausländischen Arbeitskräfte nie ein Thema für „Gleichheit und Unterstützung" geworden sind.[269]

Nach dem zweiten Weltkrieg sind im April 1945 fast in allen Betrieben provisorische Betriebsvertretungen gewählt worden. Bei dieser Wahl wurden die Bestimmungen des Betriebsratsgesetzes herangezogen. Im Betriebsratsgesetzt von 1919 spielte die Nationalitätenfrage bzw. die Staatsbürgerschaft keine Rolle. Eine Veränderung in diesem Bereich hatte im autoritären Ständestaat gegeben. Nach dem Anschluss an das Nazideutschland hatte die Nationalsozialisten die Rechte der ArbeitnehmerInnen in den Betrieben drastisch verschlechtert, sogar durch das „Gesetz zur Ordnung der nationalen Arbeit völlig beseitigt.

Nach der Beendigung des zweiten Weltkrieges war neu Regelung im Betrieblichen Alltag bzw. im Betriebsratsgesetz notwendig. Als Vorlage wurde das Betriebsratsgesetz von 1991 heran genommen. Das neue Betriebsratsgesetzt von 1947 war in allen Punkten mit dem vorangegangenen Gesetz von 1991 ident. Nur ein Punkt wurde nicht übernommen, der Passus über das passive Wahlrecht. Im alten BRG von 1919 hieß es das die Staatsbürgerschaft für die Wahlberechtigung keine Rolle spielen würde. Im neuen Text war die Bedeutung der Staatsbürgerschaft schon eine ganz andere. Nun waren nur noch österreichische Staatsbürger wähl-

268 vgl.: ArbVG §53 Abs. 1 (1974), Kodex

269 vgl.: Hans Pühretmayer: Das Passive Wahlrecht für Migranten und Migrantinnen zum Betriebsrat in der Bundesrepublik Deutschland und Österreich, eine unveröffentlichte Studie, Wien 1999, S. 18

bar. Eine Begründung dafür wurde nicht angegeben, wenn auch für andere Veränderungen sobald welche es gab bei den Erläuterungen eine Begründung vorzufinden war. Wieso sich die Gesetzgeber nicht an der fortschrittlicheren und weltoffenen Gesetzgebung von 1919, sondern an den austrofaschistischen Werkgemeinschaftsgesetzt orientierte ist sicher eine Frage Wert. Auch mit dem neuen Arbeitsverfassungsgesetz von 1974 ist in diesem Bereich nichts verändert worden.

Der ÖGB und das Bundeswirtschaftskammer schlossen 1970 einen „Generalkollektivvertrag über die Regelung einzelner Beschäftigungsbedingungen Ausländischer Arbeitnehmer" ab. Der Geltungszeitrahmen war unbefristet, der Geltungsbereich sind alle Betriebe in Österreich, die Beschäftigungspflichtige ausländische ArbeitnehmerInnen beschäftigen. Im Artikel IV heißt es: „*Nimmt in einem Betrieb, in dem ausländische Arbeitnehmer beschäftigt sind, ein ausländischer Arbeitnehmer, der von Betriebsleitung und Betriebsrat als Sprecher für die ausländischen Arbeitnehmer anerkannt ist, über Einladung des Betriebsrates an einer Betriebsratssitzung teil, darf dem Sprecher für die Zeit, die für die Behandlung von Problemen der Ausländischen Arbeitnehmer erforderlich ist. Das Entgelt nicht gemildert werden.*"[270] Wenn wir uns diesen Text aus dem Generalkollektivvertrag von 1970 näher anschauen kann festgestellt werden, dass;

- Der Betriebsrat den/die ausländischen ArbeitnehmerIn dazu einladen kann, wenn es ihm danach ist. Es ist keine System dahinter, er kann eingeladen werden oder auch nicht.
- Falls es keinen Betriebsrat vorhanden ist, fällt diese Möglichkeit natürlich ganz weg.
- Rechte wie Kündigungs- oder Entlassungsschutz sind auch nicht gewährt.
- Weiters hat er natürlich auch nicht Bildungsfreistellung, um sich Fortbilden zu können.
- Wie er der/die ausländische ArbeitnehmerIn als Sprecher gewählt werden soll, ist auch nicht definiert.

Wie die Praxis ausgesehen hat ist nicht erklärbar, da keinerlei Literatur oder irgendeine andere Möglichkeit besteht um die Lage nachvollziehen zu können. Im Vergleich dazu wurde in der Bundesrepublik Deutschland 1971 das passive Wahlrecht für ausländische ArbeitnehmerInnen beschlossen. Während des ÖGB Bundeskongresses 1971 wurde auf das passive Wahlrecht von ausländischen ArbeitsnehmerInnen überhaupt nicht eingegangen. Ein positives Zei-

270 vgl.: Hans Pühretmayer: Das Passive Wahlrecht für Migranten und Migrantinnen zum Betriebsrat in der Bundesrepublik Deutschland und Österreich, eine unveröffentlichte Studie, Wien 1999, S. 18

chen wurde im Bereich der Bildung von ausländischen ArbeitnehmerInnen gesetzt, es sollten Programme für die Weiterbildung und kulturelle Betreuung der ausländischen ArbeitnehmerInnen ausgearbeitet werden. Außerdem wurde sehr darauf bedacht, dass die Wohnstätten menschenwürdig sein sollten.

Als Kurt Linska, Organisationssekretär des ÖGB, mit der Frage, wieso das ÖGB gegen das passive Wahlrecht von ausländischen ArbeitnehmerInnen war, konfrontiert wurde, zählte er folgende Gründe auf:

- *Dass der ÖGB Angst vor einer kommunistischen Unterwanderung insbesondere durch die jugoslawischen ArbeitnehmerInnen gehabt hatte.*
- *Bei den türkischen ArbeitnehmerInnen habe vor allem das Problem bestanden, dass der ÖGB „keinen Partner, der generell als Vertreter der Türken" hätte auftreten können, gefunden habe, da sie politisch zu zersplittert gewesen wären.*[271]

Die Vereine der jugoslawischen ArbeiterInnen hatten aus diesen Gründen mehr finanzielle Unterstützung vom ÖGB erhalten, womit sie an den ÖGB gebunden werden konnten. Außerdem wurde den Vereinen jugoslawischen ArbeiterInnen eine Palette an Dienstleistungen angeboten und auch zur Verfügung gestellt. Das Mitsprachemodell von Generalkollektivvertrag von 1970 wurde seitens des ÖGB als das Beste Modell für die Mitsprachemöglichkeit von ausländischen ArbeitnehmerInnen gesehen.[272]

Die ausländischen Arbeitskräfte wurden beim 10. ÖGB- Bundeskongress, im Oktober 1983, wieder erwähnt. Dieses Mal ging es um das Thema „Schutz" der ausländischen Arbeitskräfte. Der ÖGB war der Meinung dass die ausländischen ArbeitnehmerInnen im besonderen Maße den Schutz und die Hilfe einer starken Gewerkschaft brauchen.[273]

In den Bundeskongressen des ÖGB der darauf folgenden Jahre, wurde das passive Wahlrecht für ausländische ArbeitnehmerInnen noch immer nicht thematisiert. Im Laufe des 11. Bundeskongresse 1987, war der ÖGB der Meinung dass alle Beschäftigten unabhängig von ihrer Staatsbürgerschaft alle Rechte im Arbeitsleben haben müssen.[274] Es kann sicher davon ausgegangen werden dass das passive Wahlrecht aus dem Text nicht heraus zu lesen ist. Ob aber

271 zitiert nach Hans Pühretmayer: Das Passive Wahlrecht für Migranten und Migrantinnen zum Betriebsrat in der Bundesrepublik Deutschland und Österreich, eine unveröffentlichte Studie, Wien 1999, S. 18

272 vgl.: Hans Pühretmayer: Das Passive Wahlrecht für Migranten und Migrantinnen zum Betriebsrat in der Bundesrepublik Deutschland und Österreich, eine unveröffentlichte Studie, Wien 1999, S. 20

273 vgl.: Hans Pühretmayer Hannes: Das Passive Wahlrecht für Migranten und Migrantinnen zum Betriebsrat in der Bundesrepublik Deutschland und Österreich, eine unveröffentlichte Studie, Wien 1999, S. 22

274 vgl.: Hans Pühretmayer Hannes: Das Passive Wahlrecht für Migranten und Migrantinnen zum Betriebsrat in der Bundesrepublik Deutschland und Österreich, eine unveröffentlichte Studie, Wien 1999, S. 22

die Funktionäre und die ÖGB- Mitarbeiter das passive Wahlrecht damit gemeint hatten, kann auch nicht behauptet werden.

Alfred Dallinger, der auch gewerkschaftliche Vergangenheit hatte, wurde 1986 Sozialminister. Er hat einen 30- Punkte Programm der zu einer Reform im Arbeitsverfassungsgesetzt führen sollte, eingebracht. In diesem Programm war anfangs auch das passive Wahlrecht für ausländische ArbeitnehmerInnen enthalten. Dieser Punkt in dem 30- Punkte Programm wurde auf Druck der Fraktion der Sozialdemokratischen Gewerkschaftler (FSG) gestrichen.[275]

Eine Veränderung in der Haltung vom ÖGB zum passiven Wahlrecht für ausländische ArbeitsnehmerInnen, sollte 1991 im Rahmen des 12. Bundeskongresses auffallen. Es wurde einstimmig die Forderung nach dem passiven Wahlrecht für Ausländer bei Betriebsratswahlen, angenommen. Eine Veränderung hat dieser Beschluss nicht herbeiführen können, da dieser Forderung nach einer Veränderung nicht nachgesetzt wurde.

Die Fachgewerkschaft GPA (Gewerkschaft der Privatangestellten) schloss sich dieser veränderten Haltung der ÖGB an und formulierte in der „Erweiterte Zentrale Leitungsausschuss am 23.01.1992“, dass das passive Wahlrecht für Ausländer ein kurzfristiges Ziel darstellt. Die Metaller Gewerkschaft Metall-Bergbau-Energie hatte bei ihrem Gewerkschaftstag 1992 auch das passive Wahlrecht für ausländische ArbeitnehmerInnen beschlossen. Bei ihrem nächsten Gewerkschaftstag, 1996, war die gleiche Forderung aber nicht mehr an der Tagesordnung.[276]

Eine Veränderung führte der Beitritt Österreichs in den Europäischen Wirtschaftstraum EWR herbei. Ab dem Beitritt in die EWG durften auch EWR-Staatsbürger, also erstmals auch Ausländer, bei den Betriebsratswahlen vom passiven Wahlrecht gebrauch machen. Der ÖGB wollte diese Chance nutzen und das passive Wahlrecht auf alle ausländischen ArbeitnehmerInnen erweitern. Es sollte am Widerstand der ÖVP scheitern, sie war gegen das passive Wahlrecht für ausländische ArbeitnehmerInnen. Begründet hat es die damalige Generalsekretärin damit dass sie sich es anschauen wollen wie das passive Wahlrecht für EWR-Staatsbürger auswirkt. Nach einer Beobachtungsphase könnten sie es sich überlegen das passive Wahlrecht auf alle Ausländer auszudehnen.[277]

Weitere Initiativen kamen in den 1990er Jahren von der Frauen- und Jugendorganisationen des ÖGB. Die ÖGB Frauen forderten auf dem Frauenkongress 1995 dass das passive Wahl-

275 vgl.: Ranier Bauböck: Nach Rasse und Sprache verschieden,Migrationspolitik in Österreich von der Monarchie bis heute, Reihe Politikwissenschaft / Political Science Series No. 31, Institut für Höhere Studien, März 1996, S. 17

276 Vgl.: Hans Pühretmayer: Das Passive Wahlrecht für Migranten und Migrantinnen zum Betriebsrat in der Bundesrepublik Deutschland und Österreich, eine unveröffentlichte Studie, Wien 1999, S. 22

277 vgl.: Hans Pühretmayer: Das Passive Wahlrecht für Migranten und Migrantinnen zum Betriebsrat in der Bundesrepublik Deutschland und Österreich, eine unveröffentlichte Studie, Wien 1999, S. 22

recht für alle ausländischen ArbeitnehmerInnen ausgeweitet wird. Das ÖGB Bundesjugendvorstand beschloss im gleichen Jahr zwei Vertreter für ausländische ArbeitnehmerInnen, ausgestatte mit Stimmrecht in den Bundesjugendvorstand zu nominieren. Außerdem wurde beim Bundesjugendvorstand beschlossen die Forderung nach passivem Wahlrecht für ausländische ArbeitnehmerInnen im nächsten ÖGB Bundeskongress einzubringen.[278]

5.2.4. Teilgewerkschaften und das passive Wahlrecht für ausländische ArbeitnehmerInnen

Wenn wir uns die Teilgewerkschaften anschauen, ist es leicht zu sehen dass die Gewerkschaften der Branchen in denen ausländischen ArbeitnehmerInnen stark vertreten sind, das passive Wahlrecht für ausländische ArbeitnehmerInnen aus nicht EWR- Staaten, forderten. In den 1990 er Jahren war es die Gewerkschaft Hotel-Gastgewerbe-Persönliche Dienste die auch öffentlich das passive Wahlrecht forderte. Die Gewerkschaft der Privatangesetellten (GPA) hat sich mit einigen Resolutionen diesbezüglich zur Wort gemeldet. Es gab immer wieder Beschlüsse aber weiter Schritte wurden nicht getätigt.

In einem Folder[279] aus dem Jahr 1998, heißt es seitens eines Bau-Holzgewerkschaftsfunktionärs, dass manche Betriebsräte für das passive Wahlrecht wären aber andere wiederum nicht. Dieser Schritt wäre für sie doch zu weit gewesen.

Wenn wir unseren Blick ein wenig in die Bundesländer ausweiten ist es sehr auffallend, dass es in der Landesstelle Oberösterreich des ÖGB, schon sehr früh Aktivitäten für ausländische ArbeitnehmerInnen gegeben hat. Ab den frühen 1990er Jahren wurden, Programme, Seminare und Fortbildungsmaßnahmen für ImmigrantInnen angeboten. Das Landesbüro in Linz war ebenfalls für das passive Wahlrecht und meint dazu, dass das Verbot des passiven Wahlrechts demokratiepolitisch nicht vertretbar sei. Wenn wir unseren Blick in das südlichste Bundesland, nach Kärnten wenden ist es auffallend dass das Landesbüro in Klagenfurt gegen das passive Wahlrecht ist.[280]

Gegen ende der 1990er Jahre ist das Thema ein wenig abgeflaut und schien sich im Sand zu verlaufen. Ende der 1990er Jahre wurde das passive Wahlrecht für Drittstaatangehörige wieder brisant, in Oberösterreich wurde mit der Unterstützung des ÖGB eine Klage eingebracht die über alle Instanzen gegangen ist. In allen Instanzen wurde die Klage abgewiesen, schluss-

---

278 vgl.: Hans Pühretmayer: Das Passive Wahlrecht für Migranten und Migrantinnen zum Betriebsrat in der Bundesrepublik Deutschland und Österreich, eine unveröffentlichte Studie, Wien 1999, S. 22

279 vgl.: Hans Pühretmayer: Das Passive Wahlrecht für Migranten und Migrantinnen zum Betriebsrat in der Bundesrepublik Deutschland und Österreich, eine unveröffentlichte Studie, Wien 1999, S. 24

280 vgl.: Hans Pühretmayer: Das Passive Wahlrecht für Migranten und Migrantinnen zum Betriebsrat in der Bundesrepublik Deutschland und Österreich, eine unveröffentlichte Studie, Wien 1999, S. 24

endlich wurde über den Umweg des Europäischen Gerichtshofes das Passive Wahlrecht erkämpft. Der Europäische Gerichtshof hatte die Republik Österreich verpflichtet die Gesetzeslage der Europäischen Union konform zu ändern. Zu erst waren nur die Drittstaatsangehörigen von dieser Erleichterung betroffen die ein Assoziationsabkommen mit der EU abgeschlossen hatten. Erst durch eine Gesetzesänderung wurde dieser Missstand behoben werden und seit 2006 haben Drittstaatangehörige das Passive Wahlrecht bei Betriebsratswahlen.[281]

5.2.5. Initiativen in den Teilgewerkschaften

5.2.5.1. GPA-djp

In der GPA entstand eine Projektgruppe die sich unter dem Namen „Sesam öffne dich!" in der Landesstelle Wien konstituierte. Das Hauptziel des Projektes war innerhalb und außerhalb der Gewerkschaften für die Gleichstellung von ausländischen ArbeitnehmerInnen zu arbeiten. Sie wollten das passive Wahlrecht von ausländischen ArbeitnehmerInnen bei den Betriebsratswahlen und bei der AK-Wahl erkämpfen. Bei dem Gewerkschaftstag, 1998, der Wiener GPA stellte die Projektgruppe den Antrag, dass die GPA die Mitglieder mit ausländischem Herkunft als Zielgruppe anerkennen und auch dementsprechende personelle- und finanzielle Mittel für die Erfassung und Betreuung zur Verfügung stellen soll. Außerdem wurde auch eine *Zielgruppenorientierte, in die wichtigsten Landessprachen übersetzte, gewerkschaftliche und arbeitsrechtliche (Werbe-) Medien, Betreuung, Beratung und Schulung;...; die Förderung angemessener Beteiligung in allen GPA-Gliederungen; rechtliche Gleichstellungskampagnen; besondere Gewährung von Rechtsberatung und Rechtsschutz im Falle von Diskriminierungen"*[282]

Der Antrag der Projektgruppe wurde am Gewerkschaftstag abgelehnt, ein Trost war das er zur weiteren Beratung an das Präsidium zugewiesen wurde.

In der „Arge Alpe", der ein Zusammenschluss von Gewerkschaften des Alpenraums ist, wurde am 9. Generalversammlung 1992 in Mailand eine Resolution einstimmig angenommen. Die sogenannte „Mailänder Erklärung", wurde auch von den österreichischen Vertretern des ÖGB (Landesexekutiven Salzburg, Tirol und Vorarlberg), mitbeschlossen. Demnach werden die Mitglieder verpflichtet sich für die Verwirklichung der Mitbestimmungsrechte von ausländischen ArbeitnehmerInnen in Betriebsratswahlen, in Gewerkschaften und bei Kommunalwahlen einzusetzen. Für die österreichischen Vertreter war es ein zusätzliches Anliegen das die ausländischen KollegInnen in die Politik die für sie gemacht werden sollte, einzuzie-

281 vgl.: http://www.auge-ug.at/betriebsrat_gruenden/betriebsratgruendung.htm#passiv, am 06.02.2011
282 zitiert nach: Hans Pühretmayer: Das Passive Wahlrecht für Migranten und Migrantinnen zum Betriebsrat in der Bundesrepublik Deutschland und Österreich, eine unveröffentlichte Studie, Wien 1999, S. 26

hen seien und schlugen eine eigene Plattform oder eine Arbeitsgruppe von ausländischen Mitgliedern innerhalb der Gremien des ÖGB vor. Sie waren der Meinung, das eine vernünftige Politik für sie nur mit ihnen gemacht werden kann. Dieses Vorhaben wurde in einem eigenen Papier von der österreichischen Delegation festgehalten.[283]

Eine Gruppe von eingebürgerten ausländischen Arbeitskräften und EWR-Bürgerinnen hat 1994 die Gruppe „Demokratie für Alle" gegründet. Für sie war es ein besonderes Anliegen das passive Wahlrecht für alle ArbeitnehmerInnen, die Gleichstellung am Arbeitsplatz und in allen sozialen Bereichen zu erreichen. Weiters vertraten sie auch die Meinung das Aufenthaltssicherheit, kommunales Wahlrecht für alle, Dopperlstaatsbürgerschaft und ein wirksames Antidiskriminierungsgesetz, gewährleistet gehört.[284]

Die ersten Aktivitäten in diesem Bereich fingen im Vergleich zu einigen anderen Gewerkschaften in der Gewerkschaft der Privatangestellten Druck Journalismus Papier, ab der Jahrtausendwende an. Den ersten Schritt setzte man mit der Gründung der Interessensgemeinschaft work@migration. Die Interessensgemeinschaft work@migration ist einer von sieben IG in der GPA-djp. Die Interessensgemeinschaften sind auf Regionaler und Bundesebene organisiert.

Diese Plattform bietet allen Arbeitnehmern und Arbeitnehmerinnen mit Migrationshintergrund natürlich auch nicht MigrantInnen, sich für die Anliegen und Probleme dieser Gruppe von ArbeitnehmerInnen einzusetzen. Im vergleich zu den anderen IG ist die work@migration branchenübergreifend. Das ist natürlich als ein Vorteil zu bewerten, weil hier die Möglichkeit besteht Information über die Arbeitsbedingungen von Migrantinnen und Migranten in allen Branchen zu bekommen.

Es können sich alle, auch nicht Gewerkschaftsmitglieder in diese Interessensgemeinschaft eintragen. Um aber vom passiven und aktiven Wahlrecht gebrauch machen zu können muss man Mitglieder in der GPA-djp sein. Laut den Statuten der GPA-djp ist die Funktionsperiode des Bundesausschusses 4 Jahre und des Regionalausschusses 2 Jahre. Es ist eine basisdemokratische Wahl, d.h. es können alle die Registriert und Mitglieder in der GPA-djp sind, bei der Wahl kandidieren.[285]

283 vgl.: ÖGB Landesexekutive Vorarlberg-Tirol-Salzburg 1992, in Pühretmayer, Das Passive Wahlrecht für Migranten und Migrantinnen zum Betriebsrat in der Bundesrepublik Deutschland und Österreich, eine unveröffentlichte Studie, Wien 1999, S. 27

284 vgl.: Hans Pühretmayer: Das Passive Wahlrecht für Migranten und Migrantinnen zum Betriebsrat in der Bundesrepublik Deutschland und Österreich, eine unveröffentlichte Studie, Wien 1999, S. 27

285 vgl.:Geschäfts und Wahlordnung der GPA-djp, S.25, beschlossen am 2. ordentlichen Bundesforum der GPA vom 14.-16.11.2006

Weiters sind die Ausschüsse auch berechtigt im höchsten Gremium, dem Bundesforum der GPA-djp teilzunehmen und können auch Anträge einbringen. Dies ist natürlich eine sehr gute Gelegenheit um auf die Bedürfnisse, Probleme oder Anliegen der ArbeitnehmerInnen mit Migrationshintergrund aufmerksam zu machen.
Bis jetzt ist der Bundesausschuss und die Regionalausschüsse in den Bundesländern Wien und Salzburg gewählt worden.

Bei einem Bundeskongress der GPA-djp sind die Forderungen der work@migration , Antrag 13, beschlossen worden.[286]

- Die Harmonisierung von Aufenthalts- und Beschäftigungsrechts: Prinzip muss sein, wer legal aufhältig ist muss Zugang zum Arbeitsmarkt haben.
- Die Rücknahme der Ausdehnung der Saisonierregelung.
- Die Rücknahme des so genannten „Integrationsvertrages" (Insbesondere die Zwangsdeutschkurse mit Abschiebung als Sanktionsdrohung)
- Den sofortigen und uneingeschränkten Zugang zum passiven Wahlrecht für Nicht-EWR- BürgerInnen bei Betriebsratswahlen, den Arbeiterkammerwahlen und den ÖH-Wahlen.
- Ein abgesichertes Aufenthaltsrecht nach längstens fünf Jahren.
- Das Recht auf Familienzusammenführung.
- Den Zugang zum geförderten Wohnbau und das aktive und passive Wahlrecht auf kommunaler Ebene für nicht EWR- BürgerInnen.
- Ein AntiDISKriminierungsgesetz nach dem Vorbild anderer europäischer Länder zum Schutz vor DISKriminierung von Einzelpersonen und gesellschaftlichen Gruppen aufgrund von Geschlecht, ethnischer Herkunft, Hautfarbe, Staatsbürgerschaft, Behinderung, Weltanschauung, Religion und sexuelle Orientierung.

Im Antrag 14, der auch im gleichen GPA-djp Bundeskongress beschlossen wurde, wird folgendes gefordert:[287]

- Die Gewährleistung einer genauen rechtstaatlichen Prüfung aller Asylanträge ohne Einschränkung nach Herkunftsländern oder anderen Kriterien.
- Bundesbetreuung für alle AsylwerberInnen (wie in der EU- Richtlinie vorgesehen).

---

286 vgl.: Antrag der Bundesinteressensgemeinschaft work@migration zum Bundesforum der GPA (Antrag 13), Integrationspolitik, siehe Anhang

287 vgl.: Antrag der Bundesinteressensgemeinschaft work@migration zum Bundesforum der GPA (Antrag 14), Asyl ist Menschenrecht, siehe Anhang

- Gewährleistung der Unabhängigkeit der Berufungsinstanzen im Asylverfahren.
- Arbeitsmarktzugang für AsylwerberInnen.

Ein weiter Schwerpunkt in der GPA-djp ist das Projekt „Zukunftsprojekt MigrantInnen im Handel.“ In Rahmen dieses Projektes ist beabsichtigt, den Arbeitsrechtlichen Wissenszustand sowie die Erwartungen an die GPA-djp, der ArbeitnehmerInnen mit Migrationshintergrund festzulegen um auf diese Gruppe eingehen zu können. Es finden Regelmäßige Informationsabende, an denen man die Gewerkschaft den ArbeitnehmerInnen näher bringt und die Leistungen vorstellt um danach auch auf einzelne Arbeitsrechtliche Fragen der ArbeitnehmerInnen einzugehen. Weiters werden, die bestehenden Informationsmaterialien nach Bedarf auch in einige Sprachen (Türkisch, Serbokroatisch) übersetzt.
Nach Analysen durch das Projekt, ist auch ein eigenes Informationsheft mit den Inhalten;

- Gewerkschaftsgeschichte
- Betriebsrat: Rechte und Pflichten
- Was ist der Kollektivvertrag? Was Regelt sie?

produziert worden. Dieses Informationsheft ist speziell für die Handelsangestellten gedacht, wenn der Bedarf aus den anderen Branchen kommen sollte wird auch für diese Branchen produziert werden.

Eine weitere Initiative ist das Vernetzungstreffen der MitarbeiterInnen aller Gewerkschaften die in den Bereich der ImmigrantInnen aktiv sind bzw. Arbeiten.
Damit ist beabsichtigt das gegenseitige Informations- und Erfahrungsaustausch zu vertiefen. Von dieser Initiative ausgehend sind mittlerweile einige neue Initiativen des ÖGB gestartet worden, die angefangen haben Früchte zu tragen.

5.2.5.2. ÖGB- Oberösterreich

Im Rahmen meiner Recherchen musste ich die Erfahrung machen dass der ÖGB Oberösterreich in vielem eine Vorreiterrolle gespielt hat und dies auch weiterhin tut. Seit den 1990er Jahre des letzten Jahrhunderts wurden in Oberösterreich verschiedenste Informationsveranstaltungen in diversen Vereinen von MigrantInnen veranstaltet. Weiters wurden Fördertöpfe gemeinsam mit der Arbeiterkammer und dem Land eingerichtet um Vereinen von MigrantInnen die Möglichkeit zu geben Projekte die sich mit Integration, Verbesserungen im Zusammenleben oder gewerkschaftlichen Themen behandelten, fördern zu lassen. Außerdem wurde in den Gewerkschaftsschulen in Oberösterreich viel Wert auf Interkulturalität gelegt. Je nach

Bedarf wurden viele Themen in den jeweiligen Muttersprachen von MigrantInnen selber vorgetragen.

Die ersten Erfolge der jahrelangen aktiven Arbeit mit ArbeitnehmerInnen mit Migrationshintergrund zeigten sich in den steigenden Zahlen von Betriebsräten mit Migrationshintergrund.

Durch diese Erfahrungen die in den letzten 20 Jahren gemacht wurden, ist die Idee entstanden ein „Kompetenzzentrum" zu bilden. Dieses Kompetenzzentrum ist zusammengesetzt aus Vertretern der Vereine von ImmigrantInnen und des ÖGB- Oberösterreich.

Eine weitere Stütze bei gewerkschaftlicher Bildungs- und Informationsarbeit für ImmigrantInnen bildeten Studien und gemeinsame Projekte des ÖGB- Oberösterreich mit Vereinen der MigrantInnen:[288]

- SYSTEM- zur Einführung einer gleichberechtigten Interessensvertretung von ArbeitnehmerInnen mit Migrationshintergrund. Juni 2005
- MODELL- zur gleichberechtigten Interessensvertretung von ArbeitnehmerInnen mit Migrationshintergrund auf betrieblicher und überbetrieblicher Ebene. Zukunftsszenario für das Bundesland Oberösterreich. Mai 2005
- Transnationale Vergleichende Analyse von rechtlichen Grundlagen und praktischen Erfahrungen zur Gleichberechtigten Interessensvertretung ausländischer ArbeitnehmerInnen.
- „Kommunikation mit Muslime/Muslima im Alltag"
- Unter diesem Titel ist ein interreligiöser Lehrgang zusammen mit der Katholischen Kirche Oberösterreich, Theologische Erwachsenen Bildung und der Islamischen Glaubensgemeinschaft, geplant.

Kompetenzzentrum Migration in Linz[289]:
Kompetenzzentrum Migration wurde am 6. März 2009 ÖGB/OÖ gegründet. Es ist an das Referat Regionen/Migration des ÖGB-OÖ angebunden. Weiters ist das Kompetenzzentrum analog den Statuten des ÖGB überparteilich zu führen und verpflichtet sich den Grundsätzen und dem Leitbild des ÖGB-OÖ entsprechend zu agieren.

Grundsätze (Einige Beispiele):[290]

- *Die Würde des Menschen steht im Mittelpunkt der Bemühungen, daher wird entschlossen für die Wahrung der Menschenrächte eingetreten.*

288 Aus den Gründungsunterlagen des Kompetenzzentrums, siehe Anhang
289 Aus den Gründungsunterlagen des Kompetenzzentrums, siehe Anhang
290 Aus den Gründungsunterlagen des Kompetenzzentrums, siehe Anhang

- *Das Kompetenzzentrum steht für eine Politik, die es den Menschen ermöglicht, ihr Leben selbstbestimmt und mündig zu gestalten-unabhängig von ihrem Geschlecht; es ist notwendig gesellschaftliche und betriebliche Bedingungen zu schaffen, die diesem Prinzip entsprechen. Widerstand wird einer Politik geleistet, die die Menschen und Menschengruppen benutzt, gegeneinander ausspielt und missbraucht.*
- *Für das Kompetenzzentrum ist die Demokratie jene Form des Zusammenlebens der Menschen, in der die Prinzipien der Gleichheit und der Freiheit am Besten verwirklicht werden können. Demokratische Grundsätze müssen in allen gesellschaftlichen bereichen, auch in den Betrieben, verwirklicht werden. Daher treten sie dafür ein das alle ArbeitnehmerInnen das Recht haben, bei allen Entscheidungen, die sie betreffen, mitzubestimmen.*
- *Wir bekennen uns zum Recht auf freie Religionsausübung. Allerdings darf weder Religion für politische Ziele, noch Politik für religiöse Ziele missbraucht werden.*
- *Wir setzen uns für die Rechte der Minderheiten ein, und unterstützen aktiv deren volle Integration in die Gesellschaft bei Gleichzeitiger Wahrung ihrer Idendität.*
- *Für uns besteht kein Unterschied zwischen Österreichischen ArbeitnehmerInnen und solchen mit Migrationshintergrund. Wir streben ein solidarisches Miteinander, besonders auf betrieblicher Ebene, an.*
- *Wir bekennen uns zum Modell der österreichischen Sozialpartnerschaft und setzten uns für eine wirksame Vertretung der Interessen der ArbeitnehmerInnen durch starke Gewerkschaften ein.*

Grundsätzlich sind dem Präsidium und dem Vorstand jene Aufgaben übertragen die Anliegen zur Verbesserung der allgemeinen Situation der Gruppe der Menschen mit Migrationshintergrund betreffen.

Im Besonderen ist bei den Zielen jedoch darauf zu achten, dass sich die Anzahl jener MigrantInnen, die sich auf betrieblicher Ebene gewerkschaftlich agieren – BR – erhöht. Des Weiteren obliegt es dem Vorstand, erweiterte Ziele im Sinne der Grundsätze durch Beschluss festzulegen.

Einige Beispiele aus dem Zielekatalog:[291]

- *Die Würde des Menschen steht im Mittelpunkt der Bemühungen, daher treten wir entschlossen für die Wahrung der Menschenrechte ein.*

291 Aus den Gründungsunterlagen des Kompetenzzentrums, siehe Anhang

- *Wir setzen uns für die Rechte von Minderheiten ein, unterstützen aktiv deren volle Integration in die Gesellschaft bei gleichzeitiger Wahrung ihrer Identität.*
- *Für uns besteht kein Unterschied zwischen österreichischen ArbeitnehmerInnen und solchen mit Migrationshintergrund. Wir streben ein solidarisches Miteinander, besonders auf betrieblicher Ebene, an.*

5.2.6. Politische Bildung und Informationsarbeit für MigrantInnen im Österreichischen Gewerkschaftsbund

Der Österreichische Gewerkschaftsbund (ÖGB) hat seit den frühen 1980er Jahren angefangen für ArbeitnehmerInnen mit Migartionshintergrund Beratung in der eigenen Muttersprache anzubieten. Die ersten Muttersprachlichen Beratungen fanden in den Sprachen Serbokroatisch und Türkisch statt. Mittlerweile ist die Palette auf folgende Sprachen wie Kurdisch, Serbisch, Kroatisch, Bosnisch, Polnisch und Englisch erweitert worden.[292]

Ein weiterer Punkt des Informationsdienstes des Österreichischen Gewerkschaftsbundes ist das Übersetzen von notwendigen Informationsmaterialien ins Türkische und Serbokroatische. Als es dann so weit war und der Auflösungnsprozesses in Jugoslawien angefangen hatte, legte man wert darauf, das Serbokroatisch in Serbisch, Bosnisch und Kroatisch aufzuteilen. Mittlerweile, da jetzt die kriegerische Auseinandersetzungen in diesen Gebieten mehr oder weniger Aufgehört haben, werden die Informationsmaterialien wieder nur ins serbo-kroatische zu übersetzt, da diese Version der Ex-jugoslawischen Sprachen von der ganzen Bevölkerung der ehemaligen Republiken Ex- Jugoslawiens verstanden wird.

Das ÖGB hatte in der Zentrale schon in den 1970´er Jahren des vorigen Jahrhunderts, einen Mitarbeiter mit Migrationshintergrund eingestellt um Beratungen in Muttersprachen der MigrantInnen anzubieten.

Weiter Bemühungen um die MigrantInnen bezüglich des arbeitsrechtlichen Aufklärens und der politischen Bildung gab es auch bei den Einzelgewerkschaften.
Als ein Beispiel aus der unmittelbaren Vergangenheit kann ich das Seminar „Sprachen Verstehen" erwähnen. Für dieses Seminar waren die Zielgruppen die Gewerschaftssekretäre und Betriebsräte gedacht, gewesen. Das Ziel des Seminars war einige Sätze in den Sprachen Türkisch, Serbokroatisch und Polnisch als Türöffner bei diesen Gruppen benutzen zu können. Nach einer Information aus der Bildungsabteilung des ÖGB soll es leider doch nicht zustanden gekommen sein, weil sich keiner angemeldet haben soll.

292 ÖGB Beratungszentrum, Johann Böhm Platz 2, 1020 Wien

Ein Jahr später, ab Frühjahr 2009 hat das VÖGB zwei weitere Seminare ins leben gerufen:

- „Kein Platz für Rassismus"
- „Kulturen Verstehen"

Diese Seminare sind ein Teil der Sensibilisierungsprogramme Seitens des ÖGB. Denn um die Bevölkerungsgruppe der ImmigrantInnen besser ansprechen zu können wie man es zustanden bringen kann, hat das ÖGB auf Initiative eines Mitarbeiters alle MitarbeiterInnen mit Migrationshintergrund und alle in diesem Bereich arbeitenden zusammen gerufen und versucht auf Ideen zu kommen, wie man die Gruppe der ImmigrantInnen ansprechen kann. Sensibilisierungsmaßnahmen in den Betrieben für die MitarbeiterInnen und natürlich auch Gewerkschaftsmitarbeiterlnnen sowie Betriebsräte, waren einige der Ergebnisse dieser Sitzungen.

5.2.6.1. Politische Bildungsarbeit in den Gewerkschaften

Der nächste Punkt in meiner Untersuchung sind die gewerkschaftlichen Bildungswerkstätten. Um hier einen Überblick zu verschaffen werde ich diese Bildungswerkstätten vorstellen und darauf eingehen in welcher Form an ImmigrantInnen dabei bedacht wurde.

Die gewerkschaftliche Bildungsarbeit ist die Bildungsarbeit die in Richtung der Gewerkschaftsmitglieder geleistet wird. Es ist ein Teil der Organisationsarbeit, es wird dabei auf die Erweiterung der persönlichen, betrieblichen und gesellschaftlichen Handlungsfähigkeit geachtet.

Der VÖGB (Verband österreichischer Gewerkschaftlicher Bildung) ist ein Tochterverein des ÖGB, führt auf regionaler und auch auf überregionaler Ebene die gesamten gewerkschaftlichen Bildungsmaßnahmen im Namen und im Auftrag des ÖGB durch.

Als Ziel für diese Arbeiten ist die Bildung, Erhaltung und Verbesserung eines grundlegenden gewerkschaftlichen Bewusstseins, in den Statuten des VÖGB definiert.

Der Verband österreichischer Gewerkschaftlicher Bildung tretet als Teil der österreichischen Gewerkschaftsbewegung für eine offene und tolerante Gesellschaft ein, die allen Menschen gleiche Chancen bei der Verfolgung ihrer Lebensinteressen ermöglicht und die der Mitbestimmung - insbesondere in der Arbeitswelt, dem Gender Mainstreaming und der gelebten Integration & Anerkennung der Verschiedenheit (Diversität) - einen hohen Stellenwert einräumt.

„Gerade jetzt ist der Stellenwert der gewerkschaftlichen Bildungsarbeit gar nicht hoch genug einzuschätzen. Die Kolleginnen und Kollegen müssen argumentativ auf dem letzten Stand

sein, um eine Meinung zu betrieblichen, gesellschaftlichen und sozialen Themen fundiert vertreten zu können. Eine der Grundlagen dafür ist maßgeschneiderte Weiterbildung. Die gewerkschaftlichen ReferentInnen leisten dazu eine wichtigen Beitrag, denn ihre Aufgabe ist es, Wissen zu vermitteln, dass es die KursteilnehmerInnen, die BetriebsrätInnen und PersonalvertreterInnen, in die Betriebe weiter tragen können."[293]

Die einschlägigen Wörter vom Präsidenten der gesetzlichen und freiwilligen ArbeitnehmerInnen Vertreter, sagen sehr viel über den Sinn und die Ziele der gewerkschaftlichen Bildungsarbeit.

Das gemeinsame Auftreten und zusammenarbeiten der beiden Institutionen, wie es z.B. in der ReferentInnen Akademie der Fall ist, kann man in einem Querschnitt bei fast allen Gewerkschaftlichen Bildungsarbeiten beobachten.

5.2.6.2. Sozialakademie (SOZAK)

Die Sozialakademie bietet in einem zehnmonatigen Lehrgang eine fundierte, breit gefächerte Ausbildung für ArbeitnehmervertreterInnen. Zentraler Ansatzpunkt sind dabei die Wahrnehmung und der Ausbau der Mitbestimmungsmöglichkeiten. Die Ausbildungsziele sind auf die Vermittlung der erforderlichen Sachkenntnisse und sozialen Kompetenzen in Schlüsselbereichen der interessenpolitischen Tätigkeit ausgerichtet.

Um ihre Funktion bestmöglich ausüben zu können, vermittelt der Lehrgang Sozialakademie der TeilnehmerInnen Kenntnisse und Fähigkeiten, die für eine kompetente und effiziente Vertretung von ArbeitnehmerInneninteressen auf betrieblicher und überbetrieblicher Ebene erforderlich sind.

Die Rahmenbedingungen für interessenpolitisches Handeln unterliegen permanenten Veränderungen. Neue Formen der Arbeitsorganisation, veränderte Betriebsstrukturen, neue Managementstrategien sowie gesellschaftliche und politische Veränderungen stellen die ArbeitnehmerInnenorganisationen vor besondere Herausforderungen. Die Sozialakademie hat mit ihrem Ausbildungsprogramm den sich rasch verändernden Bedingungen Rechnung zu tragen.

Neben der traditionelle Vertretungs- und Schutzfunktion von ArbeitnehmervertreterInnen treten neue Aufgaben, und vor allem die Anforderungen an die sozialen und kommunikativen Kompetenzen steigen. Selbstverständlich ist nach wie vor Wissen aus den Bereichen Arbeitsrecht, Sozialrecht, Betriebswirtschaft usw. notwendig.

---

293 vgl.: Erich Foglar (ÖGB Präsident) u. Herbert Tumpel (AK Präsident) VÖGB AK ReferentInnen Akademie Broschüre 2010

Generelles Ausbildungsziel der Sozialakademie ist die Optimierung der interessenspolitischen Durchsetzungsfähigkeit auf allen Mitbestimmungsebenen und die Professionalisierung der Tätigkeit als ArbeitnehmervertreterInnen. Die ständige Aktualisierung der Bildungsinhalte basiert auf der Beobachtung aller im Handlungsumfeld der Interessensvertretungen relevante Entwicklungen.

Die Ausbildungsschwerpunkte der Sozialakademie sind:[294]

- Politik und Organisation der ArbeitnehmerInnenvertretung
- Rechtliche, wirtschaftliche und sozialpolitische Kenntnisse
- Schlüsselkompetenzen für ArbetinehmerInnen (Kommunikationstraining, Rhetorik, Moderation, Beratung etc.)
- Methodisch-organisatorische Kompetenzen (Projekte managen, Kampagnen & Veranstaltungen organisieren)
- Strategien der ArbeitnehmerInnenvertretungen
- Internationales gewerkschaftliches Handeln

Die Sozialakademie ist die mit seinem Bildungsangebot und Vielfalt die gewerkschaftliche Ausbildung mit der höchsten Akzeptanz innerhalb der gewerkschaftlichen Bewegung. Sie gilt auch als die Kaderschmiede für die zukünftigen Mitarbeiter der Gewerkschaften Österreichs.

Die ersten Teilnehmer der Sozialakademie mit Migrationshintergrund waren ab dem Lehrgang 59 dabei. Dabei handelt es sich um einen Türkeistämmigen Betriebsrat, der nach der Ausbildung eine Karriere beim ÖGB in Oberösterreich die Nachfolge eines schon in Pension gegangenen Mitarbeiter aus der Türkei nachfolgen durfte. Im Jahrgang 60 nahmen zwei weitere Teilnehmer mit Migrationshintergrund teil, eine Betriebsrätin mit polnischer und ein GPA-djp Mitarbeiter mit türkischen Wurzeln Abstammung.[295]

5.2.6.3. Betriebsräte Akademie (BRAK)

Die BetriebsrätInnen Akademie ist eine 14 wöchige Ganztagesausbildung für ArbeitnehmervertreterInnen. Sie findet in Wien, Hirschwang/NÖ und Graz/Stmk statt, wobei die Lehrgänge in Hirschwang und Graz auch für TeilnehmerInnen aus anderen Bundesländern geöffnet sind.

Die TeilnehmerInnen werden von den Gewerkschaften ausgesucht und nominiert.
Die Themen sind ähnlich wie in den anderen Lehrgängen:

294 vgl.: Informationsfolder der Sozialakademiejahrganges 60: VÖGB und Arbeiterkammer Wien, 2010

295 vgl.: http://wien.arbeiterkammer.at/online/59-lehrgang-sozialakademie-53418.html, am 08.04.2011 u. Walter Göhring (Hg.) Für Demokratie und Fortschritt 50 Jahre Sozialakademie, ÖGB Verlag, Wien 2000, S. 199

- Arbeitsrecht
- Politik
- Betriebs- und Volkswirtschaft
- Praktische Betriebsarbeit
- Kommunikation

In der Betriebsräteakademie sind bis 2011 keine fixen Plätze für ImmigrantInnen vorgesehen gewesen. Dieser Zustand hat sich seit 2011 geändert, ab jetzt sind für jeden Lehrgang zwei Plätze für ImmigrantInnen vorgesehen und das erste Mal in diesem Jahr auch praktiziert worden. Zu den Bildungsangebote ist auch das Thema Migration heuer zum ersten Mal eingeflossen um den Gewerkschaftsfunktionären und Mitarbeiter das Thema und die ImmigrantInnen näher zu bringen.[296]

5.2.6.4. Gewerkschaftsschule[297]

Die Gewerkschaftsschulen sind Lehrgänge mit unkonventionellen Formen der Wissensvermittlung: Teamarbeit, aktivem Mitarbeiten und Selbstständigkeit.

Ein Gewerkschaftsschullehrgang dauert zwei Jahre und findet an einem/zwei Abenden pro Woche statt. Neue Gewerkschaftsschullehrgänge starten jeweils im Herbst. Nahezu 1000 ArbeitnehmervertreterInnen und interessierte Gewerkschaftsmitglieder nutzen derzeit Österreichweit das Bildungsangebot Gewerkschaftsschule.

Das Zielpublikum für die Gewerkschaftsschulen sind ÖGB Mitglieder, MandatarInnen der Arbeitnehmervertretung (Betriebsrat, Personalvertretung, Gewerkschaftsfunktion, Jugendvertrauensrat, Behindertenvertretung, Sicherheitsvertrauensperson), ErsatzmandatarInnen, AK & ÖGB-Angestellte, die an praktischer Gewerkschaftsarbeit interessiert sind oder den persönlichen Horizont erweitern wollen. Voraussetzung ist die Mitgliedschaft bei einer der 9 Gewerkschaften.

Die Ziele der Gewerkschaftsschulen sind;

- Erweiterung der Allgemeinen Bildung und der größere Handlungsfähigkeit.
- Erkennen von Ökonomischen Zusammenhängen wie Gerechtigkeit und Ungerechtigkeit in der Wirtschaft und daraus praktisch umsetzbare Strategien ableiten können.
- Erlangen von guten betriebswirtschaftlichen, volkswirtschaftlichen, gesellschaftspolitischen, arbeits- und sozialrechtliche Grundkenntnissen.

---

296 Information basiert auf ein Gespräch mit Willi Mernyi, Leiter des Referats für Kampagnen, Projekte und Zielgruppen des Österreichischen Gewerkschaftsbundes am 04.04.2011

297 http://www.voegb.at/servlet/ContentServer?pagename=S08/Page/Index&n=S08_3, am 25.02.2010

- Wahrnehmen von Solidarität, nachvollziehen und dementsprechend handeln können.
- Die gesellschaftlichen Aufgaben von Gewerkschaft in vollem Umfang erfassen und über zukünftig mögliche Entwicklungen Bescheid wissen.
- Herausforderungen (betriebsrätliche und gewerkschaftliche) besser wahrnehmen und in Zusammenarbeit mit AK und ÖGB meistern können.
- Klar für Arbeitnehmerpositionen in der gesellschaftlichen Auseinandersetzung eintreten.
- Durch umfassende "Persönlichkeitsbildung" mehr soziale Kompetenzen bekommen.

Unterrichtgegenstand sowie inhaltliche Themen in der Gewerkschaftsschule sind im speziellen:

- Arbeitsrecht,
- Sozialpolitik/Sozialrecht,
- Geschichte der ArbeitnehrInnenbewegung,
- BWL/VWL,
- Gewerkschafts- und Gesellschaftspolitik (inkl. Ausländer sein in Österreich, Migration)
- Rhetorik und Kommunikation
- Internationale Gewerkschaftsarbeit
- Praktische Gewerkschaftsarbeit

5.2.6.5. Die Zukunftsakademie (ZAK)

Die ZAK ist ein berufs- bzw. funktionsbegleitender Lehrgang für Führungskräfte. Sie ist für erfahrene ArbeitnehmervertreterInnen konzipiert, die bereits über eine fundierte gewerkschaftliche oder betriebsrätliche Ausbildung verfügen. Der Lehrgang findet in Linz OÖ statt, kann aber auch von TeilnehmerInnen aus anderen Bundesländern besucht werden.

Die TeilnehmerInnen werden von den Gewerkschaften nominiert und nach einem Aufnahmeseminar ausgewählt.
Ausbildungsschwerpunkte der ZAK sind:[298]

- Organisationstheorie und -entwicklung
- Führungsmodelle und -theorien
- Kommunikation und Konflikt in Training und Theorie
- Projekt- und Veränderungsmanagement

298 vgl.: http://www.arbeiterkammer.com/online/zukunftsakademie-48400.html, am 25.02.2010

- Marketing und Herstellung von Öffentlichkeit
- Sozial- und Gesellschaftstheorie
- Gewerkschaftssoziologie

Das Abschlusszertifikat der Zukunftsakademie gilt gleichzeitig als Zugangsberechtigung zum Projektstudium - einem speziellen sozialwissenschaftlichen Studium mit akademischem Abschluss.

5.2.6.6. Seminare

Einen weiteren Schwerpunkt der gewerkschaftlichen Bildungsarbeit stellen die Seminare dar. Die Seminare werden in Zusammenarbeit der Teilgewerkschaften und dem VÖGB erstellt und angeboten. Dabei wird auf die jeweiligen Teilgewerkschaftlichen Bedarf Rücksicht genommen.

Im Folgenden werden wir einige der Seminare die im Zusammenhang mit den ImmigrantInnen in den letzten Jahren angeboten wurden, auflisten Bei dieser Beobachtung werden wir nicht länger als das Jahr 2007 zurückgehen. Denn davor hat es weder für die ImmigrantInnen selber noch für diese Thematik Angebote in Form von Seminaren gegeben.

„Kein Platz für Rassismus – Umgang mit anderen Kulturen im Betrieb"
Inhalt: Wie leben MigrantInnen in Österreich? Wie gehe ich mit Konflikten im Betrieb um?

Ziele:

- Sensibilisierung für das Thema Rassismus
- Lebenswelten von MigrantInnen kennen
- Umgang mit rassistischen Äußerungen

5.2.7. Die Meinung der ausländischen Arbeitskräfte über die Gewerkschaften

Nach der Umfrage von Hannes Wimmer, aus dem Jahr 1984, kann einiges über die Meinung der ausländischen Arbeitskräfte über die Gewerkschaften interpretiert werden. In der Umfrage wurde auch auf die Mitgliedschaft im ÖGB eingegangen. Hier ist sehr auffallend das 55,7% angaben Mitglied im ÖGB sind, im Vergleich dazu ist die Mitgliedschaftsanteil in der BRD bei 44,6%. Die türkeistämmige Gruppe weist auch hier einen höheren Prozentsatz, nämlich 60%, mehr als der Durchschnitt. Der Organisationsgrad weist Unterschiede in den Branchen auf. In der Industrie ist der Organisationsgrad mit 70%, am höchsten. Ganz unten in der Skala des Organisationsgrades ist das Gewerbe und die Dienstleistungsbranche. Mit der Größe des Betriebs verändert sich auch der Organisationsgrad, je größer der Betrieb des höher ist auch der Organisationsgrad. Hier spielt auch die Ausbildung eine sehr wesentliche Rolle, die Facharbeiter weisen den höchsten, 63%, angelernte Arbeiter 57% und die Hilfsarbeiter den niedrigsten, 51%, Organisationsgrad auf.[299]

Auch wenn der Organisationsgrad im Durchschnitt relativ hoch ist, sind rund 65,9% der Befragten der Meinung, entweder sie wissen nicht was der ÖGB für sie tut oder meinen das der ÖGB nichts für sie tut. Die Anderen haben kein ausgeprägtes Meinungsprofil. Ein kleinerer Teil der ausländischen Arbeitskräfte nahm Themen wie, die Hilfe bei innerbetrieblichen Konflikten, die individuelle Hilfe bei Rechts- und Behördenproblemen sowie die Sicherung von Arbeitsplätzen, war. Die Frage was sie sich vom ÖGB erwarten bzw. was der ÖGB für sie tun sollte, beantworteten die ausländischen Arbeitnehmer mit das der ÖGB die Arbeitsplätze für sie sichern und neue Arbeitsplätze für sie schaffen sollte. Die Unterstützung bei innerbetrieblichen Konflikten ist für den Durchschnitt der Befragten zweitwichtiges Anliegen. Die türkeistämmigen ArbeitnehmerInnen erwarten sich das der ÖGB sich für die Erleichterung bei Aufenthalts- und Beschäftigungsbewilligungen einsetzt. Wenn ein Vergleich zwischen den Gruppen der ausländischen ArbeitnehmerInnen gemacht werden kann, ist es sehr auffallend das die türkeistämmigen ArbeitnehmerInnen vom ÖGB mehr politische Erwartungen haben als die Gruppe der aus Jugoslawien.[300]

Ein Großteil der Befragten ist der Meinung das Ausländervertreter in den Gewerkschaften mehr zu Reden haben sollten. Auch wenn an zweiter Stelle bei den Antworten auf die Frage der Formen einer stärkeren institutionellen Verankerung der Gastarbeiter auf der Ebene der überbetrieblichen Interessenvertretung, gaben an das es sie für eine die ausländischen ArbeitnehmerInnen eine eigen Gewerkschaft haben sollten. Eine kleine Gruppe von Pessimisten ist der Meinung dass sie sich von einer stärkeren Verankerung der Gastarbeiter im System der überbetrieblichen Interessensvertretung nichts erwarten. Begründet wird es damit, dass nur die Interessen der Inländer wahrgenommen werden.[301]

5.2.7.1. Befragung von BetriebsrätInnen mit Migrationshintergrund

Der ÖGB- Präsident Erich Fogler hat nach seiner Wahl zum ÖGB- Vorsitzenden, hat für die Jahre 2010 und 2011 mitunter auch Integration als Schwerpunkt definiert. Aus diesem Grund fanden einige Treffen mit Betriebsräten mit Migrationshintergrund und Vertretern von Verei-

299 vgl.: Hannes Wimmer: Arbeitswelt der Ausländischen Arbeitnehmer, in Ausländische Arbeitskräfte in Österreich (Hannes Wimmer, Hg.), Campus Verlag Frankfurt/Main, S. 263

300 vgl.: Wimmer Hannes: Arbeitswelt der Ausländischen Arbeitnehmer, in Ausländische Arbeitskräfte in Österreich (Hannes Wimmer, Hg.), Campus Verlag Frankfurt/Main, S. 264

301 vgl.: Wimmer Hannes: Arbeitswelt der Ausländischen Arbeitnehmer, in Ausländische Arbeitskräfte in Österreich (Hannes Wimmer, Hg.), Campus Verlag Frankfurt/Main, S. 266

nen von ImmigrantInnen statt. Damit ist Beabsichtigt heraus zu stellen, auf welche Art und weise Zusammengearbeitet werden kann, was die Bedürfnisse dieser Bevölkerungsgruppe ist und was ihre Erwartungen vom ÖGB sind. Für diese Treffen waren auch Mitarbeiter der Teilgewerkschaften die in ihrer täglichen Arbeit mit ImmigrantInnen konfrontiert sind.

Eine weitere Maßnahme seitens des ÖGB war eine Befragung der Betriebsräte mit Migrationshintergrund, die von August Gächter und Katharina Handler im Auftrag des VÖGB durchgeführt wurde.

Die Befragung fand im Zeitraum Juli und August 2009 an 21 BetriebsrätInnen statt. Vier weitere Personen die um ein Interview angefragt wurden, waren nicht bereit sich für dafür zur Verfügung zu stellen. Von den Interviewten waren 16 männlich und 5 weiblich, die vier Personen die sich für das Interview nicht bereit erklärten waren alle 4 weiblichen Geschlechts. Im Fragebogen waren 325 Fragen, die von Mitarbeitern des ÖGB an die Befragen gestellt wurden. Von den Befragten waren 12 Türkeistämmig und vier waren aus dem ehemaligen Jugoslawien, die anderen hatten Geburtsländer wie Ägypten, Äthiopien und USA. [302]

Bevor wir auf die Ergebnisse eingehen ist es wichtig noch vom Vorteil die Staatsbürgerschaft und auf den Bildungsniveau der Befragten einzugehen. Die Staatsbürgerschaften der Befragten waren mit 19 österreichisch und 3 von ihnen hatten nach wie vor die Staatsbürgerschaft der ursprünglichen Heimat. Wie auch in einigen anderen Kapiteln erwähnt, weisen auch hier die Befragten ein hohes Bildungsniveau auf. Sechs der Befragten Personen haben ein Studium abgeschlossen und dies schon bevor sie nach Österreich eingereist sind, also noch im Ursprungsland. Fünf der Interviewten hatten einen Maturaabschluss, einer von ihnen in Österreich. Pflichtschule als höchsten Abschluss gaben zwei Personen an, sieben von ihnen haben eine Lehre abgeschlossen und fünf von ihnen haben die Lehre in Österreich abgeschlossen. Laut den Autoren der Studie ist der Grund für das überdurchschnittliche Bildungsniveau der Befragten, dass für solche Befragungen weniger Gebildete weniger leicht zugänglich waren. Eine weitere Vermutung der Autoren geht in Richtung das Engagement der Betriebsratsarbeit. Sie vermuten, dass das Engagement im Betriebsrat für die höher Gebildeten, als teilweise Ersatz oder Kompensation für eine bildungsadäquate beruflich Verwendung gewählt wurde.[303]

Die Befragten vertraten zum Zeitpunkt der Befragung fünf der acht Teilgewerkschaften des ÖGB. Die VIDA war mit acht Personen vertreten, Gewerkschaft Metall-Textil-Nahrung hatte

302 vgl.: August Gächter; Katharina Handler: Befragung von Betriebsräten mit Migrationshintergrund, ZSI, 25.03.2010 Wien, S. 7

303 vgl.: August Gächter; Katharina Handler: Befragung von Betriebsräten mit Migrationshintergrund, ZSI, 25.03.2010 Wien, S. 8

sechs Vertreter, die GPA-djp fünf, die GÖD einen und die Gewerkschaft der Chemiearbeiter ebenfalls einen Vertreter, bei der Befragung.[304]

Bei der Frage wie ihr Umfeld auf die Kandidatur reagiert hat, beantwortete ein Großteil dass von KollegInnen aus ausländischen Familien positive Reaktionen kamen. Die positive Reaktion der eigene Familie und der Gewerkschaft kamen gleich dahinter. Eine eher negative Reaktion kam von den KollegInnen aus inländischen Familien. Wobei man hier auch sagen kann das die Reaktion der inländischen KollegInnen in der Waage liegt, die Hälfte von ihnen sind der Meinung dass sie mit einer eher positiven oder sehr positiven Reaktion konfrontiert waren. Die meisten negativen Reaktionen kamen von der Geschäftsführung.[305]

Laut der Autoren der Studie kamen bei dieser Studie weitere Schlussfolgerungen aus den Ergebnissen der Befragung ableiten. Betriebsräte mit Migrationshintergrund fühlen sich noch nicht völlig angenommen. Sie sind der Meinung dass ihre Arbeit überwiegend positiv angenommen wird aber auf ihre Vorschläge in der Betriebsratsarbeit wird nicht konstruktiv eingegangen. Ergänzt sollte diese Aussage damit, dass die diskrepanz eher bei der Gewerkschaft und danach bei der Geschäftsführung gesehen wird. Seitens der Belegschaft und den BetriebsratskollegInnen, sahen die Befragten keinen Unterschied zwischen der Bewertung ihres Erfolgs und dem Umgang mit ihren Vorschlägen. Nach den Meinungen der Befragten könne die diskrepanz mit verbesserter Rhetorik, verbesserte Verhandlungstechnik und verbessertem Auftreten, besiegt werden. Es ist klar dass sie dabei Techniken und Tricks brauchen würden vom Gegenüber mehr Aufmerksamkeit zu bekommen, ohne sie zu provozieren. Dass die Befragten bei ihren Gesprächen mit den inländischen KollegInnen, dass von ihnen mehr auf ihr Akzent geachtet wird als auf den Inhalt des Gespräches, ist auch ein Ergebnis dieser Befragung.[306]

Eine weitere Schlussfolgerung dieser Befragung ist, dass Betriebsräte mit Migrationshintergrund keine Seltenheit im betriebsrätlichen Alltag darstellen, außerdem stellen sie auch ein großes Potenzial für die Zukunft dar. Von den Befragten sind fünf die Vorsitzenden ihres Betriebsrates, drei von ihnen sind in Betriebsräten tätig in denen die anderen Mitglieder ebenfalls Migrationshintergrund haben. Laut angaben der Befragten gibt es mindestens weiter 30 Betriebsräte mit Migrationshintergrund in ihren Betrieben. Auch wenn die Befragten nicht

304 vgl.: August Gächter; Katharina Handler: Befragung von Betriebsräten mit Migrationshintergrund, ZSI, 25.03.2010 Wien, S. 17

305 vgl.: August Gächter; Katharina Handler: Befragung von Betriebsräten mit Migrationshintergrund, ZSI, 25.03.2010 Wien, S. 26

306 vgl.: August Gächter; Katharina Handler: Befragung von Betriebsräten mit Migrationshintergrund, ZSI, 25.03.2010 Wien, S. 5

den Durchschnitt der eingewanderten ArbeitnehmerInnen repräsentieren, sind sie mit ihrem hohen Bildungsniveau ein großes Potenzial für die österreichische ArbeitnehmerInnenbewegung und somit auch für den Österreichischen Gewerkschaftsbund, natürlich auch für Österreich. Die Befragten wäre auch bereit im Bereich der ArbeitnehmerInnenvertretung höhere Verantwortung zu übernehmen. Politische Absichten sind Gegensatz dazu nicht anzumerken.[307]

Über den Bedarf und Erwartungen von der Gewerkschaft der Betriebsräte mit Migrationshintergrund lässt sich von dieser Umfrage auch einiges ableiten. Die Ausbildungen die die Betriebsräte von der Gewerkschaft genossen haben sind in erster Linie Arbeits- und Sozialrecht, Information über die Betriebsratsarbeit und auch Konfliktlösung. Andere Ausbildungsfächer wie Kommunikation, Englisch, EDV, Datenschutz, Gesundheitsvorsorge und Politik sind die weiteren Fächer die in Anspruch genommen werden. Auch wenn Schulung, Informationsaustausch und Wissen für fast alle der Befragten sehr wichtig ist, wurden die Fortbildungsangebote der Gewerkschaften nur von der Hälfte der Befragten wahrgenommen. Als hauptsächlichen Grund für das nicht besuchen der Kurse seitens der Gewerkschaften wurden Sprachprobleme angegeben. Weitere Gründe waren fehlende Information, fehlende Zeit und mangelndes Interesse angeführt. Um der Scheue die doch vorhanden ist vorzubeugen wäre ReferentInnen mit Migrationshintergrund einzusetzen oder auch mehr hauptamtliche MitarbeiterInnen mit Migrationshintergrund zu beschäftigen.[308]

Den Wunsch an die Gewerkschaften mehr MitarbeiterInnen mit Migrationshintergrund zu beschäftigen wurde auch seitens des Bundesausschusses der Interessensgemeinschaft work@migration der GPA-djp mit einem eigenen Antrag[309] im Bundesforum als ein Wunsch deponiert. Ähnliche wünsche oder Forderungen wurden auch seitens einiger Betriebsräte[310] mit Migrationshintergrund oder Experten[311] die in diversen Teilgewerkschaften des ÖGB als Hauptamtliche beschäftigt sind geäußert.

Bei den Befragten ist sehr auffallend dass der interne Informationsfluss eher mündlich abläuft und nicht auf die klassische schriftliche Art abläuft wie es in Österreich eigentlich üblich ist. Das Abragen von Information von den Teilgewerkschaften funktioniert auf schriftliche Art und telefonisch. Bei der Mitgliederwerbung finden die Befragten die schriftlichen Informatio-

307 vgl.: August Gächter; Katharina Handler: Befragung von Betriebsräten mit Migrationshintergrund, ZSI, 25.03.2010 Wien, S. 5
308 vgl.: August Gächter; Katharina Handler: Befragung von Betriebsräten mit Migrationshintergrund, ZSI, 25.03.2010 Wien, S. 5
309 Der Antrag des BA der work@migration der GPA-djp ist im Anhang
310 Tom Kinberger; Robert Könitzer; Malgorzata Peterseil; Mehmet Soytürk: In Arbeit Geeint, ÖGB Verlag, Wien 2011
311 Tom Kinberger; Robert Könitzer; Malgorzata Peterseil; Mehmet Soytürk: In Arbeit Geeint, ÖGB Verlag, Wien 2011

nen des ÖGB als begrenzt hilfreich. Die Betriebsräte die diese Befragung beantwortet haben lehnen das internetbasierte Bildungs- und selbst Informationsangebote nicht ab aber richtig Akzeptiert ist diese Methode unter ihnen nicht so richtig. Daraus lässt sich ableiten das der persönliche Kontakt seitens der Gewerkschaften bei den ImmigrantInnen sehr wichtig ist. Auf diese Art und Weise würde das ÖGB und seine Teilgewerkschaften bei den ImmigrantInnen viel mehr punkten.[312]

Die Meinung über den ÖGB unter den Betriebsräten mit Migrationshintergrund ist durch seine Kernkompetenz, nämlich die Schutz- und Beratungsfunktion, eher positiv. Weiter Bereich wie der Rechtsschutz, Information über Kollektivverträge, Steuerrecht und die allgemeine und die Rechtsberatung haben ebenfalls eine sehr hohe Akzeptanz unter ihnen. Angebote wie die Konsumvergütungen beim Urlaub, Einkaufsvergünstigungen, Ermäßigungen bei Kultur- und Sportveranstaltungen, sowie Versicherungs- und finanzielle Unterstützungsleistungen haben im Vergleich kaum Akzeptanz unter ihnen. Eine logische Folgerung daraus wäre wie auch schon oben erwähnt, die Anpassung des ÖGB und der Teilgewerkschaften den sozialen Gegebenheiten die sich im Österreich in den letzten Jahrzehnten entwickelt hat. Eine Schlussfolgerung für die Autoren der Befragung ist, dass das ÖGB seine eigene Personalstruktur den veränderten Umständen anpassen sollte. So wie es in der Privatwirtschaft üblich ist Personen aus Familien mit Immigrationshintergrund in führenden Positionen wie Filialleiter oder in anderen Funktionen zu sehen, sollte dies auch beim ÖGB der Fall sein.[313]

312 vgl.: August Gächter; Katharina Handler: Befragung von Betriebsräten mit Migrationshintergrund, ZSI, 25.03.2010 Wien, S. 5

313 vgl.:August Gächter/ Katharina Handler: Befragung von Betriebsräten mit Migrationshintergrund, ZSI, 25.03.2010 Wien, S. 5

Zusammenfassung

Als das Arbeitskräfteanwerbeabkommen mit der Türkei 1964 und zwei Jahre später mit Jugoslawien unterschrieben wurde, hatte damals niemand daran denken können was für ein Ausmaß dieses Abkommen bzw. das Anwerben von Arbeitskräften aus dem Ausland für Österreich haben wird. Die Behörden gingen davon aus, was auch so geplant war, dass die angeworbenen Arbeitskräfte, nach einigen Jahren wieder in ihre Heimatländer zurück fahren sollten. In der Schweiz hatte sich ein Prinzip bewährt, dass die Behörden in Österreich sich als Vorbild genommen hatten. Das sogenannte Rotationsprinzip sollte bei der Umsetzung des Plans eine Hilfe sein.

Obwohl es viele Beispiele schon früher gegeben hat, wie z.B. die Ziegelarbeiter aus Tschechien, die Handwerker aus Süddeutschland, der Schweiz oder Italien wurde nicht ernsthaft daran gedacht, dass auch die angeworbenen ArbeitnehmerInnen aus der Türkei und Jugoslawien, im Land bleiben würden.

Die neuen Arbeitskräfte auf dem Arbeitsmarkt in Österreich waren ihrerseits auch nicht so weitsichtig, wie es sich herausgestellt hat. Die eingewanderten ArbeitnehmerInnen, gingen nicht davon aus, den Rest ihres Lebens in einem „fremden" Land zu verbringen bzw. dass sie hier sesshaft werden würden.

Der Österreichische Gewerkschaftsbund, als Vertreter der ArbeitnehmerInnen in der Sozialpartnerschaft hat von Anfang an eine wichtige Rolle dabei gespielt. Diese Rolle des ÖGB hatte zwei Seiten; auf der einen Seite musste und wollte sie die Interessen der inländischen ArbeitnehmerInnen bewahren in dem sie sich aktiv bei den Einwanderungsquoten durchsetzte. Auf der anderen Seite war aber ein neues Klientel für ihn da, die ausländischen ArbeitnehmerInnen.

Jetzt war der ÖGB von zwei Seiten von zwei verschiedenen Erwartungshaltungen gefordert. Auch wenn die ausländischen ArbeitnehmerInnen, als Arbeitskräfte keine anderen Bedürfnisse hatten als ihre inländischen Kollegen, waren sie doch anders.

Nachdem einige Jahrzehnte nach dem Anwerbeabkommen vergangen waren, ist es sowohl den Zugewanderten als auch den Behörden im Land klar geworden, dass die Migrationsgeschichte sich ganz anders entwickelt hat und beide Seiten vor großen Herausforderungen stehen.

Die Türkei als Entsendeland von Arbeitskräften in die westlichen Industrieländer, mit unter auch nach Österreich und Deutschland, war seinerseits auf die Probleme und die Konsequenten des Arbeitskräfteanwerbeabkommens nicht vorbereitet. Das Einrichten von einer Beratungsstelle für Auswanderungswillige ArbeitnehmerInnen war für die damalige Zeit aber doch sehr fortschrittliche. Bevor die Beratungsstelle errichtet wurde, analysierte eine eingerichtete Arbeitsgruppe wie der Stand des Auswanderns im Land ist. In den Jahren davor war es in der Türkei formatrechtlich nicht erlaubt ins Ausland auszuwandern. Die damalige Regierung hat durch die Änderungen auf gesetzlicher Ebene den Grund für das Auswandern aus dem Land gelegt.

Die Aufgabe der staatlichen Koordinierungsstelle war die Beratung der Auswanderungswilligen ArbeitnehmerInnen. Darüber hinaus gehende Funktion hatte die Beratungsstelle nicht. Die Regierungen hatten seit dem Beginn der Auswanderung aus der Türkei, ihre Interessen eher den Einnahmen aus den Devisenüberweisungen der Auslandstürken bzw. den Arbeitskräften in den Industrieländern, fokussiert. Die Devisenüberweisungen der Arbeitskräfte, war für die türkische Wirtschaft eine sehr wichtige und willkommene Einnahmequelle. Seit der Jahrtausendwende sind die Devisenüberweisungen der türkischen ArbeitnehmerInnen aus dem Ausland in die Türkei rückläufig. Ein wesentlicher Grund dafür ist das Umdenken in der zweiten und dritten Generation. Sie sind nicht wie die erste Generation, die das ersparte Geld in die Türkei überwiesen oder schickten. Die nachkommenden Generationen denken mittlerweile an einen längeren bzw. an einen Aufenthalt nur in Österreich. Der Kontakt zum Heimatland der Eltern oder Großeltern besteht ausschließlich nur aus Urlauben an der türkischen Riviera. Diese Entwicklung zeigt uns, dass das Interesse der nachkommenden Generationen ausschließlich Österreich gilt, auch wenn sie sich der Türkei auch verbunden fühlen.

Arbeitnehmerbewegungen haben in der Türkei im Gegensatz zu Österreich keine lange Geschichte. Begründen kann man diese Tatsache auch mit dem nach hinkenden kapitalistischen System im Osmanischen Reich und natürlich auch mit der Entwicklungsdemokratie, nach der Gründung der Republik Türkei. Die Gründung der ersten Gewerkschaften in der Türkei Folgen gegen Mitte des 20. Jahrhunderts. Auch nach dem die erste Konföderation in den 1950er Jahren gegründet wurde kann nicht von einer starken ArbeitnehmerInnenvertretung gesprochen werden. Nach der Trennung von einigen Funktionären von der TÜRK-İŞ und der Gründung der DİSK waren die ersten kritischen Merkungen über die Auswanderung der Arbeitskräfte aus dem Land, zu hören. Dabei spielt natürlich die kritische Haltung der DİSK gegenüber dem Kapitalismus eine sehr wichtige Rolle. Trotzdem waren die Gewerkschaften in der Türkei allgemein viel zu schwach um eine entscheidende Rolle in der Auswanderung mitspielen zu können.

Gründe für die Auswanderung sind bei den Türkeistämmigen ArbeitnehmerInnen in erster Linie wirtschaftliche gewesen und in den Jahren danach viel mehr auf Familienzusammenführung in Österreich. Da in den ersten zwanzig Jahren nach der Unterzeichnung des Arbeitnehmeranwerbeabkommen fast nur Arbeitnehmer nach Österreich ausgewandert sind, hat sich das in den Jahrzehnten danach in Form von Familienzusammenführung umgewandelt. Wie jeder Mensch ist somit das Bedürfnis nach der Familie getilgt worden.

In den Folgejahren sind die Ausländergesetzte bzw. die Bedingungen zur Einreise und auch die Familienzusammenführung, wesentlich verschärft worden. Dies hat natürlich zur Folge gehabt das hier ein Riegel vorgeschoben wurde, das nicht so einfach zu umgehen war.

In den letzten Jahrzehnten, besonders ab den 1990er Jahren hat der Nachzug von Familien stark nachgelassen. Es muss aber dazu gesagt werden, dass auch viele mittlerweile ihre Familien schon ins Land geholt hatten. Singlehaushalte sind laut den Statistiken und den Umfragen bei der Bevölkerungsgruppe aus der Türkei eher eine Seltenheit. Der Grund für das Wachsen dieser Bevölkerungsgruppe in Österreich ist darauf zurück zu führen, dass in dieser Gruppe im Vergleich zu den anderen Bevölkerungsgruppen fast doppelt oder um einen Prozentpunkt höher ist. Der Zuzug als Arbeitskräfte, angefangen ab den 1990er Jahren, abgesehen von den Kriegsflüchtlingen aus Bosnien und nachher aus dem Kosovo, war quasi schon unmöglich, außer man war eine Schlüsselkraft. Die Kriegsflüchtlinge sind zwar als Flüchtlinge ins Land gekommen, sind im Laufe der Jahre in den Arbeitsmarkt eingegliedert worden.

Die Wende nach der Schwarz-Blau-Regierung war vollzogen worden. Durch die Fremdenrechtsnovellen war schlussendlich es nicht mehr möglich aus der Türkei als Arbeitskraft einzuwandern. Die Novellen hatten sogar in Punkto Familienzusammenführung wesentliche Barrieren aufgebaut. Es war vielleicht für die politische Partei ein Erfolg um dadurch leichter auf Stimmenfang zu gehen und die einheimische Bevölkerung vor der drohenden „Überfremdung“ zu schützen, aber bei den betroffenen Bevölkerungsgruppen waren diese Maßnahmen sicher nicht beliebt.

Der Vergleich zu Deutschland hat im Laufe der Dissertation immer wieder vor Augen geführt, wie weit die Institutionalisierung dort schon in den frühen 1970er Jahren angefangen hat und wie weit die Gewerkschaften in Österreich dieser Thematik entfernt waren.

Der ÖGB hat in den frühen 1970er Jahren bereits eine muttersprachliche Beratung für ArbeitnehmerInnen aus Jugoslawien ins Leben gerufen. Für Türkisch wurde die Beratung einige Jahre später installiert. Mittlerweile werden in vielen verschiedenen Sprachen ähnliche Beratungen angeboten. Die Palette reicht von Kurdisch über slawische Sprachen bis zu einigen afrikanischen Sprachen.

Die Angebote in einigen Muttersprachen der ArbeitnehmerInnen aus dem Ausland hat mittlerweile Tradition. Zusätzlich werden auch einige Broschüre und auch KV- Abschlüsse in einige Sprachen, nach Bedarf, übersetzt und angeboten. Diese Angebote variieren von Teilgewerkschaft zu Teilgewerkschaft. Jede Teilgewerkschaft versucht es je nach Bedarf anzubieten.

Bei näherer Betrachtung der Teilgewerkschaften und ihre Angebote für ArbeitnehmerInnen mit Migrationshintergrund ist auffallend, dass diese meistens Einzelinitiativen sind und es kein Konzept dahinter steckt. Es fällt und steht mit dem Mitarbeiter oder Mitarbeiterin die dahinter sind. Es gibt weder in den Teilgewerkschaften noch im ÖGB ein Konzept dafür. In Deutschland im Vergleich dazu ist die Institutionalisierung schon viel früher passiert und die Angebote für ArbeitnehmerInnen mit Migrationshintergrund auch dementsprechend vielfältig. Der Grund dafür kann sicherlich daran liegen das mit einer zentralen Anlauf- und Koordinierungsstelle wie die DGB- Bildungswerk entstanden ist. Die Zusammenarbeit mit der türkischen Gewerkschaftskonföderation TÜRK-İŞ, hat natürlich auch seine Früchte getragen.

In diesem Bereich gab es seitens der Konföderationen oder Gewerkschaften aus der Türkei mit dem ÖGB und seinen Teilgewerkschaften, keine intensive Zusammenarbeit. Es wurde über die Bedürfnisse der ArbeitnehmerInnen aus der Türkei nicht gemeinsam nachgedacht oder darüber beraten. Die Beziehungen gingen über gegenseitige Delegationsbesuche nicht hinaus.

Die türkischen Gewerkschaften hatten auch nicht bei der Rekrutierung der auswanderungswilligen ArbeitnehmerInnen in der Türkei Einfluss. Diese passive Haltung hat sich in Bezug auf die nach Deutschland ausgewanderten ArbeiterInnen ein wenig geändert. Das Eröffnen eines Büros in Düsseldorf zeigt uns das die TÜRK-İŞ hier versucht hat einen Einfluss zu installieren. In Richtung Deutschland ist eine gewisse Offensive gestartet worden. Die DİSK die auch einen Einfluss aufbauen wollte, war im Gegensatz dazu weniger erfolgreich. Dafür waren aber die ArbeitnehmerInnen in Österreich nicht im Interessensfeld der Gewerkschaften der Türkei.

Teilgewerkschaften, wie die VIDA, ehemals HGPD (Hotel, Gastgewerbe, Persönlicher Dienst), ist in den 1990er Jahren, als eine der ersten Teilgewerkschaft auf die ausländischen ArbeitnehmerInnen aufmerksam geworden. Die Branchen die im Bereich der HGPD waren, wie die Reinigungsbranche und teilweise auch die Gastronomie, hat bereits damals schon einen sehr hohen Anteil an ausländischen ArbeitnehmerInnen gehabt. Die Aufmerksamkeit auf diese Gruppe der ArbeitnehmerInnen war somit gegeben. In Bezug auf das passive Wahlrecht ist die HGPD und sein damaliger Vorsitz, einer der Aktivposten in der Gewerkschaftsbewegung gewesen. Das die gestartete diskussion darüber keine Ergebnisse mit sich gebracht hatte, geht aus den Recherchen nicht eindeutig hervor. Die Haltung der Fraktion der Sozialdemokratischen GewerkschaftlerInnen ist sicher ein Faktor gewesen das dazu geführt hatte, dass dieses Thema sich im Sand verlaufen hatte.

In den anderen Teilgewerkschaften, wie die GPA-djp, waren ebenfalls ab den 1990er Jahren die ausländischen ArbeitnehmerInnen, ein Thema. Mit einigen Initiativen ist versucht worden, der ArbeitnehmerInnen mit Migrationshintergrund spezielle Angebote zu erstellen. Schließlich mündeten diese Arbeitsgruppen in der work@migration, einer der vielen Interessensgemeinschaften, in der GPA-djp. Dies war erst nach der Strukturreform die in dieser Teilgewerkschaft durchgeführt wurde möglich.

Die ausländischen ArbeitnehmerInnen waren in den 1990er Jahren selten in Angestellten Positionen. Die einzigartige Unterscheidung von Arbeiter und Angestellten, was Europaweit einzigartig ist, ist einer der Gründe wieso im Bereich der GPA-djp, kaum ausländische ArbeitnehmerInnen waren. Ein weiterer Grund dafür liegt in der Natur der Entwicklung vom Zuzug der Arbeitsmigration. Der Großteil der ArbeitnehmerInnen die ins Land geholt wurden, waren im Arbeiterstatus, weil in Industriebetrieben und in Branchen Bedarf nach ihnen war, die nach arbeitsrechtlicher Definition ArbeiterInnen sind. Mittlerweile ist die Situation auch im Bereich der GPA-djp anders, in einigen Branchen ist der Anteil der ausländischen ArbeitnehmerInnen sehr gestiegen im Vergleich zu den letzten Jahrzehnten. Ein Paradebeispiel dafür ist der Handel. In einigen Großbetrieben stellen die ArbeitnehmerInnen mit Migrationshintergrund schon den Großteil der Belegschaft dar. Aus diesem Grund war es für einige der Verantwortlichen in der GPA-djp notwendig hier eine Initiative zu starten.

Wie es nach dem Projekt „MigrantInnen im Handel“ weiter gehen wird, ist nach den Recherchen nicht heraus zu stellen. Klar ist, dass im Bezug auf MigrantInnen in der GPA-djp keine weiteren Projekte oder Initiativen, im Laufe der Recherchen für diese Dissertation vorhanden waren.

Das passive Wahlrecht ist im Rahmen der Initiatiative „Sesam Öffne Dich“ vorgekommen. Unmittelbar nach dieser Initiative, nämlich 1999, hatte der juristische Weg über das passive Wahlrecht schon angefangen. Dies ist sicherlich für Gewerkschaften ein Grund gewesen abzuwarten und einen Schritt zurück zu schalten. Schlussendlich ist auch den nicht EWR-Bürgern ab 2006 das passive Wahlrecht zugesprochen worden.

Diese Veränderung in der gesetzlichen Lage für die ArbeitnehmerInnen mit Migrationshintergrund, besonders für nicht EWR-Bürger, war ein Meilenstein für die innerbetrieblichen Interessensvertretung. Seit damals hat sich die Zahl der Betriebsratsmitglieder mit Migrationshintergrund sehr gesteigert. Dadurch sind auch viel mehr MigrantInnen zu intensiveren Kontakt mit den Gewerkschaften gekommen. Für die Gewerkschaften heißt dies, dass sie dadurch viel mehr mit MigrantInnen in Kontakt gekommen sind und dadurch Multiplikatoren bei der Gewinnung von Mitglieder unter den MigrantInnen gewonnen haben. Eine Entwicklung die sich in den nächsten Jahren fortsetzen könnte. Betriebsräte mit Migrationshintergrund werden seit der Veränderung der Gesetzeslage stärker beteiligt, aber prozentuell spiegelt sich das noch immer nicht im Gesamtanteil unter den ArbeitnehmerInnen wieder. Eine weitere Tatsache ist auch, dass sie in der Hierarchie nach oben fast gar nicht Vertreten sind. Um hier eine genaue Analyse machen zu können, liegt die Veränderung noch viel zu sehr in der nahen Vergangenheit. Die Entwicklingen in den kommenden Jahren werden zeigen ob sich in der Hierarchie was verändern wird. Der Führung des ÖGB und den Teilgewerkschaften ist es aus den Augen gegangen, dass von dieser Spaltung in inländische und ausländische ArbeitnehmerInnen die Arbeitgeberseite sehr profitiert. Um diese Spaltung vorzubeugen fehlt es nach wie vor an Konzept und Gegenstrategie.

Auffallend bei diesen Entwicklungen ist, dass im ÖGB und in den Teilgewerkschaften, erst in den letzten Jahren angefangen haben mit speziellen Angeboten auf die MigrantInnen zuzugehen. Eine lange Tradition ist nicht vorhanden. Zur Zeit der ersten Einwanderungswelle, in den 1970er Jahren und sogar in den 1980er Jahren, gab es weder Initiativen noch Projekte in Bezug auf ArbeitnehmerInnen mit Migrationshintergrund. Wie auch schon erwähnt ging die Dienstleistung vom ÖGB über muttersprachliche Beratung nicht hinaus. Wenn wir in die 1960er Jahre zurückgehen können wir ebenfalls nicht auf irgendwelche Initiativen stoßen.

Die Bildungseinrichtungen des ÖGB mit seinem Verein VÖGB werden zusammen mit den Arbeiterkammern Österreichs verwaltet. Diese Einrichtungen sind gleichzeitig auch Nachwuchsrekrutierungsstätten der Gewerkschaften. Bei näherer Betrachtung und Analyse der Bildungseinrichtungen ist auffallend das bis vor einigen Jahren keine speziellen Angebote für MigrantInnen vorhanden waren. Die Schlussfolgerung daraus kann sein, dass die Gewerkschaften Österreichs nicht daran gedacht haben ArbeitnehmerInnen mit Migrationshintergrund auszubilden. Dieser Zustand hat sich seit einigen Jahren ein wenig verändert. Ob es ein

Zufall oder ein bewusstes Konzept dahinter steckt ist nicht genau zu eruieren. Einzelaktionen begleiten nach wie vor das Geschehen.

Ein weiterer auffallender Punkt ist, dass zwar einige Teilgewerkschaften und auch der ÖGB in Richtung MigrantInnen agieren, aber dass die Gewerkschaften von den Gesetzten, Initiativen und Aktionen nicht informiert sind. Der ÖGB als Dachorganisation und die Teilgewerkschaften untereinander von den Erfahrungen gegenseitig nicht profitieren. Der Grund dafür kann in der Struktur des Systems der Österreichischen Gewerkschaften liegen. Eine allgemeine Koordinierungsstelle und sogar eine Anlaufstelle für MigrantInnen, wie es im DGB der Fall ist, ist im ÖGB nicht vorhanden. Ein struktureller Zugang Seitens des ÖGB zum Thema ausländische ArbeitnehmerInnen, ist in den vorhandenen Unterlagen, Skripten und nach den Gesprächen mit den MitarbeiterInnen der Gewerkschaften bzw. ÖGB nicht ersichtlich gewesen.

Seitens der ArbeitnehmerInnen mit Migrationshintergrund ist nach den Studien und Befragungen eine Unzufriedenheit diesbezüglich vorhanden. Diese Unzufriedenheit geht in Richtung des ÖGB und seine Teilgewerkschaften, teilweise auch gegenüber der innerbetrieblichen Interessensvertretungen. Für den ÖGB und seine Teilgewerkschaften ist hier ein Handlungsbedarf vorhanden.

Aus den gleichen Untersuchungen und Umfragen Seitens des ÖGB ist es ersichtlich, das im Bereich der ArbeitnehmerInnen mit Migrationshintergrund eine Initiative bzw. Akzente gesetzt wurden und der ÖGB dabei ist hier eine neue Ära einzuleiten. Ein Beweis dafür ist das die Themen „Migration und Integration“ in den letzten zwei Jahren seitens des ÖGB als Schwerpunkte gesetzt wurden. Da in der Zeit meiner Recherchen noch keine Endergebnisse und Abschlussberichte der Jahresschwerpunkte vorlagen, konnte ich nicht näher darauf eingehen.

Literaturliste:

1. Akşin, Aptülahat: Atatürk'ün Dış Politika İlkeleri ve Diplomasisi, Türk Tarih Kurumu Yayınları, Ankara 1991
2. Alper, Ahmet Murat: İşçi Dövizlerini Belirleyen Makro Ekonomik Etkenler: Türkiye Örneği, Türkiye Cumhuriyeti Merkez Bankası, Ankara 2005
3. Angenommene Anträge und Resolutionen am 12. Bundeskongress ÖGB, ÖGB- Verlag, Wien 1993
4. Antrag der Bundesinteressensgemeinschaft work@migration zum Bundesforum der GPA (Antrag 13), Integrationspolitik
5. Antrag der Bundesinteressensgemeinschaft work@migration zum Bundesforum der GPA (Antrag 14), Asyl ist Menschenrecht.
6. Armaoğlu Fahir: 20. Yüzyil Siyasi Tarihi, Alkım Yayınları, Istanbul 1998
7. Ataay, Aytekin: Einführung in den Kemalismus, Istanbul 1982
8. Aus den Gründungsunterlagen des Kompetenzzentrums
9. Basler, Richard: Ein kurzer Überblick über die Lage der Wiener Tschechen, http://www.kulturklub.at/pdf/Publikationen/WrTschechen_Basler.pdf, am 23.01.2011
10. Bauböck, Rainer, Perchinig Bernhard: Migrations- und Integrationsforschung in Österreich – Ansätze, Schnittstellen, Kooperationen, KMI Working Paper Series Nr. 1, Wien 2003
11. Bauböck, Rainer, Perchinig Bernhard: Migrations- und Integrationspolitik in Österreich, http://www.okay-line.at/file/656/osterr_migr_integr_politik.pdf, am 28.02.2011
12. Bauböck, Rainer: Gibt es ein Recht auf Einwanderung?, Institut für Höhere Studien, Reihe Politikwissenschaft No. 18, Wien 1994
13. Bauböck, Rainer: Wessen Stimme zählt? Thesen über demokratiosche Beteiligung in der Einwanderungsgesellschaft, Österreichische Akademie der Wissenschaften, Forschungsstelle für Institutionellen Wandel und Europäische Integration, No.: 35, Oktober 2002
14. Bauböck, Ranier: Nach Rasse und Sprache verschieden, Migrationspolitik in Österreich von der Monarchie bis heute, Reihe Politikwissenschaft / Political Science Series No. 31, Institut für Höhere Studien, März 1996
15. Bauer, Werner T.: Zuwanderung nach Österreich in ÖGPP, Wien 2008
16. Bauer-Fraiji/Abderrahim Fraiji. Auswanderungen von Österreichern und Österreicherinnen nach 1945. Statistische Darstellung, in: Traude Horvath/Gerda Neyer (Hg.). Auswanderungen aus Österreich. Von der Mitte des 19. Jahrhunderts bis zur Gegenwart, Wien 1996
17. Beirat für Wirtschafts- und Sozialfragen: Möglichkeiten und Grenzen des Einsatzes Ausländischer Arbeitskräfte, Ueberreuter Verlag, Wine 1976
18. Berlin-Institut für Bevölkerung und Entwicklung: Ungenutzte Potenziale, Zur Lage der Integration in Deutschland, Berlin 2009
19. Biffl, Gudrun, Bock-Schappelwein Julia in Sebastian Schuhmacher: Die Neuorganisation der Zuwanderung durch das Fremdenrechtspaket 2005, KMI Working Paper Series Nr. 12, Wien 2008
20. Biffl, Gudrun: Der Strukturwandel der Ausländerbeschäftigung in Österreich, Ausländische Arbeitskräfte in Österreich, Hannes Wimmer (Hg.) Campusverlag Frankfurt/Main 1986

21. Biffl, Gudrun: in Der Einfluss von Immigration auf Österreichs Wirtschaft, in Nationaler Kontaktpunkt Österreich im Europäischen Migrationsnetzwerk: Der Einfluss von Immigration auf die österreichische Gesellschaft. Österreichischer Beitrag im Rahmen der europaweiten Pilotstudie "The Impact of Immigration on Europe's Societies", Wien, 2004, http://gudrun.biffl.wifo.ac.at/fileadmin/files/NCP-PILOT-ECON-DE_09_2004.PDF, download am 24.03.2011
22. Birand, Mehmet Ali: Türkiyenin Gümrük Birliği Macerası, Milliyet Yayınları, Istanbul 1996
23. Bock-Schappelwein, Julia; Bremberger, Christoph; Hierländer, Robert; Huber Peter; Knittler, Käthe; Berger, Johannes; Hofer, Helmut; Miess, Michael; Strohner, Ludwig: Die Ökonomische Wirkungen der Immigration in Österreich 1989-2007, Kurzfassung, Institut für Höhere Studien, Wien 2009
24. Böhm, Jasmine: Leitfaden zum Umgang mit rassistischen, sexistischen Äußerengen, VÖGB u. ZARA- Civilcourage und Anti-Rassismus Arbeit, Wien 2006
25. Bolkovac, Martin, Vlastos Michael: Was sind Gewerkschaften?, VÖGB/AK, Wien 2005
26. Bratic Ljubomir: Selbstorganisation im migrantischen Widerstandt, Ein Diskussionsanstoß, SWS- Rundschau (41. Jg.) Heft 4/2001
27. Bundesgesetzblatt für die Republik Österreich, Jahrgang 1964, Ausgegeben am 23. Juli 1964, 53. Stück
28. Bundesministerium für Arbeit und Soziales: Qualitätsmerkmale der interkulturellen Fort- und Weiterbildung, Zwischenbericht, Düsseldorf 2010
29. Çelik, Aziz: Vesayetten Siyasete Türkiyede Sendikacılık (1946-1967), İletişim Yayınları, İstanbul 2010
30. Davy, Ulrike (Hrsg.): Die Integration von Einwanderern, Rechtliche Regelungen im Europäischen Vergleich; Europäisches Zentrum Wien, Campus Verlag, Wien 2001
31. Davy, Ulrike; Gächter, August: Zuwanderungsrecht und Zuwanderungspolitik in Österreich Teil 1, Journal für Rechtspolitik 1, Springer Verlag 1993
32. Davy, Ulrike; Gächter, August: Zuwanderungsrecht und Zuwanderungspolitik in Österreich Teil 2, Journal für Rechtspolitik 1, Springer Verlag 1993
33. Deutscher Gewerkschaftsbund, Bundesvorstand: Arbeitsmaterialien zur Migrationspolitik, 18. Ordentlicher DGB- Bundeskongress vom 22. Bis 26. Mai 2006, Berlin 29. Mai 2006
34. DGB Bildungswerk BUND- Selbstdarstellung
35. DGB- Bildungswerk: Wirkungen des SGB II auf Menschen mit MIgrationshintergrund, Informationen – Erfahrungen – Konzepte, Düsseldorf, Dezember 2010
36. Doralt, Werner: Arbeitsrechtkodex, AuslBG §2 (5), 31. Auflage Linde Verlag, Wien 2009
37. Egger, Theres; Bauer, Tobias; Künzi, Kilian: Möglichkeiten von Massnahmen gegen rassistische Diskriminierung am Arbeitsplatz, Eine Bestandsaufnahme von Problemlagen und Handlungsmöglichkeiten, Bern 2003
38. Fassmann Heinz, Hintermann Christiane, Kohlbacher Josef, Reeger Ursula: Arbeitmarkt Mitteleuropa, Die Rückkehr historischer Migrationsmuster, Akademie der Wissenschften, ISR-Forschungsberichte, Heft 18, Wien
39. Feigl, İnanç; Heuberger, Valeria; Pittioni, Manfred; Tomenendal, Kerstin (Hrsg.): Auf den Spuren der Osmanen in der österreichischen Geschichte, Wiener Osteuropa Studien, Peter Lang Verlag, Frankfurt/Main 2002
40. Feroz, Ahmad: Geschichte der Türkei, Magnus Verlag, Essen 2005

41. Finkelstein, Kerstin E.: Eingewandert, Deutschlands „Paralellgeselschaften“, Bundeszentrale für politische Bildung, Christoph Links Verlag, Berlin 2006
42. Foglar, Erich (ÖGB Präsident) u. Tumpel, Herbert (AK Präsident) VÖGB AK ReferentInnen Akademie Broschüre 2010
43. Gächter, August; Handler, Katharina: Befragung von Betriebsräten mit Migrationshintergrund, ZSI 25.03.2010 Wien
44. Gächter, August: Migrationspolitik in Österreich seit 1945, Arbeitspapiere Migration und soziale Mobilität Nr. 12, 2008
45. Gächter, August: Migrationspolitik in Österreich, in Arbeitspapiere Migration und soziale Mobilität Nr. 12, am 10.10.2008
46. Gächter, August: Nach Rasse und Sprache Verschieden, Migrationspolitik in Österreich von der Monarchie bis heute, Institut für Höhere Studien (IHS) Nummer 31, März 1996
47. Geschäfts und Wahlordnung der GPA-djp, S.25, beschlossen am 2. ordentlichen Bundesforum der GPA vom 14.-16.11.2006
48. Göhring, Walter (Hg.) Für Demokratie und Fortschritt 50 Jahre Sozialakademie, ÖGB Verlag, Wien 2000
49. Gümüsoğlu Turgut, Batur Murat, Kalaycı Hakan, Baraz Zeynep: Türkische Migranten in Österreich, Peter Lang Verlag, Frankfurt/Main 2009
50. Gürses, Hakan; Kogoj, Cornelia; Mattl, Sylvia: Gastarbajteri, 40 Jahre Migration, Mandelbaum Verlag, Wien 2004
51. Hahn, Petrus: Soziologie der Migration, Lucius & Lucius Verlag, 2010 Stuttgart
52. Hajes, J.H. Charlton: Nationalism. A Religion, Iz Yayincilik, Istanbul 2011
53. Haug, Sonja: Soziales Kapital, Migrationsentscheidungen und Kettenmigrationsprozesse, Das Beispiel der italienischen Migranten in Deutschland, Institut für Soziologie der Universität Leipzig, Arbeitsbericht des Insituts für Soziologie Nr. 13, 2000
54. Heinz, Fassmann; Rainer, Münz: Einwanderungsland Österreich? Historische Migrationsmuster, aktuelle Trends und politische Maßnahmen, Wien. Jugend und Volk 1995
55. Hirsch, E.E.: Die Verfassung der türk. Republik (Staatsverfassungen der Welt, Band 7), Frankfurt 1966
56. Horvath, Kenneth: Die Spuren der Gastarbeit, Das schwierige Wechselverhältnis von sozioökonomischer Exklusion und soziokultureller Integration am Beispiel von TürkInnen in Ternitz, SWS- Rundschau (46. Jg.) Heft 2/2006
57. Huber, Peter: Die Arbeitsmarktintegration von Migrantinnen und Migranten in Österreich, Working Papers 365/2010, WIFO, Wien 2010
58. Huber, Peter: Die Arbeitsmarktintegration von Migrantinnen und Migranten in Österreich, Working Papers Nr. 365, WIFO, 2010
59. Husa, Karl; Parnreiter, Christof; Stacher, Irene (Hrsg.): Internationale Migration, Die Globale Herausforderung des 20. Jahrhunderts?, HSK 17 Internationale Entwicklung, Bründes & Apsel Südwind, Frankfurt am Main 2000
60. IMAS International Report: Der Islam in den Augen der Bevölkerung, Nr. 6, 2010
61. Informationsfolder der Sozialakademiejahrganges 60: VÖGB und Arbeiterkammer Wien, 2010
62. Informationsfolder der Sozialakademiejahrganges 60: VÖGB und Arbeiterkammer Wien, 2010

63. Jawhari, Reinhold: Wegen Überfremdung abgelehnt: Ausländerintegration uls symbolische Politik, Braumüller Verlag, Wien 2000
64. Kafesoğlu, İbrahim: Prinzipien Atatürks und ihre historischen Grundlagen, Türk Dünyasi Araştırmaları Vakfı, İstanbul 1983
65. Kinberger, Tom; Könitzer, Robert; Peterseil, Malgorzata; Soytürk, Mehmet: In Arbeit geeint, ÖGB Verlag, Wien 2011
66. Koç, Yıldırım: Türkiye İşçi Sınıfı Tarihi, Epos Yayınları, Ankara 2010
67. Köppl, Franz; Zinile, Georg: Probleme Ausländischer Arbeitnehmer am Beispiel Wien, Vorschläge für eine Neugestaltung der Ausländerpolitik, Kommunalpolitisches Referat der Kammer für Arbeiter und Angestellte für Wien, Wien 1984
68. Kreiser, Klaus: in Kleine Geschichte der Türkei, (K. Kleiser/K. Neuman), Lizenzausgabe für das Bundeszentrale für politische Bildung, Reclam Verlag, Bonn 2006
69. Kurz, Marlene; Scheutz, Martin; Vocelka, Karl; Winkelbauer, Thomas: Das Osmanische Reich und die Habsburgermonarchie, R. Oldenbourg Verlag, Wien 2005
70. Lacroix, Jean: Politik erklären. Alfred Grosser (Hrsg.): Unter welchen Voraussetzungen? Mit welchen Mitteln? Zu welchen Ergebnissen? , Hanser Verlag, München 1973
71. Leggewie, Claus: Die Türkei und Europa, Die Positionen, edition Suhrkamp, Frankfurt am Main 2004
72. Mackert, Jürgen: Staatsbürgerschaft, Eine Einführung, VS Verlag für Sozialwissenschaften, Wiesbaden 2006
73. Manolakos, Theodora, Sohler Karin: Gleiche Chancen im Betrieb? Diskriminierung von MigrantInnen am Wiener Arbeitsmarkt, Europäisches Zentrum für Wohlfahrtspolitik und Sozialforschung, Wien 2005
74. Marshall, Thomas H.: Klassengesellschaft und Bürgerrechte in Staatsbürgerschaft, Jürgen Mackert, VS Verlag für Sozialwissenschaften, Wiesbaden 2006
75. Matuschek, Helga: Ausländerpolitik in Österreich 1962-1985. Der Kampf um und gegen die Arbeitskraft; in Journal für Sozialforschung 25/2
76. Michael, Thöndl in Schlüsselwerke der Politikwissenschaft, Steffen Kailitz (Hrsg.), Verlag für Sozialwissenschaften Mai 2007 Wiesbaden
77. Michenthaler, Georg; Huber, Peter Dr.: Beschäftigung im Handel, Sekundäranalyse im Rahmen einer WIFO-IFES Kooperation, Wien 2009
78. ÖGB- Kurzbericht 1991-1994: 13. ÖGB- Bundeskongress, ÖGB- Verlag, Wien 1994
79. ÖGB- Kurzbericht 1999-2002: 15. ÖGB- Bundeskongress, ÖGB- Verlag, Wien 2003
80. ÖGB- Kurzbericht 2003-2006: 16. ÖGB- Bundeskongress, ÖGB- Verlag, Wien 2007
81. Özbudun, Ergun: Soziale Wandlung und pol. Partizipation in der Türkei, Berlin 1976
82. Potkanski, Monika: Türkische Migrant/-innen in Österreich: Zahlen, Fakten, Einstellungen, ÖIF Dossier 13, Österreichischer Integrationsfonds 2010
83. Pühretmayer, Hans: Das Passive Wahlrecht für Migranten und Migrantinnen zum Betriebsrat in der Bundesrepublik Deutschland und Österreich, eine unveröffentlichte Studie, Wien 1999
84. Rainer, Bauböck: Demographische und Soziale Struktur der Jugoslawischen und Türkischen Wohnbevölkerung in Österreich: in Ausländische Arbeitskräfte in Österreich, Hannes Wimmer (Hg.), Campus Verlag, Frankfurt/Main 1986
85. Schäfer, Hermann: Betriebliche Ausländerdiskriminierung und gewerkschaftliche Antidiskriminierungspolitik, Express Edition, Berlin 1985

86. Schuhmacher, Sebastian: Die Neuorganisation der Zuwanderung durch das Fremdenrechtspaket 2005, KMI Working Paper Series Nr. 12, Wien 2008
87. Schumacher, Sebastian; Peyrl, Johannes: Fremdenrecht 2. Auflage, S.150, ÖGB-Verla, Wien 2006
88. Seufert, Günter, Kubaschek Christopher: Die Türkei, Politik-Geschichte-Kultur, C.H.Beck Verlag, Lizensausgabe für das Bundeszentrale für politische Bildung, Bonn 2006
89. Sönmezoğlu, Faruk: II. Dünya Savaşı Döneminde Türkiye'nin Dışpolitikası, in: Türk Dış Politikasının Analizi, Sönmezoğlu Faruk (Derl.), Der Yayınları, İstanbul 1994
90. Soysal, İsmail: Türk Dış Politikasını İncelemek için Kılavuz, Eren Yayınları, İstanbul 1993
91. Statistik Austria: Arbeit- und Lebenssituation von Migrantinnen und Migranten in Österreich, Modul der Arbeitskräfteerhebung, Wien 2008
92. Statistik Austria: Arbeits- und Lebenssituation von Migrantinnen und Migranten in Österreich, Modul der Arbeitskräfteerhebung 2008, Wien 2009
93. Statistik Austria: Migration & Integration, zahlen.daten.indikatoren 2010, Kommission für Migrations- und Integrationsforschung der Österreichischen Akademie der Wissenschaften, Wien 2010
94. Steinbach, Udo: Die Türkei im 20. Jahrhundert, Bastei Lübbe Verlag, Bergisch Gladbach 1996
95. Talos, Emmerich: Sozialpartnerschaft. Kooperation-Konzertierung-politische Regulierung in Handbuch des Politischen Systems Österreichs, Manzsche Verlag, Wien 1997
96. Tätigkeitsbericht 1973 des Österreichischen Gewerkschaftsbundes: ÖGB, Wien 1974
97. Treibel, Annete: Migration in Modernen Gesellschaften, Juventa Verlag, 4. Auflage 2008 München
98. Treichler, Andreas: Arbeitsmigration und Gewerkschaften, Dietrich Thränhardt (Hrsg.), LIT Verlag, Münster 1998
99. Ulram, Peter Univ.-Doz. Dr.: Integration in Österreich, Einstellungen, Orientierungen, Erfahrungen, GfK- Austria 2009
100. Weigl, Andreas: Migration und Integration, Studien Verlag, Innsbruck 2009
101. Wimmel, Andreas: Transnationale Diskurse in Europa, Der Streit um den Türkei-Beitritt in Deutschland, Frankreich und Großbritannien, Campus Verlag, Frankfurt am Main 2006
102. Wimmer, Hannes: Zur Ausländerbeschäftigung in Österreich, in Ausländische Arbeitkräfte in Österreich, Campus Verlag, Franfurt 1986
103. Wöhlke, Manfred: Transnationale Migration, Multilateraler Harmonisierungs- und Regelungsbedarf, Stiftung Wissenschaft und Politik Deutsches Institut für Internationale Politik und Sicherheit, Berlin 2001
104. Yıldız, Osman: HAK-İŞ Konfederasyonu (Tanıtım Kitabı), Eigendruck, Ankara
105. Zürndorf, Lutz: Zur Aktualität von Immanuel Wallerstein, VS Verlag für Sozialwissenschaften, Wiesbaden 2010

Links:

http://wien.arbeiterkammer.at/online/59-lehrgang-sozialakademie-53418.html, am 08.04.2011

http://wien.arbeiterkammer.at/online/59-lehrgang-sozialakademie-53418.html, am 08.04.2011

http://www.auge-ug.at/betriebsrat_gruenden/betriebsratgruendung.htm#passiv, am 06.02.2011

http://www.statistik.at/web_de/statistiken/bevoelkerung/bevoelkerungsstruktur/bevoelkerung_nach_migrationshintergrund/index.html, am 22.02.11

http://www.statistik.at/web_de/statistiken/bevoelkerung/einbuergerungen/index.html, am 18.03.2011

http://oesterreich.orf.at/wien/stories/69524/, am 26.03.11

http://www.statistik.at/web_de/statistiken/bevoelkerung/internationale_uebersich/index.html, am 24.03.2011

http://gastarbajteri.at/im/107105950479/107459990277/106665530413, am 16.01.11

http://www.arbeiterkammer.com/bilder/d124/UM_Agnieszka_1.pdf, am 16.01.11

http://europa.eu/legislation_summaries/enlargement/ongoing_enlargement/e40113_de.htm, am 14.01.2011

http://www.kesk.org.tr/node/49, am 17.02.11

http://ec.europa.eu/enlargement/candidate-countries/turkey/relation/index_de.htm, am 27.01.11

Internetseite des Türkischen Bundeskanzleramtes: http://www.tuik.gov.tr/PreTablo.do?tb_id=39&ust_id=11, am 26.01.11

http://www.tuik.gov.tr/PreTablo.do?tb_id=39&ust_id=11, am 26.01.11

http://www.ibb.gov.tr/sites/ks/tr-TR/0-Istanbul-Tanitim/konum/Pages/Nufus_ve_Demografik_Yapi.aspx, am 24.04.11

http://www.tuik.gov.tr/PreTablo.do?tb_id=39&ust_id=11, am 03.04.11 Statistisches Zentralamt der Türkei

http://www.tbmm.gov.tr/anayasa/anayasa_2011.pdf, am 24.03.11

http://no-racism.net/rubrik/127

http://www.voegb.at/servlet/ContentServer?pagename=S08/Page/Index&n=S08_3, am 25.02.2010

http://www.arbeiterkammer.com/online/zukunftsakademie-48400.html, am 25.02.2010

Antrag der Bundesinteressengemeinschaft work@migration zum Bundesforum der GPA

Antragsteller:
Bundesausschuss der Interessengemeinschaft work@migration

Mitglieder des Bundesauschuss der Interessengemeinschaft work@migration

Mehmet Höcük	22615175-
Gencan Fatih	226152017
Karabulet Bülent	225392742
Cevahir Acatürk	226212877
Attila Dincer	222841199
Aydin Sari	223592912
Derya Höcük	226453297
Osman Günes	228244638
Mendez Carlos	010651713
Hasan Dogan	225971628

Antrag

Etwa jede/r zehnte der unselbständig Beschäftigten in Österreich ist kein/e österreichische StaatsbürgerIn. Die Gewerkschaften sollen die Interessenvertretung aller in Österreich Arbeitenden und nicht aller arbeitenden ÖsterreicherInnen sein. Bestrebungen zur Zurückdrängung von Fremdenfeindlichkeit innerhalb der Gruppe der ArbeitnehmerInnen sind eine Aufgabe der Gewerkschaften. Seit Jänner 2006 besitzen nun auch Nicht-EWR-BürgerInnen das passive Wahlrecht bei Betriebsratswahlen. Trotzdem sind MigrantInnen auch in unserer Gewerkschaft nicht entsprechend ihres Mitgliederanteiles in den diversen Gremien vertreten.

Auf Grund der demografischen und politischen Entwicklungen werden auch in Europa Unternehmen und Organisationen zunehmend multiethnisch. Diese Vielfalt kann als Ressource betrachtet werden, welche der Organisation Vorteile bringen kann.

Eine Unterrepräsentation wichtiger Gesellschaftsgruppen in den politischen Führungspositionen stellt aber die Legitimität jedes demokratischen Systems in Frage. Wenn also MigrantInnen nicht entsprechend in die Entscheidungsfindung eingebunden werden, besteht tendenziell die Gefahr, dass sich MigrantInnen kaum mit dem politischen System identifizieren und abwenden. Um als politische und gesellschaftsverändernde Kraft glaubhaft zu sein, ist es notwendig, dass MigrantInnen entsprechend in den Gremien der GPA verankert sind.

Vielfalt (Diversity) im Hinblick auf den sprachlichen, ethnischen, religiösen Hintergrund, gesellschaftlich geprägte Unterschiede (Gender) oder Lebensweisen, wird in Zeiten voranschreitender Globalisierung zunehmend als Stärke und Ressource am Arbeitsplatz erkannt. In Zusammenhang damit wird Ausgrenzung aufgrund solcher Unterschiede in Unternehmen und Organisationen als nicht tolerierbar und als nicht mehr leistbar begriffen.

All dies zeigt, dass die ausgewogene Beteiligung von MigrantInnen gemessen an dem Mitgliederanteil in allen Gremien der GPA notwendig ist und darüber hinaus eine Vielzahl an Vorteilen mit sich bringt.

Wir fordern eine gleichberechtigte Mitwirkung von Migrantinnen am politischen und kulturellen Leben und in Entscheidungsstrukturen der GPA.

Wir fordern die Implementierung und Evaluierung einer Quotenregelung für MigrantInnen in der GPA, sowie das Kreieren von Rahmenbedingungen zur Unterstützung des Prozesses. Bezugsgröße für die Quote ist die Mitgliederzahl in den jeweiligen Organisationseinheiten bei zentralen Gremien die Gesamtmitgliederanzahl.

Wir fordern für die Zukunft eine Bindungswirkung: Die Quote wird vom Bundesvorstandvorstand beschlossen und soll von den Gliederungen bereits in Vorbereitung des nächsten Bundesforums umgesetzt werden. Über Antrag des Bundesvorstandes soll das Bundesforum dann die Quote beschließen - sie wird dann für die Organisation bindend. Die Quote ist in die Wahl- und Geschäftsordnung der GPA aufzunehmen.

Die Quote ist in allen statutarischen Gremien umzusetzen.

Antrag der Bundesinteressengemeinschaft work@migration zum Bundesforum der GPA

Antragsteller:
Bundesausschuss der Interessengemeinschaft work@migration

Antrag:

Unser Land hat eine große Integrationstradition und eine lange Migrationsgeschichte. Angezeigt ist daher die Dokumentation und Bewusstmachung der Geschichte und der Lebensleistung von Zuwanderern. Die Sichtbarkeit und Anerkennung von Menschen durch die Darstellung und Wahrnehmung dieser Tradition und der gemeinsamen Geschichte ist ein wichtiger Faktor für die gesellschaftliche Partizipation und Integration von ZuwanderInnen. Die Aufgabe der GPA ist dabei: fördern, vernetzen und vermitteln.

Der Bundesausschuss der Interessengemeinschaft work@migration und seine Mitglieder fordern daher:

1.) Die Bestellung eines/r hauptamtlichen Integrationsbeauftragten in der GPA

Die Hauptaufgabe des/der Integrationsbeauftragten liegt darin, die Grundsatzfragen der Ausländer- und Integrationspolitik der GPA zu gestalten. Eine weitere wichtige Aufgabe ist die Analyse und die Konzeption von Maßnahmen zum Abbau von Integrationshemmnissen im rechtlichen, administrativen und sozialen Bereich. Zu den Schwerpunkten gehören die interkulturelle Öffnung und Ausrichtung der GPA und der Abbau von Diskriminierungen. In allen Aufgabenbereichen arbeitet der/die Integrationsbeauftragte eng mit kommunalen Migrantenbeauftragten und -vertretungen, Verbänden, Organisationen, Initiativen und Vertretungen zusammen.

Das Büro des/der Integrationsbeauftragten ist Geschäftsstelle für Integrations- und Migrationsfragen. Beim Beauftragten ist die Leitstelle gegen Diskriminierungen aus ethnischen, religiösen und weltanschaulichen Gründen anzusiedeln.Der GPA fördert mit einer Vielzahl integrationsspezifischer Maßnahmen die rechtliche und soziale Gleichstellung der Zuwanderergruppen. Der/Die Integrationsbeauftragte fördert dabei Migrantenorganisationen mit dem Ziel, die Partizipation der Migrantinnen und Migranten zu stärken.

Das Büro des Integrations- und Migrationsbeauftragten ist auch eine direkte Anlaufstelle für Ratsuchende in integrations- und ausländerpolitischen sowie rechtlichen und sozialen Fragen. Die Beratungstätigkeit dient zum einen der unmittelbaren Klärung von Zweifelsfällen oder der Hilfe in Problem- und Notsituationen.

Der Beauftragte für Integration und Migration wirbt in der Öffentlichkeit für Integration, Offenheit und Verständigungsbereitschaft und liefert österreichischen und nichtösterreichischen GPA-Mitgliedern wichtige Informationen. Ein Ziel der

Öffentlichkeitsarbeit ist es, migrationspolitische Grundsätze und Entscheidungen darzustellen und über rechtliche Grundlagen zu informieren. Veranstaltungen und Öffentlichkeitskampagnen sollen die Selbstverständlichkeit des „Miteinander" von österreichischen und nichtösterreichischen GPA-Mitgliedern vermitteln, aktuelle Themen und Konfliktfälle aufgreifen und ein Diskussionsforum zu Integrationsfragen bieten.

Seine/Ihre Aufgabe ist die Beratung der GPA-Gremien bei der weiteren Konzipierung und Umsetzung der Integrationspolitik sowie die Pflege des Dialogs mit den gesellschaftlichen Gruppen und vor allem mit den Migrantenverbänden.

Gerade mit Blick auf die Jugendlichen mit Migrationshintergrund brauchen wir einen Perspektivenwechsel: Wir müssen stärker anerkennen, dass durch den Migrationshintergrund und die damit verbunden Lebensorientierungen der Jugendlichen und Sozialisationsbedingungen auch ein Potenzial für die österreichische Gesellschaft und für das zukünftige Europa sind. Eine der spannendsten Fragen wird sein, wie organisieren wir einen Austausch der aus verschiedenen Erfahrungen resultierenden Orientierungen und kommen damit zu einem neuen Aushandeln von gemeinsamen Regeln auf der Basis der demokratischen Grundordnung.

Unsere Grundsätze

Die Würde des Menschen steht im Mittelpunkt unserer Bemühungen, daher treten wir entschlossen für die Wahrung der Menschenrechte ein.

Wir stehen für eine Politik, die es Menschen ermöglicht, ihr Leben selbstbestimmt und mündig zu gestalten-unabhängig von ihrem Geschlecht; es ist nötig, gesellschaftliche und betriebliche Bedingungen schaffen, die diesem Prinzip entsprechen. Widerstand leisten wir einer Politik, die Menschen oder Menschengruppen benutzt, gegeneinander ausspielt und missbraucht.

Für uns ist die Demokratie jene Form des Zusammenlebens der Menschen, in der die Prinzipien der Gleichheit und der Freiheit am Besten verwirklicht werden können. Demokratische Grundsätze müssen in allen gesellschaftlichen Bereichen, auch in den Betrieben, verwirklicht werden. Daher treten wir dafür ein, dass alle ArbeitnehmerInnen das Recht haben, bei allen Entscheidungen, die sie betreffen, mitzubestimmen.

Fremdenfeindlichkeit, Rassismus und Antisemitismus, geschürt und instrumentalisiert von nationalistischen und populistischen Kräften, bedrohen die Würde und Sicherheit der Menschen und sind daher eine Gefahr für das friedliche und demokratische Zusammenleben. Wo immer wir solchen Tendenzen begegnen, werden wir entschlossen dagegen auftreten.

Wir bekennen uns zum Recht auf freie Religionsausübung. Allerdings darf weder Religion für politische Ziele, noch Politik für religiöse Ziele missbraucht werden.

Wir setzen uns für die Rechte von Minderheiten ein, und unterstützen aktiv deren volle Integration in die Gesellschaft bei gleichzeitiger Wahrung ihrer Identität.

Wir gehen davon aus, dass alle Menschen ein Recht auf ihre Heimat, ihr Volkstum, ihre Sprache und ihre Kultur haben.

Für uns besteht kein Unterschied zwischen österreichischen ArbeitnehmerInnen und solchen mit Migrationshintergrund. Wir streben ein solidarisches Miteinander, besonders auf betrieblicher Ebene, an.

Wir bekennen uns zum Modell der österreichischen Sozialpartnerschaft und setzen uns für eine wirksame Vertretung der Interessen der ArbeitnehmerInnen durch starke Gewerkschaften ein.

BetriebsrätInnen, PersonalvertreterInnen sowie JugendvertrauensrätInnen laden wir ein, alle Möglichkeiten der Mitbestimmung insbesondere auch für KollegInnen mit Migrationshintergrund zu gewährleisten. Dies wird um so besser gelingen, je ausgewogener alle im Betrieb Beschäftigten auch in den ArbeitnehmerInnengremien vertreten sind.

Die Schaffung geeigneter Lehrstellen in ausreichender Anzahl ist uns besonders wichtig. Dadurch soll eine faire Chance auf Ausbildung für alle Jugendlichen, ob mit oder ohne Migrationshintergrund, gewährleistet werden.

Dem Prinzip „Gleicher Lohn für gleichwertige Arbeit" stellen wir das Prinzip „Gleiche Rechte bei gleichen Pflichten" zur Seite.

Um faire sozial- und arbeitsrechtliche Bedingungen zu erhalten, sind alle Formen sittenwidriger Beschäftigung, insbesondere auch organisierte illegale Beschäftigung, zu bekämpfen.

Arbeit ist der Schlüssel zur Gleichstellung. Arbeit bestimmt die Entfaltung der Persönlichkeit und des Selbstwertgefühls der Menschen. Die Erwerbsarbeit vermittelt soziale Anerkennung, bestimmt Lebenschancen und sichert materielle Unabhängigkeit.

Der Kampf gegen die Arbeitslosigkeit ist daher heute die wichtigste Aufgabe der Gewerkschaften, Vollbeschäftigung bleibt unser oberstes Ziel. Im Arbeitsprozess selbst geht es uns um die Sicherung fairer Partnerschaft und Mitbestimmung aller ArbeitnehmerInnen.

Demokratie ist die einzig menschliche und humane Form der Organisierung des Zusammenlebens der Menschen, aber sie ist empfindlich und verletzbar. Sie muss daher gewollt, verteidigt und weiterentwickelt werden.

Der in jeder Demokratie herrschende Grundsatz der Mehrheitsentscheidung hat seine Grenze dort, wo es um unveräußerliche Rechte von Minderheiten oder Einzelpersonen geht.
Das Recht von Minderheiten auf eine eigene Identität steht nicht zur Disposition.

Das „Miteinander Arbeiten und Leben" von Minderheiten und Mehrheiten braucht den Willen zum Dialog, sowie Maßnahmen zur Förderung der gegenseitigen Achtung und des gegenseitigen Verständnisses unabhängig von ethnischen, kulturellen, sprachlichen oder religiösen Identitäten. Bezogen auf unsere KollegInnen und MitbürgerInnen mit Migrationshintergrund heißt das konkret, dass wir nachdrücklich für deren Integration im politischen Leben, auf dem Arbeits- und Wohnungsmarkt sowie im Bildungs- und Sozialsystem eintreten.

ARBEITSGRUNDLAGE

betreffend Tätigkeit und Aufgaben der Konferenz, des Präsidiums und des Vorstandes des überfraktionellen

Kompetenzzentrums Migration des ÖGB OÖ

Grundlage: Statutenänderung/ Beschluss ÖGB- Kongress v. Dezember 2007

GRUNDSATZ

Das Kompetenzzentrum bleibt strukturell an das Referat Regionen/Migration des ÖGB OÖ angebunden
Das Kompetenzzentrum Migration ist analog den Statuten des ÖGB überparteilich zu führen und verpflichtet sich den Grundsätzen und dem Leitbild des ÖGB OÖ entsprechend zu agieren.

- Eine detaillierte Beschreibung unserer Grundsätze ist in einer eigenen Präambel formuliert!

ZIELE

Grundsätzlich sind Präsidium und Vorstand jene Aufgaben übertragen, die Anliegen zur Verbesserung der allgemeinen Situation der Gruppe der Menschen mit Migrationshintergrund betreffen
Im Besonderen ist bei den Zielen jedoch darauf zu achten, dass sich die Anzahl jener MigrantInnen, die sich auf betrieblicher Ebene gewerkschaftlich engagieren – etwa in BR-Gremien gewählt werden - erhöht
Des Weiteren obliegt es dem Vorstand, erweiterte Ziele im Sinne der o.a. Grundsätze durch Beschluss festzulegen

ZUSAMMENSETZUNG UND AUFGABEN
a) der KONFERENZ und b) des VORSTANDES

a)

Wahl und Funktionsdauer des Präsidiums bzw. Vorstandes

- Das Präsidium wird bei einer alle 4 Jahre stattfindenden Konferenz neu gewählt.
- Der Vorstand wird von der Konferenz bestellt (lt. Wahlvorschlag)
- Die Einberufung dieser Konferenz obliegt dem Präsidium bzw. dessen Vorsitzenden nach Beschluss durch den gesamten Vorstand
- Der Termin der Konferenz muss in Einvernahme mit dem ÖGB- Landesvorstand mindestens 3 Monate vorher festgelegt werden
- Einladungen und Tagesordnung haben spätestens 3 Wochen vor Konferenztermin zu erfolgen
- Den Vorsitz der Konferenz führt der Vorsitzende des Vorstandes
- Zur Gültigkeit einer Wahl ist die Anwesenheit von mindestens der Hälfte der stimmberechtigt Delegierten erforderlich
- Bei der Konferenz können Berichte entgegengenommen, Anträge und Arbeitsprogramme beschlossen werden

Zusammensetzung und Anzahl
Das Kompetenzforum Migration (Integrationsforum) besteht aus:

- einem Vorstand von insgesamt max. 25 Personen
  - unterteilt in ein Präsidium - 5 Personen
  - und aus dem restlichen Vorstand – bis max. 20 Personen
    - - Mindestens einem Vertreter/ hauptamtlicher Mitarbeiter des zuständigen Referates der ÖGB LO OÖ mit beratender Stimme

Delegierungen zur Konferenz

- Die Anzahl der Delegierten wird durch einen jeweils vom ÖGB- Landesvorstand zu beschließenden Delegiertenschlüssel festgelegt
- Zur Wahl berechtigt sind jene Delegierten die auf Grund des Delegiertenschlüssels durch ihre Dachverbände, Regionen, Gewerkschaften etc. namhaft gemacht werden
- Bedingung für eine Delegierung ist die Mitgliedschaft

b)
Aufgaben des Vorstandes

- Der Vorstand des Kompetenzforums Migration hat mindestens vierteljährlich zu einer Sitzung zusammenzutreten
- Die Einberufung dieser erfolgt durch/ im Auftrag den/des Vorsitzenden, der auch die Sitzung leitet bzw. bei dessen Verhinderung ein stellvertretender Vorsitzender
- Die dafür zu erstellende TO kann durch das Präsidium/ dessen Vorsitzenden erstellt werden bzw.ergänzt
- Durch schriftliche Anträge einzelner Mitglieder des Vorstandes bis spätestens 1 Woche vor Sitzungsbeginn
- Der Vorstand ist beschlussfähig, wenn mindestens die Hälfte der Mitglieder anwesend ist
- Beschlüsse werden mit einfacher Mehrheit der abgegebenen gültigen Stimmen gefasst
- Stimmengleichheit gilt als Ablehnung des Antrages
- Stimmberechtigt sind alle Mitglieder des Vorstandes und des Präsidiums
- Kooptierungen in den Vorstand sind durch Beschluss jederzeit möglich
- Der Vorstand ist berechtigt, durch Beschluss einen Vertreter mit Sitz und Stimme in den Landesvorstand des ÖGB OÖ zu entsenden Dieser Vertreter ist der ÖGB- LO OÖ namhaft zu machen

Anwesenheitsliste/ Protokoll
Bei den stattfindenden Sitzungen ist eine Anwesenheitsliste sowie ein Protokoll zu führen

Finanzielles
Für die Fahrten zu den Sitzungen des Kompetenzforums besteht Anspruch auf Vergütung in Höhe eines öffentlichen Verkehrsmittels
Der weiteren Verwendung von Finanzmitteln werden Budget-Jahresplanungen auf Basis der geplanten Aktivitäten zu Grunde gelegt, die der ÖGB LO OÖ vorgelegt und von dieser genehmigt werden müssen

www.ingramcontent.com/pod-product-compliance
Ingram Content Group UK Ltd.
Pitfield, Milton Keynes, MK11 3LW, UK
UKHW021905290926
8980IPUK00015B/1058

9 783631 637258